前言
Preface

人工智能、大数据分析等技术正在深刻改变财会行业，在这个过程中，人才是决定转型能否成功的关键因素之一。目前，既懂技术又懂财会的复合型人才极为匮乏，这极大地限制了财会行业的智能化转型。为了培养更多的复合型人才，国内众多高校已经开设大数据财务分析方向的课程，开启了培养智能财会人才的篇章。为了支撑大数据财务分析课程的教学工作，本书应运而生。

本书从财务数据分析的基本要点讲起，涵盖 Python 基础快速入门、财务数据处理、财务数据分析、财务数据可视化、财务自动化处理、财务自然语言处理、财务数据建模等环节。在基础知识方面，本书介绍 Python 编程的基础语法，并重点讲解数据处理的利器——pandas 库以及绘图的利器——Matplotlib 库。通过简单、直观的示例代码，帮助读者快速上手这些工具，为后续的实战分析奠定扎实的基础。

首先，本书介绍 Python 在财务大数据分析中的应用场景，以及 Python 的基础知识和常用语句。通过简单的示例代码，帮助读者快速入门 Python 编程。

其次，本书介绍 pandas 库，它是 Python 中非常强大的数据处理工具。通过具体案例实战，让读者掌握利用 pandas 库进行数据读取、筛选、拼接等的方法，并对财务数据进行处理和分析。

然后，本书介绍 Matplotlib 库的基础图形绘制和小技巧，以及如何利用它进行财务数据的可视化。通过案例实战，让读者掌握绘制股票 K 线图、进行财务数据可视化等的技巧。

在此基础上，本书将深入探讨 Python 在财务分析领域的应用，包括静态分析、趋势分析和同业比较等。通过具体案例实战，让读者掌握利用 Python 进行财务分析工作的方法。

接下来，本书介绍 Python 财务自动化处理技巧，包括自动生成财务报告和 Word 操作自动化等技巧。通过对这些技巧的学习和实践，读者可以更加高效地进行财务分析工作。

最后，本书介绍 Python 中文大数据分词与可视化的应用，以及如何进行财务报告自然语言处理。通过案例实战，让读者掌握利用 Python 进行中文分词、词频统计和词云图绘制等的技巧。同时介绍 Python 机器学习在财务分析领域的应用，包括决策树模型的基本原理和如何利用决策树模型进行财务舞弊识别模型的搭建和调整优化。

在案例实战部分，本书包含丰富的案例，涵盖股票数据分析、业绩指标分析、现金流分析、财务自动化等财务领域的典型问题。读者可以在案例的指导下，对真实的数据进行预处理、建模和结果分析，通过实践加深对知识点的理解。这些案例由简入难，既包含单公司模型，也包含行业比较，以期让读者通过实践积累分析问题的经验。

本书适合以下读者。

（1）对 Python 感兴趣，想系统学习 Python 在财务数据分析方面的应用的技术人员。

（2）想掌握财务数据处理、分析、可视化、建模等技能的财会从业人员。

（3）对应用 Python 改善财务工作流程感兴趣的会计实务工作者。

（4）想了解如何利用 Python 提升财务工作效率的中小企业财务人员。

（5）想学习数据化财务分析方法的大学生。

本书遵循"知识解释—代码示例—案例实战"的结构体系，将理论和实践相结合，既注重方法的系统性介绍，也强调对技能的培养和实践。希望本书能成为该领域的经典入门教程，也希望其中的分析思路和示例代码能为读者在工作中解决实际问题提供参考和依据。编者衷心期待本书能成为财务 Python 实战路径上的一盏明灯，照亮更多人的成长之路。

大数据应用人才能力培养
新形态系列

Python

大数据财务处理与分析

微课版

王宇韬◎编著

人民邮电出版社
北　京

图书在版编目（CIP）数据

Python 大数据财务处理与分析：微课版 / 王宇韬编
著. -- 北京：人民邮电出版社，2025. --（大数据应
用人才能力培养新形态系列）. -- ISBN 978-7-115
-64983-6

Ⅰ. F275

中国国家版本馆 CIP 数据核字第 2024XE7118 号

内 容 提 要

本书将引导读者进入 Python 大数据财务分析领域，从基础知识入手，逐步深入高级应用。通过对本书内容的学习和实践，读者可掌握利用 Python 进行财务大数据分析的技能和方法，为今后的学习和工作打下坚实的基础。

本书主要内容包括 Python 财务大数据分析概述、Python 基础快速入门、财务数据分析利器—pandas 库、财务可视化基础—Matplotlib 库、Python 财务三大分析技巧：静态分析 + 趋势分析 + 同业比较、Word 操作自动化—自动生成财务分析 Word 报告、应用程序自动化—自动定时下载网银流水、财务报告自然语言处理—Python 中文大数据分词与可视化、Python 机器学习在财务分析领域的应用—财务舞弊识别模型等。

本书适合作为高校大数据财务分析相关课程的教材，也适合作为想系统学习 Python 大数据财务分析应用的技术人员的自学用书。

◆ 编 著 王宇韬
 责任编辑 刘 博
 责任印制 陈 犇

◆ 人民邮电出版社出版发行 北京市丰台区成寿寺路 11 号
 邮编 100164 电子邮件 315@ptpress.com.cn
 网址 https://www.ptpress.com.cn
 三河市君旺印务有限公司印刷

◆ 开本：787×1092 1/16
 印张：14.25 2025 年 1 月第 1 版
 字数：343 千字 2025 年 1 月河北第 1 次印刷

定价：59.80 元

读者服务热线：(010)81055256 印装质量热线：(010)81055316
反盗版热线：(010)81055315
广告经营许可证：京东市监广登字 20170147 号

目录
Contents

第 3 章

财务数据分析利器——pandas 库

第6章

Word 操作自动化——自动生成财务分析 Word 报告

第 9 章

Python 机器学习在财务分析领域的应用——财务舞弊识别模型

第 1 章 Python 财务大数据分析概述

Python 是一种流行的高级编程语言，它的设计注重代码的可读性和简洁性，使得用户能够快速地编写高质量的代码。Python 被广泛用于各个领域，包括但不限于 Web 开发、数据分析、人工智能、机器学习、科学计算、图形界面开发等。在学习之前，首先要了解 Python 的常见应用场景及其在智能财务大数据分析领域的应用。

1.1 Python 常见应用场景介绍

Python 是一种跨平台的计算机编程语言，属于面向对象的动态类型语言。它最初被设计用于编写自动化脚本，但随着版本的不断更新和语言新功能的添加，Python 的应用场景越来越多，包括但不限于数据分析、机器学习、网络爬虫、自动化测试、系统管理、Web 开发、图形界面开发等。

1.1.1 数据分析

Python 在数据分析领域中非常流行，因为 Python 具有强大的数值计算和数据处理能力。Python 有许多数据分析库，如 NumPy、pandas、Matplotlib 等，这些库可以帮助用户处理各种类型的数据，包括数值型数据、文本型数据、图像型数据等。使用这些库，用户可以轻松地完成数据分析、数据清洗、数据可视化等任务。Python 还可以与数据库进行交互，如与 MySQL、PostgreSQL 等进行交互，使得用户可以更方便地处理大量数据。

Python 的数据处理库（如 pandas）提供了丰富的函数和方法，可以用这些函数和方法来清洗和处理数据。用户可以使用 pandas 加载数据、清理缺失值、处理重复数据、转换数据类型等。Python 的数据可视化库（如 Matplotlib、Seaborn、Plotly 等）可以帮助用户创建各种图表和可视化效果，包括从简单的折线图、柱状图到复杂的热力图等。Python 的统计库（如 NumPy、SciPy、Statsmodels 等）提供了各种统计分析方法和函数，用户可以使用这些库进行描述性统计、假设检验、回归分析、时间序列分析等。Python 的自然语言处理（NLP）库（如 NLTK、spaCy、TextBlob 等）可以帮助用户处理和分析文本数据，用户可以使用这些库进行文本清洗、分词、词频统计、情感分析等。

总的来说，Python 在数据分析方面提供了丰富的工具和库，使用户能够方便地进行数据清洗、数据处理、数据可视化、统计分析和机器学习等任务。同时，Python 还具有易学易用的特点，这使得它成为数据分析领域的首选编程语言之一。

1.1.2 机器学习

Python 在机器学习领域中非常流行，这是因为 Python 具有易读易懂的语法、丰富的库和简洁的运算方式。Python 有许多机器学习库，如 scikit-learn、TensorFlow、PyTorch 等，这些库可以帮助用户快速构建机器学习模型并进行训练。使用这些库，用户可以轻松地完成分类、回归、聚类等任务。Python 还可以用于深度学习领域，如使用 Keras、TensorFlow等框架构建神经网络模型。Python 在机器学习领域的应用非常广泛，以下是几个主要的应用。

（1）监督学习

监督学习是机器学习中最常用的方法之一，它通过一组已知的输入和输出来训练模型，并使用该模型对新的输入数据进行预测。Python 的 scikit-learn 库提供了许多常见的监督学习算法，如线性回归、支持向量机、决策树和随机森林等，可以用于分类、回归和聚类等任务。

一些常见的 Python 监督学习库和框架包括 Keras（提供构建神经网络的工具和库，可以用于图像识别、语音识别等任务）和 TensorFlow（提供深度学习的框架和工具，可以用于图像识别、自然语言处理等任务）等。

（2）无监督学习

无监督学习是一种在没有标签的输入数据中发现规律的方法，常见的无监督学习算法包括 K-means 聚类、层次聚类、降维等。Python 的 scikit-learn 库提供了这些算法的实现方法，可以用于对数据进行聚类、降维等分析。一些常见的 Python 无监督学习库和框架包括 scikit-learn（提供一些基本的无监督学习算法，例如 K-means 聚类、层次聚类等）和 PyTorch（提供深度学习的框架和工具，可以用于图像识别、自然语言处理等任务）等。

（3）半监督学习

半监督学习是一种介于监督学习和无监督学习之间的机器学习方法，它利用没有标签的数据和带有标签的数据一起训练模型。Python 的 scikit-learn 库提供了一些基本的半监督学习算法，例如 LabelSpreading 和 LabelPropagation 等。

（4）强化学习

强化学习是一种通过让模型与环境交互并优化智能体行为以获得最大奖励的机器学习方法。Python 的 OpenAI Gym 库提供了强化学习的许多环境和算法，可以用于机器人控制、游戏、人工智能（AI）等领域。一些常见的 Python 强化学习库和框架包括 OpenAI Gym（提供一些基本的强化学习环境和算法，例如 CartPole、MountainCar 等）和 TensorFlow 等。

1.1.3　网络爬虫

使用 Python 编写的网络爬虫可以定期监测网站的可用性、加载速度等性能指标。这对于维持网站运行的稳定性和提升用户体验至关重要。

网络爬虫可以帮助用户收集关键词、页面排名和链接等数据，以便进行搜索引擎优化，从而优化自己的网站。

在获取并存储数据后，通常需要对数据进行解析和清理。Python 的 Beautiful Soup 和 Scrapy 等库和框架提供了强大的 HTML 和 XML 解析功能，可以帮助用户解析网页内容并提取所需的数据。同时，爬取网页数据后，可以使用 Python 的数据分析库（如 pandas、NumPy等）对数据进行处理和分析。这可以帮助用户发现趋势、预测未来走势，以及作出有用的业务决策。

除此之外，使用 Python 编写网络爬虫可以模拟用户浏览网站的行为，并自动化地运行测试用例。这有助于提高测试效率，减少人工测试的工作量。

总的来说，Python 在网络爬虫方面提供了强大的工具和库，使用户能够方便地从网页中提取数据、监测网络性能，并进行数据分析和自动化测试等任务。

1.1.4　自动化测试

Python 可以用于自动化测试领域，有各种用于自动化测试的框架，如 Selenium、pytest 等。使用 Python，用户可以编写测试用例并自动执行测试过程，从而大大提高测试效率和质量。Python 还可以用于测试工具的自动化部署和测试报告的生成，这些都可以帮助用户更方便地进行测试工作。

1.1.5　系统管理

Python 在系统管理领域中也非常流行，这是因为 Python 具有易读易懂的语法和简洁的运算方式。Python 有许多用于系统管理的库和工具，如 Paramiko、Fabric 等，这些库和工具可以帮助用户进行远程连接、文件传输、自动化部署等任务。Python 还可以用于配置管理和版本控制等领域，如使用 Ansible、SaltStack 等工具进行自动化管理。

1.1.6　Web 开发

Python 有许多流行的 Web 框架，如 Django、Flask 等，可以用于创建各种类型的 Web 应用程序。Python 在 Web 开发领域中一直非常流行，许多大型网站和 Web 服务都使用 Python 进行开发。除了框架，Python 还提供了许多有用的库和工具，如 Requests、Beautiful Soup 等，这些库和工具可以加速 Web 开发过程，提高开发效率。

1.1.7　图形界面开发

Python 可以用于图形界面开发领域，有各种图形界面开发框架，如 Tkinter、PyQt 等。通过使用这些框架，用户可以轻松地创建各种类型的图形界面应用程序。

总体来说，Python 的应用领域非常广泛，在 Web 开发、数据分析、机器学习和系统管理等领域，Python 都可以发挥重要作用。Python 的易学易用和简洁语法使得它在这些领域中广受欢迎。

1.2　Python 在智能财务大数据分析领域的应用

Python 在智能财务大数据分析领域有着广泛的应用。它可以用于数据的获取、清洗、整理和分析。通过使用 pandas 等库，可以轻松地处理大量数据，进行数据筛选、数据清洗和数据预处理。此外，使用 NumPy、SciPy 等库可以完成复杂的数学计算和统计分析。

Python 还可以用于数据可视化，如使用 Matplotlib、Seaborn 等库将数据以图表形式呈现，让用户能更直观地理解数据和财务指标。

除此之外，Python 还可以用于构建预测模型，如使用 scikit-learn、TensorFlow 等库来构建机器学习模型，预测未来的财务状况。另外，Python 也有很多能与数据库交互的库，如 SQLite3、PyMySQL 等，这些库可以用来连接数据库，获取财务数据。

总之，Python 在智能财务大数据分析领域的应用能够大大提高数据分析的效率和准确性，为财务决策提供有力支持。

1.2.1　财务数据获取

财务数据可以依靠 Tushare 接口库进行批量获取。Tushare 是一个财务数据接口库，可以获取股票、基金、期货等财务数据。Tushare 提供了多种获取财务数据的方式，包括网站、API（application program interface，应用程序接口）和网络爬虫。其中，API 方式相对简单、易用，可以通过调用 Tushare 提供的 API 获取所需数据。要使用 Tushare 获取财务数据，首先需要注册并获取 Tushare 的 token（用于身份验证的字符串）；然后，需要安装 Tushare 并导入必要的库；接着，使用 pro API 对象获取股票代码和数据；最后，通过调用不同的命令来获取所需的数据，如图 1-1 所示。

```
import tushare as ts
pro = ts.pro_api('75fe6c69bb10c996a556a402dde9fdf6e691dfdd2c30ff028ebd5a37') # 注意：这个token可能会由于使用人数过多失效，建议自己申请
df = pro.daily(ts_code='600519.SH', start_date='20180101', end_date='20201111')
df # Jupyter Notebook中直接输入变量名即可，Pycharm中需要输入print(df)
```

	ts_code	trade_date	open	high	low	close	pre_close	change	pct_chg	vol	amount
0	600519.SH	20201111	1745.00	1777.50	1731.00	1731.35	1745.00	-13.65	-0.7822	34850.73	6122365.404
1	600519.SH	20201110	1752.92	1764.48	1736.00	1745.00	1742.57	2.43	0.1394	30189.44	5287968.173
2	600519.SH	20201109	1701.38	1750.68	1700.62	1742.57	1700.62	41.95	2.4667	41469.70	7198679.683
3	600519.SH	20201106	1730.55	1731.59	1690.00	1700.62	1721.90	-21.28	-1.2358	23051.53	3932702.367
4	600519.SH	20201105	1717.00	1732.48	1712.10	1721.90	1699.58	22.32	1.3133	23524.14	4053043.271
...	...	...	...	...	...	...	...	...	...	...	...
689	600519.SH	20180108	735.02	756.50	735.02	752.13	738.36	13.77	1.8600	52204.56	3899951.720
690	600519.SH	20180105	741.00	746.03	728.22	738.36	737.07	1.29	0.1800	39989.07	2946493.013
691	600519.SH	20180104	721.40	743.50	719.33	737.07	715.86	21.21	2.9600	72205.08	5309890.210
692	600519.SH	20180103	701.50	721.40	699.74	715.86	703.85	12.01	1.7100	52019.41	3713523.701
693	600519.SH	20180102	700.00	710.16	689.89	703.85	697.49	6.36	0.9100	49612.48	3482407.646

694 rows × 11 columns

图 1-1

另外，也可以依赖网络爬虫技术来获取财务数据，而网络爬虫技术的基石就是 Python。利用 Python 我们可以实现对**几乎所有主流网站**（例如新浪财经、百度新闻、搜狐、上交所、深交所等各个门户网站，以及微信、微博等其他自媒体平台的监控）。同时可以实现 **24 小时**实时爬取，并且定时**更换 IP 地址**，最后将爬到的数据导入数据库，利用**机器学习**来进行评分，并将结果**可视化**到网站上，单击本月评分可以**展示本月所有新闻**的评分，如图 1-2 所示。

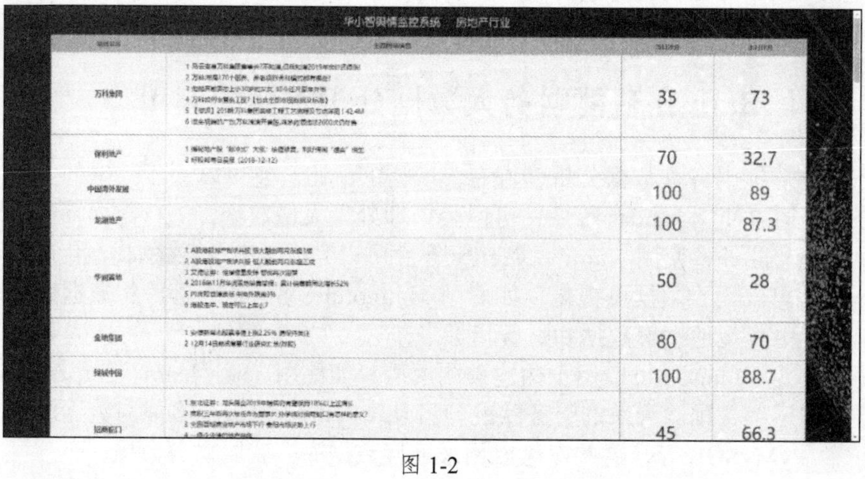

图 1-2

还可以利用 Python 从万德数据库、巨潮网、深交所、上交所等官网自动批量下载各公司的理财报告 PDF 文件。同时用 Python 可以进行 PDF 文件文本解析，筛选出合适的 PDF 文件进行归档，方便之后查看。

同理，也可以利用 Python 自动从网上下载各公司的年报、半年报、快报等来进行 PDF 文件文本解析，这也是智能行研以及公司研究的一个简单应用。

1.2.2　财务数据分析

Python 在财务数据分析方面有着广泛的应用，例如使用 pandas 等库，可以处理大量数据，进行数据清洗和预处理。也可以进行一些算法的开发和优化，如掌握 Python 语法，可以设计算法，解决财务数据分析中的复杂计算问题，以下是一些常见的应用场景。

（1）财务数据清洗和预处理。Python 的数据处理库（如 pandas）可以帮助用户清洗和预处理财务数据。用户可以使用 pandas 加载财务数据、处理缺失值、处理异常值、进行数据类型转换等。

（2）财务指标计算。Python 的数学库（如 NumPy）和统计库（如 SciPy）可以帮助用户进行财务指标的计算。用户可以使用这些库计算常见的财务指标，如利润率、毛利率、资产收益率、负债比率等，利用这些财务指标，可以进行一些财务情况的静态分析，如图 1-3 所示。

报告期	20191231	20181231	20171231	20161231	20151231
毛利率	0.9130	0.9114	0.8980	0.9123	0.9223
营业利润率	0.6911	0.6972	0.6689	0.6244	0.6785
净利润率	0.5147	0.5137	0.4982	0.4614	0.5038
ROE	0.3312	0.3446	0.3295	0.2444	0.2642
存货周转率	0.3046	0.2863	0.2784	0.1765	0.1539
总资产周转率	0.4983	0.5002	0.4704	0.3901	0.4292
应收账款周转率	inf	inf	inf	336806.1440	14397.2170
流动比率	3.8698	3.2485	2.9099	2.4360	3.2418
速动比率	3.2168	2.6668	2.3176	1.8507	2.2698
利息保障倍数	405.2271	376.6166	287.5524	197.1641	297.8382
营业收入增长率	0.1601	0.2649	0.4981	0.1899	0.0344
营业利润增长率	0.1499	0.3185	0.6047	0.0951	0.0025
净利润增长率	0.1705	0.3000	0.6197	0.0784	0.0100

图 1-3

（3）财务报表分析。Python 的数据处理和数据可视化库可以帮助用户对财务报表进行分析。用户可以使用 pandas 进行报表数据的整理和分组，然后使用 Matplotlib 或其他数据可视化库绘制图表，以便更好地理解和展示财务信息。

（4）金融风险分析。Python 的金融库（如 pandas、NumPy、scikit-learn）可以帮助用户进行金融风险分析。用户可以使用这些库进行风险价值计算、投资组合优化、模型评估等。

（5）时间序列分析。Python 的时间序列库（如 pandas、Statsmodels）可以帮助用户进行财务数据的时间序列分析。用户可以使用这些库进行时间序列数据的平稳性检验、季节性调整、趋势分析等。

总的来说，Python 在财务数据分析方面提供了丰富的工具和库，使用户能够方便地进行财务数据清洗和预处理、财务指标计算、财务报表分析、金融风险分析和时间序列分析等任务。同时，Python 还具有易学易用的特点，这使得它成为财务数据分析领域的首选编程语言之一。

1.2.3　财务数据可视化

在财务数据可视化方面，Python 具有强大的能力。Python 中有很多数据分析库可以帮助财务人员进行数据清洗、数据处理、数据分析等工作。

例如，pandas 提供了大量的数据处理和分析工具，可以帮助财务人员更好地理解数据。

另外，Matplotlib、Seaborn 等库可以用于生成各种类型的图表，如折线图、柱状图、散点图、K 线图等，如图 1-4 所示，以更直观地展示财务数据。此外，Python 还可以与 Tableau 等商业智能软件集成，以便用户更轻松地实现数据可视化和数据分析。

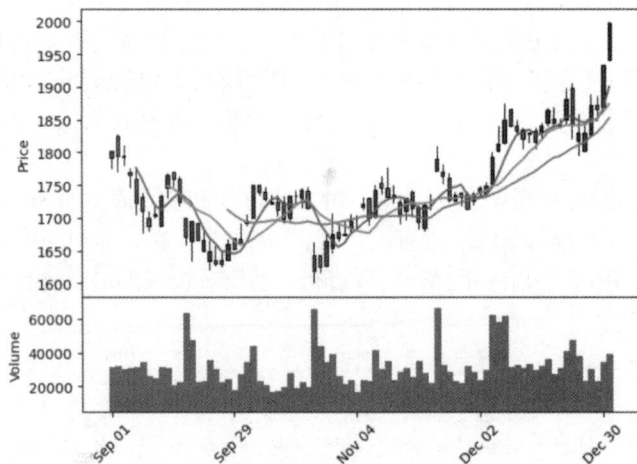

图 1-4

总之，Python 在财务数据可视化方面具有广泛的应用，可以为财务决策提供有力的支持。

1.2.4 财务自动化

机器人流程自动化（robotic process automation，RPA）是一个比较火的概念，其原理比较简单，**主要就是利用编程来模拟键盘、鼠标操作**。图 1-5 所示是编者利用 RPA 批量下载 **Wind** 金融终端上的各个上市公司的理财购买报告，为公司同事寻找合适的资金方提供帮助。Wind 金融终端可以导出 Excel 表格，但是只能一个个导出，手动下载会比较烦琐，利用 Python 则可以将每一次的导出通过计算机来完成，非常方便。

图 1-5

可以说计算机上的任何机械化的、流程化的操作都可以通过 Python 来模拟完成，比如**批量下载银行流水**等操作。

除此之外，还可以借助 Word 中的模板和自动化工具来快速制作财务报告。简单来说，可以使用 Word 中的模板来定义报告的格式和内容，然后使用自动化工具将处理好的财务数据填充到模板中，最终生成 Word 文档形式的财务报告。

1.2.5 财务自然语言处理

在财务领域，大量的信息是以文本形式存在的，例如公司年报、财报公告、新闻报道等。这些文本中包含大量的财务数据和信息，例如收入、利润、资产、负债等。

可以使用 Python 的自然语言处理库，如 NLTK 或 spaCy 等，对财务报告进行文本分析，通过文本分析，可以提取报告中的关键信息，如收入、利润、费用等指标的数值或描述，为进一步的数据分析和财务预测提供数据源，如图 1-6 所示。此外，还可以使用 Python 的自然语言处理库对公司的财务报表进行分析，以评估公司的财务状况和经营绩效，也可以使用 Python 的自然语言处理库对财经新闻进行情感分析，以获取市场情绪等信息，为投资决策提供参考。

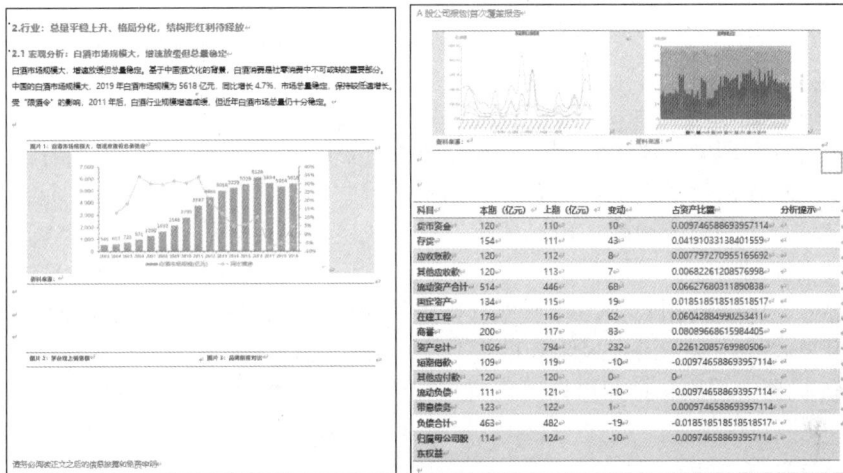

图 1-6

总之，Python 在财务自然语言处理方面的应用可以帮助财务人员更好地理解公司的财务数据和经营状况，提高财务决策的准确性和效率。

1.2.6 机器学习在财务分析中的应用

机器学习在财务分析中的应用十分广泛且具有重要意义。以下是一些主要的示例。

（1）财务预测

预测公司未来的财务状况是财务分析的重要任务之一。Python 的机器学习库可以用于构建预测模型，通过分析历史财务数据和相关市场信息，预测公司未来的收入、利润、现金流等关键指标。例如，使用时间序列分析工具，如 ARIMA 或 LSTM，可以对公司的股票价格进行预测，为投资决策提供参考。

（2）客户流失管理

客户流失是许多公司面临的问题，客户流失可能导致收入下降和品牌声誉受损。Python

的机器学习库可以帮助相关人员识别可能导致客户流失的关键因素，如客户的行为模式、消费习惯变化等。通过分析客户数据和行为特征，可以预测哪些客户可能会流失，从而制定相应的策略来留住这些客户，提高客户满意度和忠诚度。

（3）异常检测

财务欺诈和舞弊行为是公司需要关注的问题。Python的机器学习库可以帮助相关人员检测这些异常行为。例如，通过分析公司的财务报表数据，可以构建异常检测模型，以识别其中的异常波动或不合理的数据点，如图1-7所示。这种异常检测方法可以帮助公司及时发现并应对潜在的欺诈行为，维护公司的财务利益。后文将会介绍如何利用决策树模型进行财务舞弊识别模型的搭建。

（4）投资策略制定

Python的机器学习库可以用于制定投资策略，从大量的财经新闻中提取有用的信息。通过自然语言处理技术，可以分析新闻报道中的情感倾向和市场趋势，以帮助投资者更加准确地评估市场状况并做出明智的投资决策。

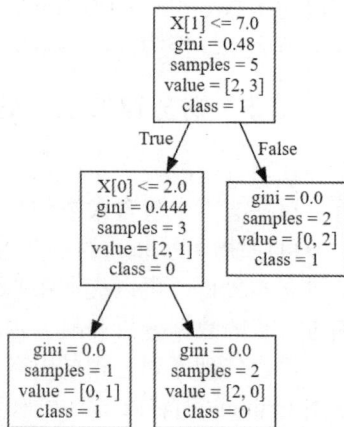

图1-7

此外，还可以使用机器学习模型来预测股票价格、债券收益率等金融市场指标，为投资者提供参考。

（5）风险评估与控制

在企业财务管理中，风险评估与控制是至关重要的环节。Python的机器学习库可以帮助企业构建风险评估模型，从历史财务数据中学习并识别潜在风险。例如，通过机器学习算法，可以对企业的财务风险、市场风险、操作风险等进行评估，帮助企业及时预警并采取相应的风险控制措施。

总结起来，Python机器学习在财务分析中的应用可以帮助企业更加准确地评估财务状况、预测未来趋势、识别潜在风险和欺诈行为，并制定相应的策略来应对各种挑战。通过使用Python机器学习库，企业可以实现更加智能化和高效的财务管理，提高决策质量和竞争力。

课后习题

一、单选题

1. Python 的常用场景包括（　　　）。

A. 数据分析 　　　　　　　　　　B. 网络爬虫

C. 机器学习 　　　　　　　　　　D. 以上都是

2. Python 在财务数据分析领域的应用有（　　　）。

A. 财务数据清洗和预处理 　　　　B. 财务指标计算

C. 财务报表分析 　　　　　　　　D. 以上都是

二、判断题

Python 可以通过调用 Tushare 库来获取财务数据。（　　　）

第**2**章 Python 基础快速入门

"工欲善其事，必先利其器。"在利用 Python 进行各种智能财务大数据分析前，需要对 Python 的基础知识有一个基本的了解。基础知识看似简单，却是各种复杂代码的基石，只有将基础知识掌握牢靠，在之后的进阶学习中才会更加游刃有余。

2.1 安装 Python 与编写第一个 Python 程序

本节先讲解如何安装 Python 以及如何编写并运行第一个 Python 程序，此外将介绍一个可以免费在线编写 Python 代码的编者个人网站，方便初学者入门，最后介绍两款编者常用的 IDE 软件——PyCharm 和 Jupyter Notebook 的使用技巧。

2.1.1 安装 Python

学习 Python 的第一步是什么？自然是安装 Python 了。这里介绍一种非常方便的安装方法：**Anaconda 安装**。Anaconda 是 Python 的一个发行版本，安装了 Anaconda 就相当于安装了 Python，并且里面还集成了很多关于 Python 科学计算的第三方库。采用这种安装方法可以避免库的安装问题，大大提升编程体验。

在搜索引擎中搜索 Anaconda 官网，或者直接在浏览器中输入 Anaconda 官网的地址，在 Anaconda 官网页面，选择 Products 后选择下拉列表中的第一个选项，然后在跳转页面中单击 Download 按钮，也可以直接单击首页的 Download 按钮进行下载，如图 2-1 所示。

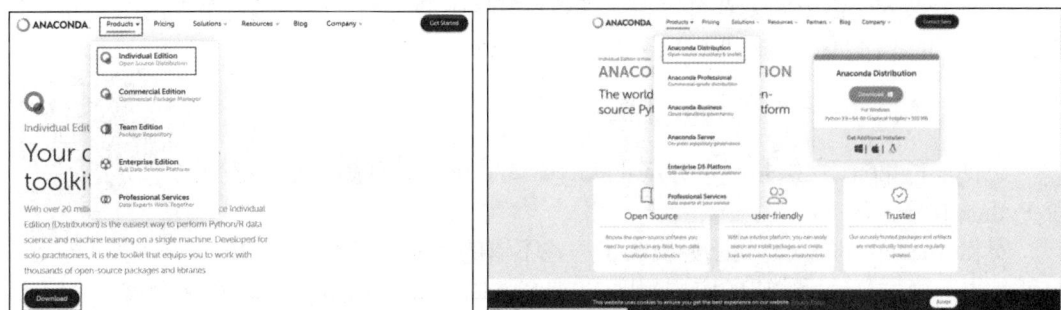

图 2-1

进入下载界面后，根据当前计算机系统配置选择相应的版本并下载即可。这里**选择 Windows 系统的 Python 3.8 版本**，默认为 64 位的版本，如图 2-2 所示。如果计算机系统版本较老，是 32 位的，那么选择 32 位的下载即可。

图 2-2

双击下载好的安装文件，进入安装界面。建议不要改变默认安装路径（防止可能出现的安装问题，且注意安装路径中不要含有中文，否则会弹出安装报错），然后在弹出的界面中多次单击 Next 按钮。

注意： 安装到图 2-3 所示这一步时，一定要勾选第一个复选框，其意义相当于自动配置好环境变量，对初学者来说比较方便。Mac 安装包没有这个复选框，如果想要配置环境变量，则需要打开"终端"，在终端输入 export PATH=~/anaconda/bin:$PATH。更多 Mac 安装包配置内容可以参考本书提供的源代码文件夹中的相关 PDF 文档资料。

如果弹出的界面询问是否安装 Microsoft VS Code（Install Microsoft VS Code），单击 Skip 按钮跳过即可。最后单击 Finish 按钮，完成安装。

补充知识点：Anaconda 备选下载方法

有时从官方网站下载速度较慢，此时可以通过搜索引擎搜索"清华镜像 Anaconda"，进入清华大学开源软件镜像站（该网站是清华义务服务的一个软件和库下载网站，由于是国内的服务器，所以下载速度快），然后选择适合自己计算机的 Anaconda 版本。

图 2-3

此外在本书提供的源代码文件夹中也提供了 Anaconda 安装包，需要的读者可以在人邮教育社区下载，也可以在编者个人网站（可在人邮教育社区的本书页面中找到）下载专区进行下载。

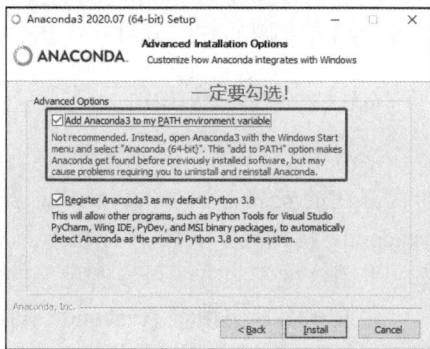

2.1.2 编写第一个 Python 程序

安装完 Python，大家是不是有点儿跃跃欲试了呢？下面就来编写第一个 Python 程序。

编写第一个 Python 程序

安装 Anaconda 的同时就已经安装了一些不错的集成开发环境（IDE，也就是用于编写及运行代码的应用程序），如 Spyder、Jupyter Notebook（后文会重点介绍）。后文会介绍另一款 IDE 软件：PyCharm。这里先使用 Spyder 编写程序（IDE 软件其实用哪个都可以，就像用 Word 和记事本都可以编辑文本，编者常用的 IDE 软件是 PyCharm 和 Jupyter Notebook）。

在计算机"开始"菜单中找到并展开 Anaconda 的程序组，单击其中的 Spyder 即可运行 Spyder 程序。打开 Spyder 后，界面如图 2-4 所示，其中左边是**写代码的地方**，右边则是**输出代码结果的地方**，上方的绿色箭头是运行代码的按钮，在 Spyder 中，也可以按 F5 快捷键运行程序。

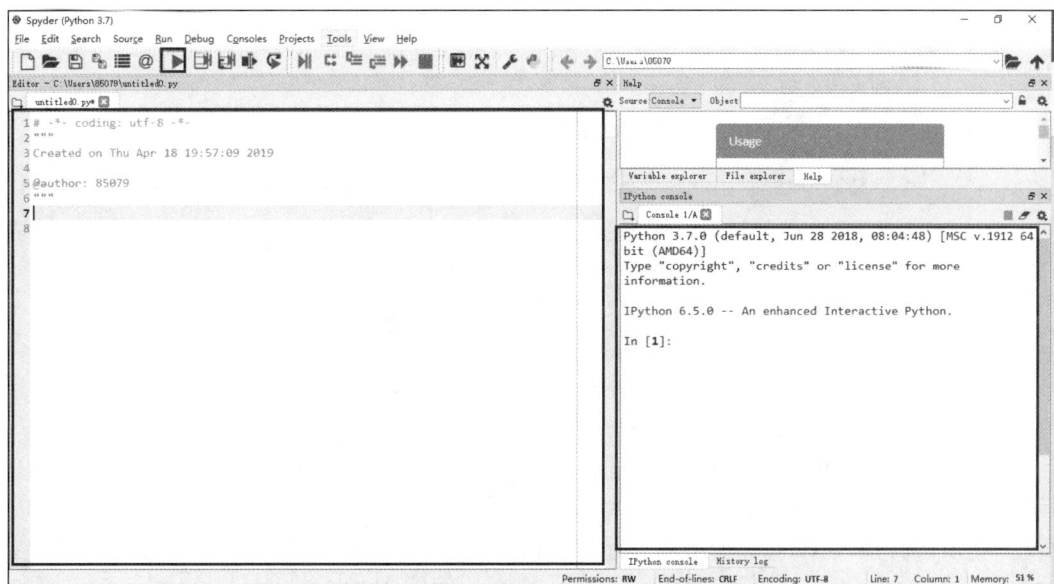

图 2-4

将输入法切换到英文模式，在左边输入代码：

```
print('hello world')
```

注意：输入时必须切换到英文模式，其中单引号、双引号在 Python 中没有本质区别，因此上面的单引号也可以换成双引号。

然后单击界面上方的绿色运行按钮（或按 F5 快捷键），运行结果如图 2-5 所示，在右边可以看到输出结果 hello world。这里也可以试着把 hello world 改成别的内容来查看运行效果。

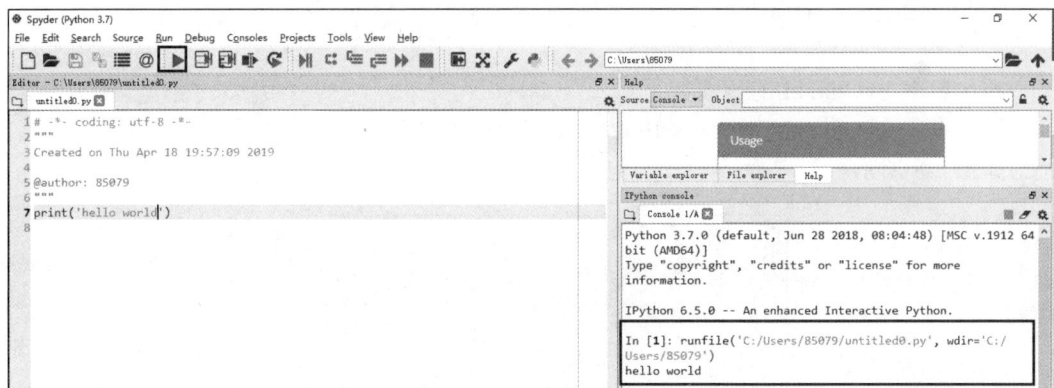

图 2-5

2.1.3　PyCharm 的安装与使用

PyCharm 也是 Python 的一种 IDE，其功能与 Spyder 的大致相同，可以用来编写和运行程序，PyCharm 的界面比较美观而且功能强大，推荐读者按照下面的步骤安装 PyCharm。

在 PyCharm 官网选择免费版（Community 版）下载安装即可，如图 2-6 所示。

PyCharm 的安装
与使用

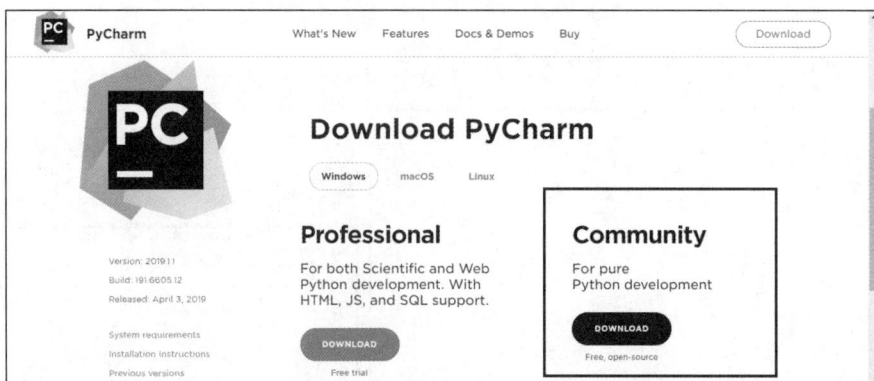

图 2-6

2020 版之后的 PyCharm 版本添加了一些新功能，但是编者尝试过后，感觉不如 2019 版使用起来流畅，因此建议安装 2019 版的 PyCharm，具体安装办法为：单击图 2-6 所示界面左下角的 Previous versions（或者显示为 Other versions）过往版本超链接，然后在弹出界面中安装 2019 版软件（注意选择 Community 版），例如 2019.3.5 – Windows（exe）。本节主要演示在 Windows 计算机中如何安装和配置 PyCharm，Mac 计算机的操作可以参考本书提供的源代码文件夹中的相关 PDF 文档资料。

双击下载好的安装文件即可开始安装（安装路径可自定义，可以安装到非 C 盘磁盘）。安装过程中，在大多数界面单击 Next 按钮和 Install 按钮即可，其中图 2-7 所示界面要勾选 3 个复选框，含义分别为：选择 64 位的安装版本、文件或者文件夹可以通过右击以 PyCharm 打开、关联扩展名为.py 的 Python 文件。

等待程序安装，最后单击 Finish 按钮完成安装。

初次启用 PyCharm 的步骤如下。

第一步：单击 Do not import settings 单选按钮，如图 2-8 所示。

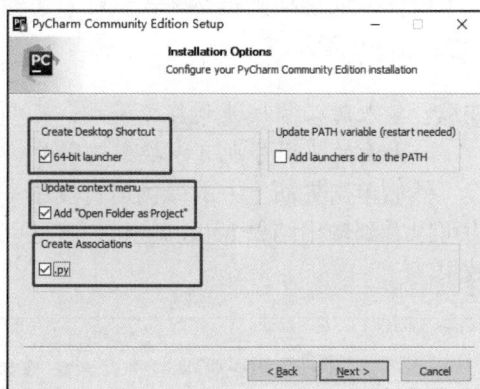

图 2-7

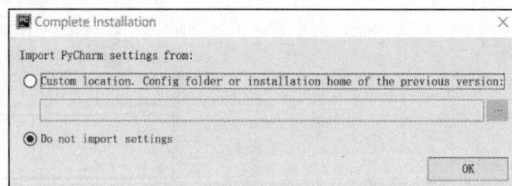

图 2-8

第二步：选择页面风格时，建议选择默认的黑色风格。

第三步：选择辅助工具，直接跳过，啥也不需要选。

第四步：单击 Create New Project 创建 Python 文件。

第五步：为项目文件夹命名。**要记得展开 Project Interpreter，单击 Existing interpreter 单选按钮**，如图 2-9 所示，这样可以配置之前安装的 Anaconda 运行环境。

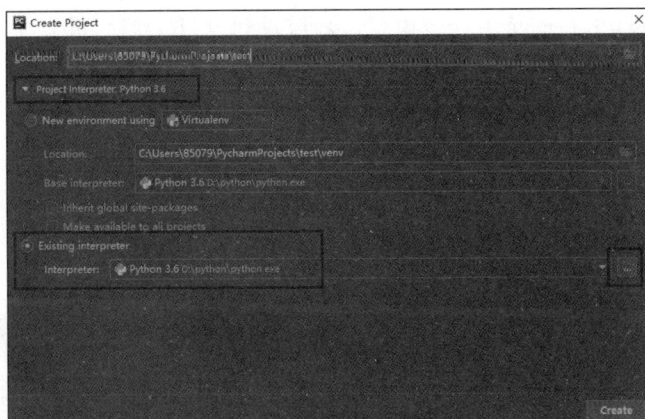

图 2-9

如果 Interpreter 下拉列表框中为<No interpreter>，则单击该行右侧的选择按钮，在弹出的界面中选择 **System Interpreter**，可以看到 Interpreter 下拉列表框中显示 D:\Anaconda\Anaconda\python.exe，如图 2-10 所示，单击 OK 按钮。（若 Mac 计算机中 PyCharm 找不到 Anaconda，可以通过搜索引擎搜索"Mac 为 PyCharm 配置 Anaconda"，或者查看本书附赠的源代码文件夹里相关的 PDF 文档资料。）

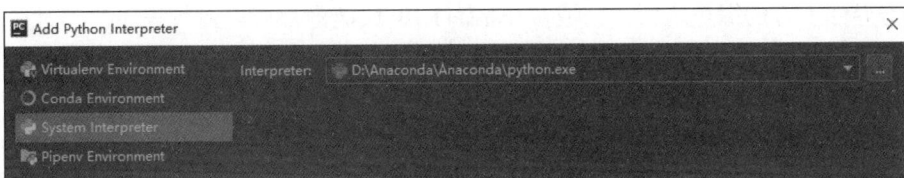

图 2-10

回到项目创建页面后，单击 Create 按钮即可创建新的 Python 项目文件。

第六步：关闭弹出的官方提示后，等待缓冲完毕，界面底部显示的提示信息如图 2-11 所示，缓冲的过程其实是在配置 Python 的运行环境。**缓冲完成后，用户才能顺畅地操作。第一次运行 PyCharm 的时候缓冲的时间较长，以后就好多了。**

图 2-11

第七步：缓冲完毕后即可创建 Python 文件。右击之前创建的项目文件夹，在弹出的快捷菜单中执行 New>Python File 命令，如图 2-12 所示。将新的 Python 文件命名为 hello world。（此外，新建 TXT 文件，然后将文件扩展名由.txt 改为.py 也可以创建 Python 文件。）

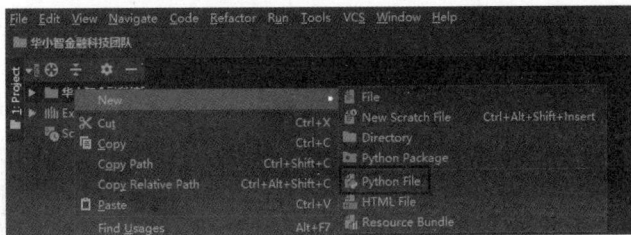

图 2-12

执行 File>New Project 菜单命令也可以新建项目文件，然后重复上述步骤，注意在选 Project Interpreter 的时候要单击 Existing interpreter 单选按钮。

第八步：创建 Python 文件后，在代码输入框中输入 print('hello world')，其中单引号、双引号没有区别。在标题或代码输入框内右击，在弹出的快捷菜单中执行 Run 'hello world' 命令，如图 2-13 所示，这样就能成功运行程序并输出 hello world 了。注意，如果第六步的缓冲没有结束，快捷菜单中可能看不到 Run 'hello world'命令，因为运行环境还没有配置完毕。

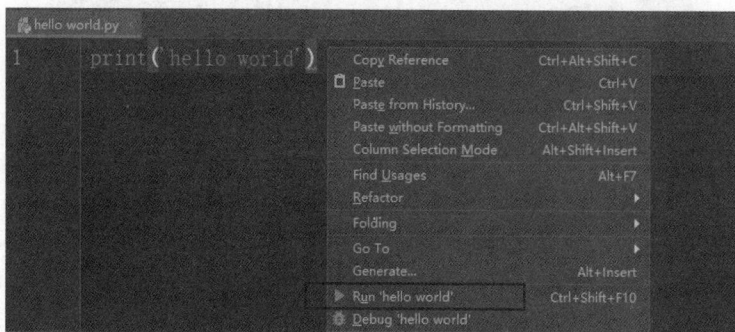

图 2-13

单击界面上方的绿色运行按钮或按 **Shift+F10** 快捷键都可以运行程序，不过还是推荐右击然后执行 Run 'Python 文件名'命令的方式来运行程序，这样对初学者来说不太容易出错。因为如果切换到不同的 Python 文件，单击绿色运行按钮并不会自动改变运行的程序，比如切换到 hello huaxiaozhi 这个 Python 文件，单击绿色运行按钮其实还是运行 hello world 程序），所以需要通过右击 Python 文件，然后执行 Run 命令来运行不同的 Python 程序。

下面介绍 PyCharm 中字体大小的设置。执行 File>Settings 菜单命令，在 Settings 对话框中选择 Editor 下的 Font，在右侧面板中，Size 用于设置字体的大小，Line spacing 用于设置行间距，如图 2-14 所示。

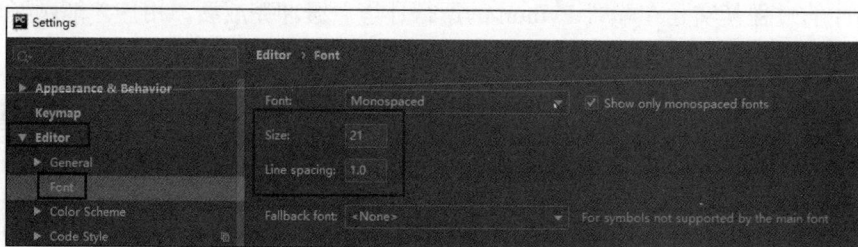

图 2-14

此外，PyCharm 中常用的快捷键有：Ctrl+F 用于搜索内容；Ctrl+R 用于替换内容。

补充知识点：**PyCharm 使用的常见问题**

Q1：为什么我第一次打开 PyCharm 要等很久才能进行下一步操作？

A1：第一次打开的时候都有一小会儿等待缓冲的时间，特别是第一次安装的时候，等缓冲完了之后，再进行操作就没有问题啦，缓冲提示信息如图 2-15 所示。

图 2-15

Q2：为什么重新打开 PyCharm 的时候出现图 2-16 所示的没有 interpreter（运行环境）的情况？

图 2-16

A2：这是因为每次重新打开 PyCharm 时，它都默认建立了一个新的 Project（项目），如果这个 Project 没有运行环境，Python 文件也就没有办法运行，那么这个时候需要配置运行环境。

解决方法：单击图 2-16 所示界面右侧的 Configure Python interpreter（配置 Python 解释器），进入 Project Interpreter 界面配置运行环境，如图 2-17 所示。或者执行 File>Settings 菜单命令，也能进入 Project Interpreter 界面。

在图 2-17 所示界面中可以看到 Project Interpreter 下拉列表框显示的是<No interpreter>，这就是为什么每次重新打开 PyCharm 之后，PyCharm 总是显示没有配置运行环境，因为 PyCharm 默认的运行环境为空（2020 版之后的版本显示的页面会稍有不同，但核心都是找到 Project Interpreter 选项）。

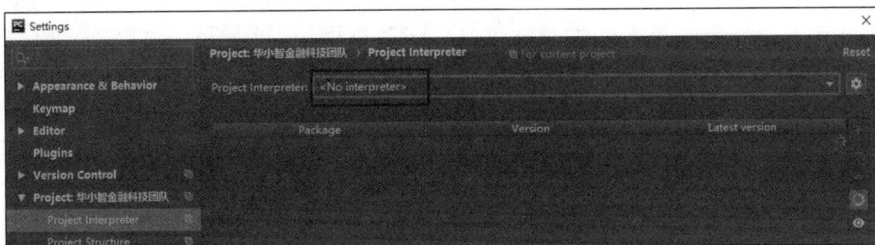

图 2-17

治标的方法：进入图 2-17 所示的 Project Interpreter 界面后，单击右侧齿轮状的设置按钮，然后选择其中的 Show All，选择图 2-18 所示的运行环境即可。

图 2-18

治本的方法：直接修改 PyCharm 的默认运行环境设置，执行 File>Other Settings 菜单命令，选择其中的 Settings for New Projects（有的老版本为 Default Settings）命令，如图 2-19 所示。

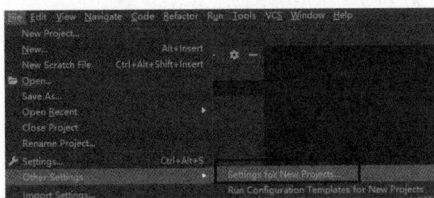

图 2-19

之后选择 Project Interpreter，选上已有的 interpreter，再单击右下的 Apply，然后单击 OK 按钮退出即可。这样默认的 interpreter 就关联上了，这里配置的是默认设置，而不是单个项目的设置，以后打开 PyCharm 就再也不用配置运行环境了。

Q3：2020 版之后的 PyCharm 打开之后不能运行。（了解即可）

A3：这个问题主要针对 2020 版的 PyCharm（老版本没有这个问题），它"自作聪明"地添加了一个新功能，结果却比以前版本多了一个新的麻烦，这个麻烦就是打开一个新的 Python 文件的时候，会发现没法运行，只能查看（这其实是 2020 版 PyCharm 推出的轻文本模式），界面上也没有运行按钮，右击也看不到 Run 命令，这时候需要在界面上右击，在弹出的快捷菜单中执行第一个命令 Open File in Project（在项目中打开文件）。如果不想每次都这么操作，可以按照本节讲解的方法安装 2019 版。

Q4：PyCharm 中如何自动纠正书写规范？（了解即可）

A4：有时候 PyCharm 会主动提示有些代码书写不规范（会在代码下面标黄线，把鼠标指针放到黄线上会看到相应的不规范提示，此外如果是红色波浪线，就不是规范问题了，而是代码编写有错误），**这种不规范其实不重要，不影响代码运行结果**，不过作为专业的程序设计者，其实可以方便地将代码规范化，只要在标黄线的地方单击，同时按住 Alt + Enter 快捷键，选择弹出界面中的 Reformat file 后按一下 Enter 键，就可以自动规范大部分代码。

如果代码全部规范成功，在 PyCharm 界面的右上角会出现的一个绿色的钩████，表示代码完全符合书写规范。常见的书写规范有：①函数前后要留两行空行；②标点符号前后要留空格（通常都有空格，但是对于一些函数括号内部的参数，比如 color='red'的等号则没有空格）。这些其实读者在 PyCharm 中写代码的过程中会慢慢体会到，或者多看看编者提供的源代码，也能体会到代码的书写规范。

2.1.4 Jupyter Notebook 的使用技巧

Jupyter Notebook 是 Anaconda 自带的一款非常不错的代码编辑软件，非常有助于初学者学习 Python，其特点如下。

（1）可以非常方便地进行代码分区块运行。

（2）运行结果可以自动保存，不需要在之后重复运行代码。

（3）可以在单个库中通过输入变量名称输出数据进行查看，非常便于代码调试。

编者常用 Jupyter Notebook 进行代码学习、调试与整理，最终在 PyCharm 中运行完整的项目。下面讲解 Jupyter Notebook 的使用技巧，供感兴趣的读者参考，如果想快速进入 Python 的学习可以跳转到 2.2 节。

1．打开和查看 Jupyter Notebook

第一次接触 Jupyter Notebook 的时候，会感觉其打开方式相较于 PyCharm 直接单击 Python 文件即可打开显得稍微麻烦一点，不过其打开速度非常快，熟悉之后便能轻松地使用。这里先讲解如何打开以及查看 Jupyter Notebook。

（1）在 C 盘环境下打开。打开 Jupyter Notebook 的简易方法如下：在计算机左下角 Windows "开始"菜单中展开 Anaconda 的程序组，单击 Jupyter Notebook，如图 2-20 所示。

此时会在默认浏览器中打开 Jupyter Notebook。此时浏览器只作为工具载体，因此并不需要联网就能使用，图 2-21 所示是其初始界面，可以看到此时都是 C 盘中的一些文件夹，可以在其中的任意一个文件夹下创建 Python 文件（如何创建将在下一步骤讲），注意其中

Desktop 文件夹指桌面文件夹。

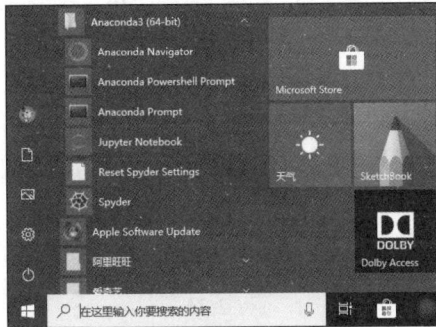

图 2-20

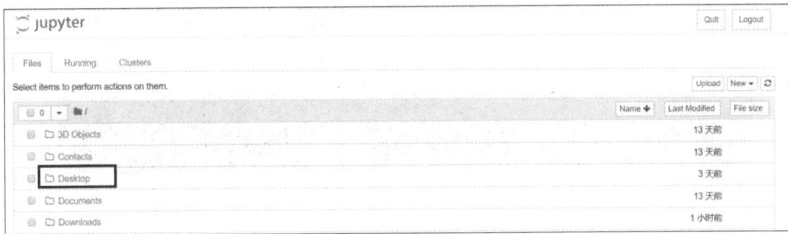

图 2-21

　　此外，除了弹出浏览器界面外，还会弹出 Jupyter Notebook 的管理窗口，如图 2-22 所示。这个管理窗口正常情况下用户用不着，但是不可以关闭它，一旦关闭，则浏览器中的 Jupyter Notebook 会显示链接断开。此外，如果浏览器中没有自动弹出 Jupyter Notebook 相关界面，可以复制图 2-22 所示红框中那行链接至浏览器地址栏中并按 Enter 键打开相应界面。

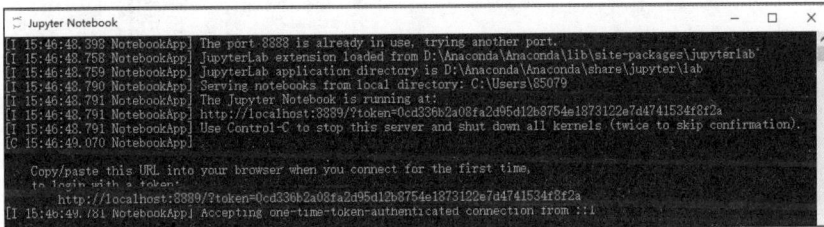

图 2-22

　　（2）打开任意磁盘中的文件（重要）。前文打开的是 C 盘中的相关文件，如果 Jupyter Notebook 代码存储在其他磁盘中该如何打开呢？如图 2-23 所示，在 E 盘的"机器学习演示"文件夹中有 Jupyter Notebook 格式的代码文件（文件扩展名为.ipynb 的即 Jupyter Notebook 格式的 Python 文件），该如何打开呢？

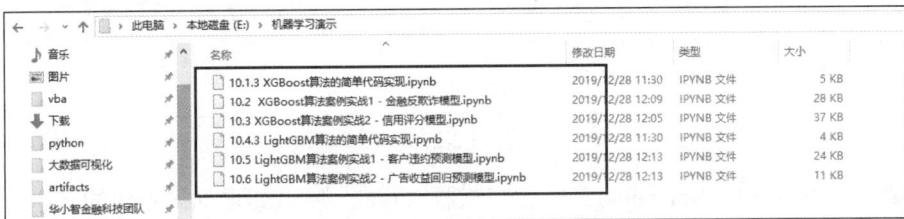

图 2-23

一种方法是将代码复制到桌面的某个文件夹中，然后通过前文所述的在 C 盘环境下打开的方法打开。另一种方法则快捷得多，如图 2-24 所示，在该文件夹的路径框内输入 cmd，然后按 Enter 键（或者在文件夹中按住 Shift 键并右击，然后在弹出的快捷菜单中执行"在此处打开 Powershell 窗口"命令）。

图 2-24

在弹出的界面（这个界面叫作文件夹终端，Mac 用户可自行搜索"Mac 如何进入文件夹终端"打开）中输入 jupyter notebook，按 Enter 键即可，如图 2-25 所示。

图 2-25

便能在默认浏览器中看到图 2-26 所示内容，单击相关 Python 文件即可将其打开并进行查看。

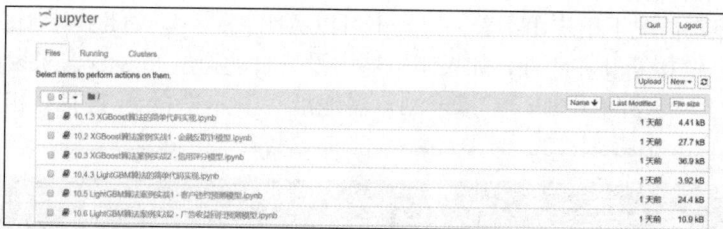

图 2-26

例如，打开其中的第二个文件，界面效果如图 2-27 所示。

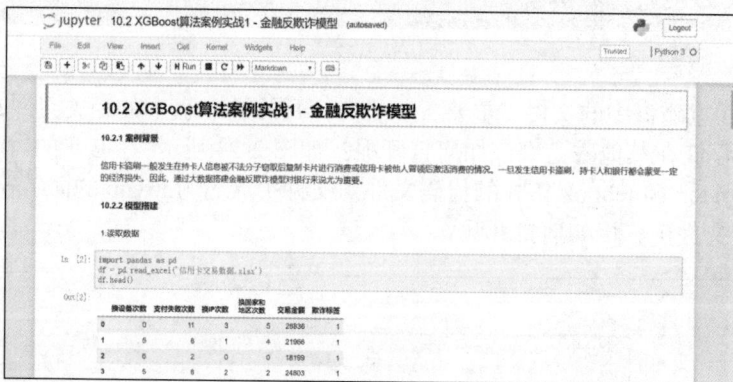

图 2-27

此外，因为 Jupyter Notebook 是通过浏览器打开的，所以如果觉得界面的字体较小，可以通过按住 Ctrl 键并滚动鼠标滚轮来调节。

2．创建 Python 文件

如图 2-28 所示，单击右上角的 New 按钮，在展开的下拉列表中选择 Python 3 选项，可以创建 Python 文件，如果需要创建新文件夹，选择 Folder 选项。

例如选择 Python 3 可创建文件并打开图 2-29 所示的界面，单击 Untitled 可以重新命名文件。

图 2-28

图 2-29

和前文所述的一样，Jupyter Notebook 格式的 Python 文件的扩展名为.ipynb，而常规的 Python 文件的扩展名为.py。因此在 Jupyter Notebook 中创建和打开的都是扩展名为.ipynb 的文件。

3．编写代码

在图 2-30 所示的区块中即可编写代码，编写完毕后，按 Ctrl+Enter 快捷键即可运行当前代码区块，或者通过单击菜单栏下方的"运行"按钮运行代码，编写代码时代码区块边框显示为绿色。

图 2-30

前文讲过，Jupyter Notebook 的一个特点是可以分区块运行，那么该如何新增一个代码区块呢？如图 2-31 所示，第一种方法是单击左上角的"+"按钮，在当前代码区块下新增一个代码区块；第二种方法是单击当前代码区块左边（此时该代码区块左侧边框会变成蓝色），然后按快捷键 B 向下新增一个代码区块（按快捷键 A 是在该代码区块上方新增一个代码区块）。

图 2-31

Jupyter Notebook 的另一个特点就是它不需要输入 print()函数，也能快速输出内容，方便编程者查看，如图 2-32 所示。

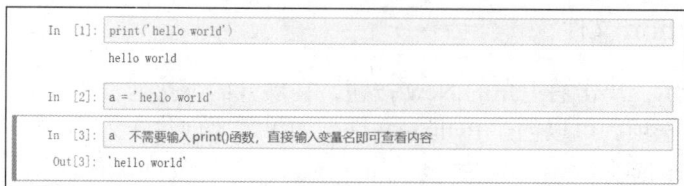

图 2-32

对于某些类型的数据,如第 3 章的 DataFrame 表格类型数据,直接输入变量名输出比利用 print()函数输出的效果更好。

4.菜单栏

Jupyter Notebook 的菜单栏如图 2-33 所示,通常情况下不会经常使用菜单栏,不过其中有些功能还是需要关注一下的,后文会重点讲 Cell 和 Kernel 菜单中的一些命令。

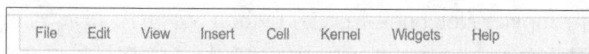

图 2-33

其中,File 菜单可以用来打开和存储文件,File 菜单中的 Download As 命令可以把 Jupyter Notebook 创建的扩展名为.ipynb 的 Python 文件另存为扩展名为.py 的常规 Python 文件。

Edit 菜单中是一些编辑代码区块的命令,如剪切、复制、删除等。

Insert 菜单可以用来插入代码区块,这个操作一般用接下来要讲的快捷键完成;Cell 菜单可以用来选择运行当前代码区块、运行当前代码区块之前或之后的内容等;Kernel 菜单可以用来中断或重启程序;Help 菜单中的 Keyboard Shortcuts 命令可以用来查看快捷键。

这里着重提一下 Cell 和 Kernel 菜单。Cell 菜单中的一些比较有意义的命令如图 2-34 所示,通过这些命令可以快速地运行多个代码区块。

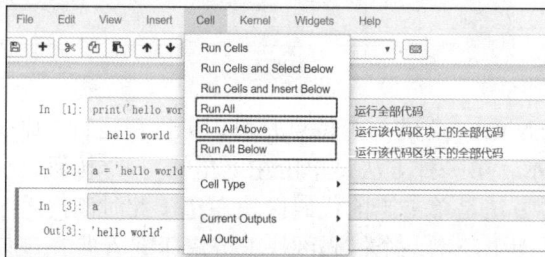

图 2-34

Kernel 菜单中一些比较有意义的命令如图 2-35 所示。

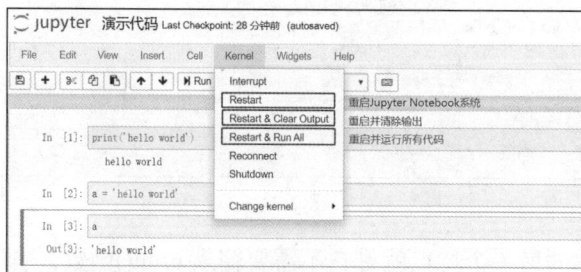

图 2-35

之所以要特地强调 Kernel 菜单，是因为有的时候 Jupyter Notebook 运行过程中程序因为某些问题一直卡着不动（如代码陷入死循环），这时候通过终止按钮，或者通过图 2-35 所示的 Interrupt 命令是终止不了程序的，而通过 Restart（重启系统）命令能非常快速地终止程序。

5．快捷按钮

在 Jupyter Notebook 菜单栏下方还有许多快捷按钮，如图 2-36 所示。

图 2-36

这些按钮的作用依次为：保存并检查；在下面插入代码区块；剪切选择的代码区块、复制选择的代码区块、粘贴到下面；上移选中单元格、下移选中单元格；运行当前代码区块、中断系统（如果中断不了，则推荐选择重启系统）、重启系统（就是前文讲的 Kernel 菜单中的 Restart）、重启并运行所有代码；代码及标题框；打开命令配置。

这里单独讲解"代码及标题框"按钮，它可以设置区块为代码格式（Code）、标题格式（Heading）或标志格式（Markdown）（类似于笔记或者注释，Markdown 是一种专门的笔记语言，更多 Markdown 的使用技巧可以自行搜索），如图 2-37 所示，通过它可以在代码里设置标题和标志，方便阅读代码。注意设置后要按 Ctrl+Enter 快捷键运行该代码区块以完成设置。

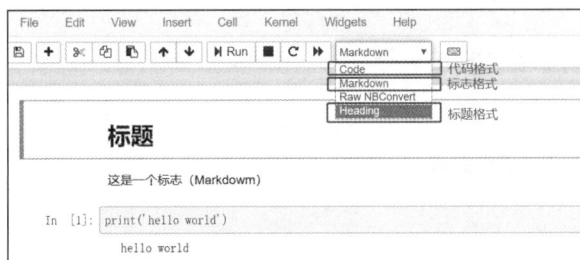

图 2-37

此外，按快捷键 M 可以将代码格式的内容快速切换为标志格式的内容，按快捷键 Y 可以将代码格式的内容快速切换为代码格式的内容。

6．常用快捷键

在实际操作中会经常使用快捷键来进行操作，Jupyter Notebook 中常用的快捷键如表 2-1 所示。

表 2-1

快捷键	作用
Ctrl+Enter	运行当前代码区块
Shift+Enter	运行当前代码区块，并转到下一代码区块
A	在当前代码区块上方新建一个代码区块
B	在当前代码区块下方新建一个代码区块
连续按两次 D 键	删除当前代码区块

快捷键	作用
M	切换为标志格式
Y	切换为代码格式
C/X/V	复制/剪切/粘贴代码区块
F	查找并且替换代码区块里的内容

注意，上述单个按键的快捷键需要选中代码区块才会生效，当代码区块被选中时，其边框颜色为蓝色，如图 2-38 所示。

```
In [1]:  print('hello world')
单击左侧，选
中代码区块   hello world
```

图 2-38

在实际代码的编写过程中，编者推荐使用 PyCharm 和 Jupyter Notebook，不过其实无论使用哪种 IDE 软件都没有关系，编程的核心不在于编辑器，而在于之后的代码实战。

2.2 Python 基础知识

安装完 Python 之后，就让我们开始学习 Python 基础知识。这些基础知识都是后面具体项目实战的基石，需要好好掌握。

2.2.1 变量、行、缩进与注释

本小节主要讲变量、行、缩进与注释的一些基础内容。注意在 Python 中输入代码的时候一定要切换到英文模式。

变量、行、缩进与注释

1．变量

变量就相当于人的一个代号。初中数学学过的一次函数 $y=x+1$，其中的 x 就是变量（称为自变量），y 也是变量（称为因变量）。**变量的名称**尽量用字母，如 a、b、c，或 a_1、b_1 等，或者用自己创建的字符串，不要用系统自带的函数名。例如不要用 print 来命名，写成 print = 1。

"="符号可以将值赋值给变量，代码如下：

```
x = 10
print(x)
y = x + 15
print(y)
```

其中第 1 行表示将 10 赋值给变量 x，第 2 行表示输出变量 x 的值，第 3 行表示 x 加上 15 并赋值给变量 y，第 4 行表示输出变量 y 的值。

执行该程序，输出结果如下：

```
10
25
```

知识点：**print()函数**
print()函数用于将结果输出，以后会经常用这个函数来输出结果。print()函数里可以通

过逗号分隔同时输出多个内容（在同一行显示，并通过空格分隔），例如 print('华小智',123) 可以同时输出字符串和数字。

小技巧：在输入 print 时，按 Tab 键系统会自动补全 print 后面的括号。

2．行

在 Python 中，一般来说，很少用逗号或分号，代码都是一行一行的，所以编写完一行后按 Enter 键，就可以进行换行。

3．缩进

缩进是 Python 中非常重要的一个知识点，Python 的缩进类似于 Word 的首行缩进，缩进的快捷键是 Tab，在 if、for、while 等语句中都会使用到缩进，先来看下面的代码：

```
x = 10
if x >0:
    print('正数')
else:
    print('非正数')
```

其中，第 1 行 x = 10 下面的内容是后文会讲到的 if 条件语句。其实条件语句很简单，if 表示"如果"，将上面的代码翻译成白话就是：

```
让 x 等于 10
如果 x 大于 0:
    输出 '正数'
否则:
    输出 '非正数'
```

在第 3 行和第 5 行的 print 前必须要有**缩进**，否则 Python 会报错。

如果要减小缩进量，可以通过按 **Shift+Tab** 快捷键撤销原来的缩进。读者练习时可以选择一片区域，按 Tab 键缩进，再按 **Shift+Tab** 快捷键撤销原来的缩进。

4．注释

注释也叫批注，大多起提示作用。在 Python 中，注释方法主要有两种。

```
# 这之后是注释内容
'''这里面是注释内容'''
```

可以手动输入#或者'''，#是按 **Shift+3** 快捷键输入的，也可以直接用快捷键来添加注释：在 PyCharm 中，添加注释的快捷键是 **Ctrl+/**；在 Spyder 中，添加注释的快捷键是 **Ctrl+1**。如果想整片地进行注释，可以先选择一片区域，然后通过快捷键进行注释，或者通过 3 个单引号进行注释。

2.2.2　数据类型：数字与字符串

Python 中有 6 种数据类型：数字、字符串、列表、字典、元组、集合。其中，前 4 种数据类型用得相对较多，这一小节主要介绍数字与字符串。

数据类型：数字与字符串

数字与字符串的核心知识点是需要知道 **1** 和**"1"**是两种不同的数据类型。前者是一个**数字**，可以进行加减乘除等操作；而后者则是一个**字符串**，也就是常说的**文本内容**。字符串的一个特点就是在它的两旁有单引号或双引号，代码如下：

```
a = '我是一个字符串'
```

不同的数据类型是不能进行运算的，比如：

```
a = 1 + '1'
print(a)
```

这样系统会报错：unsupported operand type(s) for +: 'int' and 'str'（不同类型的数据无法直接运算）。

知识点：如何获取和转换变量的类型

用 type() 函数可以获取变量的类型，代码示例如下：

```
a = 1
print(type(a))
b = '1'
print(type(b))
```

输出结果如下：

```
<class 'int'>
<class 'str'>
```

表明第一个变量是 int 类型（整数）的，第二个变量是 str 类型（字符串）的。数字变量类型除了整数外，还有 float 类型（浮点数），即小数。

通过 **str()** 函数可以把数字转换成字符串，代码示例如下：

```
a = 1
b = str(a)    # 将数字转换成字符串，并赋值给变量 b
c = b + '1'
```

将变量 c 通过 print() 函数输出，结果如下，可以看到这里实现了字符串拼接的效果。

```
11
```

通过 int() 函数可以把一个字符串转换成一个数字，代码示例如下：

```
a = '1'
b = int(a)
c = b + 1
print(c)
```

以上代码的输出结果如下：

```
2
```

2.2.3　列表与字典

列表（list）和字典（dictionary）是用来存储内容的容器，在 Python 中经常会用到。

列表与字典（上）　列表与字典（中）　列表与字典（下）

1. 列表

（1）列表。列表就像容器，可以将不同的数据存储到里面并进行调用，比如说一个班级里有 5 名学生，需要有一个容器把他们的名字放在一起，可以采用如下所示的列表格式：

```
class1 = ['丁一', '王二', '张三', '李四', '赵五']
```

其中列表的格式为：

```
列表名 = [元素 1,元素 2,元素 3,…]
```

列表里的元素可以是字符串，也可以是数字，甚至可以是另外一个列表，比如下面的列表就含有 3 种元素：数字 1、字符串'123'、列表[1, 2, 3]。

```
a = [1, '123', [1, 2, 3]]
```

利用 for 循环可以遍历列表中的所有元素，用最开始的例子来做演示：

```
class1 = ['丁一', '王二', '张三', '李四', '赵五']
for i in class1:
    print(i)
```

输出结果如下：

```
丁一
王二
张三
李四
赵五
```

（2）统计列表中元素的个数。有时需要统计列表里一共有多少个元素（又叫获取列表的长度），可以使用 len()函数。len()函数的一般格式：**len(列表名)**。代码示例如下：

```
a = len(class1)
print(a)
```

列表 class1 中有 5 个元素，所以程序输出结果如下：

```
5
```

（3）调取单个元素。通过在列表之后加一个**[序号]**调取单个元素，比如 class1[1]调取的就是"王二"，代码如下。

```
a = class1[1]
print(a)
```

上述代码输出结果如下：

```
王二
```

有些读者可能会有疑惑，这里 class1[1]调取的为什么不是"丁一"呢？因为**在 Python 中序号都是从 0 开始的**。所以用 class1[0]才能调取"丁一"。如果想输出列表中的第 5 个元素"赵五"，那么对应的序号就是 4，相应的代码则是 print(class1[4])。

（4）列表切片。如果想选取列表中的几个元素，比如选取列表 class1 中的第 2~4 个元素时就要用到列表切片，其一般格式为：**列表名[序号 1:序号 2]**。其中序号 1 可以取到，而序号 2 取不到，俗称"左闭右开"，加上之前提到的在 Python 中序号都是从 0 开始的，所以第二个元素的序号为 1，第五个元素的序号为 4，代码如下：

```
class1 = ['丁一', '王二', '张三', '李四', '赵五']
a = class1[1:4]
print(a)
```

其中序号 1 的元素"王二"是可以取到的，而序号 4 的元素"赵五"是取不到的，所以最后的输出结果为：

```
['王二', '张三', '李四']
```

进行列表切片有时不确定序号 1 和序号 2，可以采用如下方式只写一个序号。

```
class1 = ['丁一', '王二', '张三', '李四', '赵五']
a = class1[1:]   # 选取从第二个元素到最后
b = class1[-3:]  # 选取从列表倒数第三个元素到最后
c = class1[:-2]  # 选取倒数第二个元素前的所有元素（因为左闭右开，所以不包含倒数第二个元素）
```

上述代码的输出结果如下：

```
['王二', '张三', '李四', '赵五']
['张三', '李四', '赵五']
['丁一', '王二', '张三']
```

（5）增加列表元素。通过 append() 方法可以给列表添加元素，示例代码如下：

```
score = []  # 创建一个空列表
score.append(80)  # 通过 append() 方法给列表增加元素
print(score)
```

上述代码的输出结果如下：

```
[80]
```

这个操作在实战中经常会用到，比如在第 5 章的数据评分中，因为并不清楚有多少数据，那么就可以用 append() 方法来把这些评分一个个加上去。

（6）列表与字符串之间的转换。列表与字符串之间的转换在文本筛选中有很大的作用（后文会详细介绍），这里先大致了解。例如，要把列表 class1 转换成'丁一,王二,张三,李四,赵五'这么一个字符串，可以用下面的方式：

```
'连接符'.join(列表名)
```

其中，引号（单引号、双引号皆可）中的内容是字符之间的连接符，如"，""；"等。所以想把 class1 合并成一个用逗号连接的字符串，那么就应该是',' .join(class1)。

```
class1 = ['丁一', '王二', '张三', '李四', '赵五']
a = ','.join(class1)
print(a)
```

上述代码的输出结果如下：

```
丁一,王二,张三,李四,赵五
```

如果把逗号换成空格，那么输出结果就是'丁一 王二 张三 李四 赵五'。
将字符串转为列表主要用的是 split() 函数，其中括号里的内容为分隔符号，代码如下：

```
a = "hi hello world"
print(a.split(" "))
```

输出结果如下：

```
['hi', 'hello', 'world']
```

2．字典

字典是另一种数据存储方式，比如说 class1 里面，每个人都考了数学，各有得分，想把他们的人名和分数一一匹配到一起，那么就需要用字典来存储数据。字典的基本格式如下：

```
字典名 = {键1:值1,键2:值2,键3:值3…}
```

在字典中，每个元素都有两个部分（列表中一个元素只有一个部分），前一个部分称为键，后一个部分称为值，中间用冒号相连。

键就相当于一把钥匙，值就相当于箱子里的东西，一把钥匙对应一个箱子，同样，一个人对应一个成绩，那么对于 class1 里的每个人，可以这么写：

```
class1 = {'丁一': 85, '王二': 95, '张三': 75, '李四': 65, '赵五': 55}
```

如果要提取字典中的某一个元素的值，可以通过如下格式实现：

字典名 ['键名']

比如获取王二的成绩，可以通过如下代码实现：

```
score = class1['王二']
print(score)
```

上述代码的输出结果如下：

```
95
```

如果想输出每个人的名字和分数，代码如下：

```
class1 = {'丁一': 85, '王二': 95, '张三': 75, '李四': 65, '赵五': 55}
for i in class1:
    print(i + ': ' + str(class1[i]))
```

这里的 i 指的是字典里的键，也就是"丁一""王二"等内容，class1[i]就是值，即这些人的分数。因为分数为数字，在进行字符串拼接的时候需要通过 str()函数进行转换。输出结果如下：

```
丁一:85
王二:95
张三:75
李四:65
赵五:55
```

另外一种遍历字典的方法是通过字典的 items()方法，代码如下：

```
class1 = {'丁一':85, '王二':95, '张三':75, '李四':65, '赵五':55}
a = class1.items()
print(a)
```

输出结果如下，通过 items()方法返回的是可遍历的(键,值)元组数组。

```
dict_items([('丁一', 85), ('王二', 95), ('张三', 75), ('李四', 65), ('赵五', 55)])
```

除了列表和字典外，还有两种存储内容的方式：元组（tuple）和集合（set）。

元组的定义和使用方法与列表非常类似，区别在于列表的符号是中括号[]，而元组的符号是小括号()，并且元组中的元素不可修改，元组的示例代码如下：

```
a = ('丁一', '王二', '张三', '李四', '赵五')
print(a[1:3])
```

运行结果如下，可以看到它选取元素的方法和列表是一样的。

```
('王二', '张三')
```

集合是一个无序、不重复的序列，和列表也比较类似，用于存储不重复数据，通过大括号{}或者 set()函数创建集合，示例代码如下：

```
a = ['丁一', '丁一', '王二', '张三', '李四', '赵五']
print(set(a))
```

运行结果如下，可以看到通过 set()函数获得了一个集合，删去了重复的内容。

```
{'丁一', '王二', '赵五', '张三', '李四'}
```

相对于列表和字典，元组和集合用得较少。

2.2.4 运算符

运算符主要用于对数据（数字和字符串）进行运算及连接，常用的运算

运算符

符如表 2-2 所示。

表 2-2

运算符	含义	运算符	含义
+	数字相加或者字符串拼接	>=	大于等于
-	数字相减	<=	小于等于
*	数字相乘	==	比较两个对象是否相等
/	数字相除	and	逻辑与
>	大于	or	逻辑或
<	小于	not	逻辑非

1．算术运算符

算术运算符有+、−、*、/，这里主要讲+，因为它除了能进行数字的相加外，还能进行**字符串的拼接**，示例代码如下：

```
a = 'hello'
b = 'world'
c = a + ' ' + b
print(c)
```

上述代码的输出结果如下：

```
hello world
```

2．比较运算符

比较运算符主要有>、<和==，示例代码如下：

```
score = -10
if score < 0:
    print('该新闻是负面新闻，录入数据库')
```

因为−10 小于 0，所以输出结果如下：

```
该新闻是负面新闻，录入数据库
```

==用于比较两个对象是否相等，它和=不一样，=的作用是赋值，比如前文讲过的 a=1。而==用于比较两个对象（比如数字）是否相等，示例代码如下：

```
a = 1
b = 2
if a == b:    # 注意这里是两个等号
    print('a 和 b 相等')
else:
    print('a 和 b 不相等')
```

此处 a 和 b 不等，所以输出结果为：

```
a 和 b 不相等
```

3．逻辑运算符

逻辑运算符主要有 not、and、or 这 3 种。

举一个例子，若要判断前文所示的新闻的分数是负数，并且它的年份是 2019 年，才把它录入数据库，示例代码如下：

```
score = -10
year = 2019
if (score < 0) and (year == 2019):
    print('录入数据库')
else:
    print('不录入数据库')
```

这里有两个要注意的点：and 连接的两个判断条件**最好加上括号**，虽然有的时候不加也没问题，但加上括号是比较严谨的做法；year==2019 逻辑判断中使用的是两个等号。

因为新闻的分数小于 0 且所属年份为 2019，所以最后的输出结果为：

录入数据库

如果把代码中的 and 换成 or，那么只要满足一个条件，就可以执行相应代码。

2.3 Python 语句

本节主要介绍条件语句、循环语句及异常处理 try except 语句，其中，条件语句和循环语句是编程语言中很重要的知识点，因为这涉及编程语言的一些底层逻辑——**判断和循环**；使用异常处理语句则可以避免因程序异常而导致的程序中断。

2.3.1 if 条件语句

if 条件语句主要用于**判断**，如果满足条件则执行相应语句。其基本语法逻辑如下，注意冒号及代码前的缩进。

if 条件语句

```
if 条件:
    代码1
else:
    代码2
```

前文已有多处涉及 if 条件语句，这里再做一个简单的演示，代码如下：

```
score = 85
if score >= 60:
    print('及格')
else:
    print('不及格')
```

因为 85 大于 60，所以输出结果为"及格"。

如果有多个判断事件，可以使用 elif 进行处理，示例代码如下：

```
score = 55
if score >= 80:
    print('优秀')
elif (score >= 60) and (score < 80):
    print('及格')
else:
    print('不及格')
```

这里的 elif 就是 elseif 的缩写，用来处理多个判断事件，用得相对较少，了解即可。

for 循环语句

2.3.2 for 循环语句

for 语句的底层逻辑是**循环**，常用格式如下，注意冒号和缩进。

```
for i in 区域：
    代码
```

示例代码如下：

```
class1 = ['丁一', '王二', '张三']
for i in class1:
    print(i)
```

这里的 i 就代表列表里的元素，上述代码的输出结果为：

```
丁一
王二
张三
```

这里的 i 只是一个代号，可以换成任何内容，比如换成 j，换成一个字符串都行，只要和循环体里的内容匹配即可，比如上面的 i 换成 j 后，下面就要改成 print(j)。

for 语句还通常与 **range()函数**合用，使用 range()函数可创建一个整数列表，一般用在 for 循环中，range()函数的基本用法如下：

```
a = range(10)  # 从 0 开始到 10，类似列表切片左闭右开，不包含 10
```

其本质是获得如下列表：

```
[0, 1, 2, 3, 4, 5, 6, 7, 8, 9]
```

for 语句与 range()函数结合使用的示例代码如下：

```
for i in range(3):
    print('hahaha')
```

上述代码的输出结果为：

```
hahaha
hahaha
hahaha
```

for i in range(3)表示会循环 3 次，但要注意，在 Python 中，**第一个元素的序号其实是 0**，所以如果输入如下代码：

```
for i in range(3):
    print(i)
```

那么输出的结果是从 0 开始的，也就是 0 到 2。

```
0
1
2
```

有些读者可能会对 for i in range(3)中的 i 有些疑惑，i 不是代表列表里的元素吗，这里的 i 又是什么意思呢？下面给大家做一个总结。

- 对于"for i in 区域"来说，若区域是一个列表，那么 i 就代表列表的元素。
- 对于"for i in 区域"来说，若区域是一个字典，那么 i 就代表字典的键名。
- 对于"for i in 区域"来说，若区域是 range(n)，那么 i 就代表 0 到 n−1 这 n 个数字。

2.3.3 while 循环语句

while 的底层逻辑也是循环，使用格式如下，注意冒号及缩进。

while 循环语句

```
while 条件:
    要执行的代码
```

下面举个例子：

```
a = 1
while a < 3:
    print(a)
    a = a + 1  # 也可以写成 a += 1
```

a 一开始等于 1，满足小于 3 的条件，输出 1，然后 a 加上 1 等于 2，此时 a 仍然小于 3，所以仍会执行输出命令，输出 2，然后 a 在 2 的基础上加上 1 等于 3，此时 a 已经不满足小于 3 的条件了，那么循环便终止了。最后输出如下：

```
1
2
```

while 语句经常与 True 搭配使用，写成 while True 进行永久循环，基本结构如下所示：

```
while True:
    代码区块
```

大家可以试试输入如下代码，体验一下 while 语句的用法。

```
while True:
    print('hahaha')
```

如果想停止 while True 的永久循环，单击编程软件的终止按钮即可。

2.3.4　try except 异常处理语句

使用 try except 异常处理语句可以避免因为某一步程序出错而导致整个程序终止，使用方法如下：

```
try:
    主代码
except:
    如果主代码出错了，那么该执行的代码
```

示例代码如下：

```
try:
    print(1 + 'a')
except:
    print('主代码运行失败')
```

根据已经学过的知识，print(1 + 'a') 这行代码是会报错的，因为数字和字符串是不可以直接相加的。使用 try except 语句之后，try 这一部分内容执行失败后就会跳转到 except 执行相应的代码，即 print('主代码运行失败')，最后输出的内容为：

```
主代码运行失败
```

具体项目实战中，也常常利用 try except 异常处理语句来避免因程序出错而导致整个程序中断。

2.4　函数与库

本节将介绍编程中比较重要的两个知识点：函数与库。合理使用函数和库，可以省去很多重复性及复杂的工作。Python 里的函数和**一元一次**函数难度类似，只要能理解一元一次函数 $y(x)=x+1$，就能理解 Python 函数，所以面对函数不用有太多的畏难情绪。

以前数学课都学过 $f(x)$，这里 f 就是 function（函数）的意思，其实 Python 中的函数和这个函数本质上是一样的。

函数的定义与
调用

$$\text{function:} \quad f(x) = x+1$$

函数名称　函数参数

2.4.1　函数的定义与调用

函数的格式如下，用 def 来定义一个函数，注意冒号及缩进。

```
def 函数名(参数):
    代码
```

用一元一次函数 $y=x+1$ 来演示 Python 函数的写法，代码如下：

```
def y(x):
    print(x+1)
y(1)
```

此代码表述的就是 $y(x)=x+1$，前两行用于**定义函数**，第 3 行用于**调用函数**。输出结果如下：

```
2
```

调用函数很简单，只要输入函数名（比如函数名 y）即可，如果含有参数（比如函数中的 x），在函数名后面的括号中输入参数即可。上面代码第 3 行的 y(1)就表示 y(1)=1+1，如果将最后一行代码换成 y(2)，那么最后输出的结果就是 3。

函数参数只是一个代号，可以换成别的内容，比如可以把其中的 x 换成 z，代码如下：

```
def y(z):
    print(z+1)
y(1)
```

函数也可以传入两个参数，类似数学中的二元函数 $y(x,z)=x+z+1$，示例代码如下：

```
def y(x, z):
    print(x + z + 1)
y(1, 2)
```

此时调用函数的时候就得传入两个参数，比如 y(1,2)，最后运行结果如下：

```
4
```

有时函数括号里面也可以不要参数，代码如下：

```
def y():
    x = 1
    print(x+1)
y()  # 调用函数
```

其中前 3 行定义了一个函数，第 4 行调用了这个函数，在这个函数不需要传入参数，所以直接输入 y()就可以成功调用，运行结果如下：

```
2
```

2.4.2　函数返回值与变量作用域

函数返回值与变
量作用域

1．函数的返回值

函数返回值初学者用得相对较少，读者可以先进行初步了解。把 2.4.1

小节最开始的代码稍微修改下，把 **print** 改成 **return**，别的内容不变。

```
def y(x):
    return(x+1)
y(1)
```

再次运行发现什么东西都没有，这是因为 return()和 print()函数不同，通俗地说，return()相当于**看不见的 print()**，它把原来该赋给 print 的值赋给了 y(x)这个函数，专业一点的说法就是该函数的**返回值为**：x+1。稍稍修改就可以把 y(x)显现出来了，代码如下：

```
def y(x):
    return(x+1)
a = y(1)
print(a)
```

y(1)已经是一个有数值的内容了，只是不会直接让用户看到，将其赋值给 a 变量，便可以利用 print()函数将其输出，当然也可以直接写 print(y(1))。

上面这 4 行代码的输出结果如下：

```
2
```

此外注意 return 通常表示一个函数的结束，通常写在函数的最后一行，如果函数执行到 return 这一行代码，就会返回相关内容然后结束相关函数的运行。

2．变量的作用域

在函数内使用的变量与函数外的程序没有关系，示例代码如下：

```
x = 1
def y(x):
    x = x + 1
    print(x)
y(3)

print(x)
```

单纯看上面几行代码，思考最后会输出什么内容。先来看看输出结果：

```
4
1
```

同样是 print(x)，为什么输出的内容不一样呢？这是因为函数 y(x)里面的 x 和外面的 x 没有关系，像前文讲过可以把 y(x)换成 y(z)，代码如下：

```
x = 1
def y(z):
    z = z + 1
    print(z)
y(3)

print(x)
```

再看上面的代码，应该会更直观地理解输出结果是 4 和 1，这个 y(z)中的 z 或者说 y(x)中的 x 只在函数内部生效，**它不会影响外部的变量**，函数的参数只是代号，与外部的变量关系不大。这个了解即可，因为一般各个函数都是相互独立的，不太会产生干扰。

2.4.3 常用基本函数介绍

下面介绍 Python 中常用的一些函数，在之后的项目实战中用得比较多。

常用基本函数
介绍

1．str（）函数与int（）函数

str()函数用于将数字转换成字符串，在进行字符串拼接的时候经常用到，示例代码如下：

```
score = 85
print('A公司今日评分为' + str(score) + '分。')
```

int()函数用于将字符串转成整数，示例代码如下：

```
a = '85'
b = int(a) - 10  # 通过int()函数转换后才能进行数值计算
```

此外，如果想把字符串转换为浮点数（就是保留小数），可以使用 float()函数，例如 float('85.555')的结果为 85.555；如果想让一个数字保留特定小数位数，可以使用 round()函数，例如 round(85.555, 2)的结果为 85.56，其中 2 表示保留两位小数。

2．len（）函数

len()函数可以用于统计列表元素个数，示例代码如下，运行结果为3。

```
title = ['标题1', '标题2', '标题3']
print(len(title))
```

其在项目实战中常和range()函数一起使用，示例代码如下：

```
title = ['标题1', '标题2', '标题3']
for i in range(len(title)):
    print(str(i+1) + '.' + title[i])
```

其中 range(len(title))就表示 range(3)，运行结果如下：

```
1.标题1
2.标题2
3.标题3
```

len()函数还可以用于统计字符串的长度，示例代码如下，最后输出结果为 10，就是 10 个字符。

```
a = '123华小智abcd'
print(len(a))
```

3．replace（）函数

replace()函数主要用于替换指定内容，具体的使用方法为：**"字符串.replace(旧内容，新内容)"**。示例代码如下：

```
a ='<em>阿里巴巴</em>电商脱贫成"教材"'
a = a.replace('<em>','')
a = a.replace('</em>','')
print(a)
```

上述代码的运行结果如下：

```
阿里巴巴电商脱贫成"教材"
```

4．strip（）函数

strip()函数主要的作用是删除空白符（包括换行符 "\n" 和空字符串 " "），具体的使用方法为："字符串.strip()"。示例代码如下：

```
a ='        华能信托 2018 年上半年行业综合排名位列第 5            '
a = a.strip()
print(a)
```

运行上述代码，就可以将多余的空格删掉了，结果如下：

```
华能信托 2018 年上半年行业综合排名位列第 5
```

5．split()函数

split()函数主要的作用是**分隔字符串**，最后生成的结果为一个列表，具体的使用方法如下："**字符串.split('分隔符')**"。示例代码如下：

```
today = '2019-04-12 '
a = today.split('-')
print(a)
```

运行结果如下：

```
['2019', '04', '12 ']
```

如果想调用分隔完的年份信息或月份信息，可以通过如下代码实现：

```
a = today.split('-')[0]    # 获取年份信息，即分隔完的第一个元素
a = today.split('-')[1]    # 获取月份信息，即分隔完的第二个元素
```

2.4.4　库

库(也有人把它叫作模块)是 Python 这些年发展十分迅猛的一个原因，因为很多优秀的 IT 工程师在研发出非常棒的代码之后，愿意把它共享给大家使用，而**存储这些非常棒的代码的地方就叫作库**或**模块**。有的库是 Python 自带的，有的库则需要进行下载才可以使用。引用库的两种常见方法如下：

```
import 库名
from 库名 import 库里的一个功能
```

引用完库之后就可以使用库里面的功能了。先用一个简单的例子来演示库的使用方法，如果想让 Python 输出当前的时间，那么引用 time 库即可，这个库是 Python 自带的，不需要安装。

```
import time
print(time.strftime("%Y-%m-%d"))
```

就可以输出当前的时间了，输出结果如下：

```
2018-12-11
```

或者从 datetime 库里面，引用 datetime 功能。前一个 datetime 表示库名，后一个 datetime 可以理解成功能，然后使用 datetime 功能的 now()函数获取时间。

```
from datetime import datetime
print(datetime.now())
```

输出的日期格式为：

```
2018-12-11 14:55:26.562000
```

其实也可以像下面这么写，输出结果一样。

```
import datetime
print(datetime.datetime.now())
```

在项目实战中，比如在网络数据挖掘领域，经常会用到 **Requests 库**，它是通过 Python 程序访问网站的基础，但需自行安装。下面先介绍安装库的两种常用方法。

1．pip 安装法

一种常见的安装方法为 pip 安装法，格式为：**pip install 库名**。这里以 Windows 系统为例介绍具体安装方法。

第一步：通过按 Win+R 快捷键（Win 键就是键盘左下角的 Windows 标志键，通常在 Ctrl 键和 Alt 键之间）调出运行框，输入 cmd 后单击"确定"按钮，如图 2-39 所示。（或者在左下角的程序里单击 Anaconda 下的 Anaconda Prompt。）

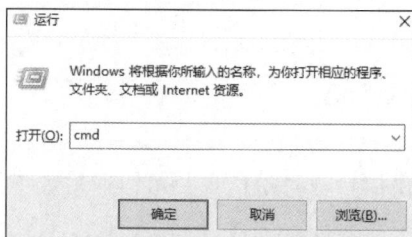

图 2-39

第二步：在弹出的窗口里，输入 **pip install requests** 后按 Enter 键，如图 2-40 所示，等待安装结束即可。

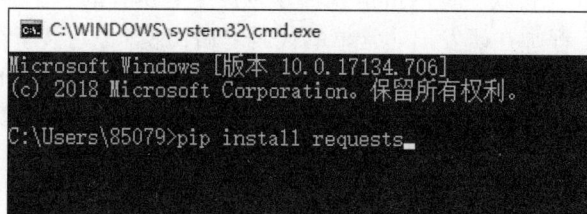

图 2-40

其实 2020 之后的 Anaconda 版本已经自带 Requests 库了，这里主要是为了演示如何安装 Python 的库。如果是 2020 版本后的 Anaconda，会提示系统已经有这个库了，会显示 Requirement already satisfied（要求已经满足）的提示文字，而如果没有安装这个库，则会提示 Successfully installed（成功安装）。

补充知识点 1：通过清华镜像 pip 安装库

因为 pip 安装是从国外网站下载库，有时会因为网络原因导致有些库下载不下来，那么这时候就可以通过清华镜像（可以百度搜索"清华镜像 pip"查看官网）来安装相关库（清华镜像就是清华把相关库下载到清华服务器，然后供大家下载），具体操作是使用 pip 的时候在后面加上-i 参数，指定 pip 源，代码如下：

```
pip install -i https://pypi.tuna.tsinghua.edu.cn/simple 库名
```

补充知识点 2：直接安装库的源代码文件

如果通过上面的方法都安装不成功（或者公司内网无法连接外部网络），可以访问 PyPI 网站（该网站提供大部分 Python 库的源文件），然后搜索想要安装的库，进入相关界面后单击 Download files 下载相关库的源代码文件（通常为 tar.gz 或 wheel 等后缀的压缩文件），下载完成后在下载文件所在文件夹的文件路径框里输入 cmd 后按 Enter 键运行（也可以在文件夹里面按住 Shift 键右击,然后在弹出的快捷菜单中执行"在此处打开 Powershell 窗口"命令进入命令行窗口),进入命令行窗口后直接执行"pip install 文件名"命令,如图 2-41 所示。

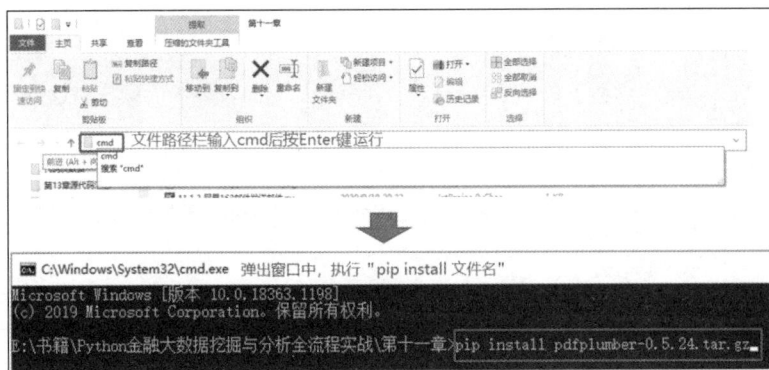

图 2-41

有的时候进行 pip 安装系统会提示要升级 pip,其实不升级也没事,可以将 pip 理解为一个下载软件,不更新下载软件也没事,如果想升级按提示升级即可。

2.PyCharm 安装法

如果使用的是 PyCharm,可以直接在 PyCharm 中安装,具体安装步骤如下。

第一步:执行 File>settings 菜单命令。

第二步:展开 Project,选择 Project Interpreter,单击右侧的加号,如图 2-42 所示。

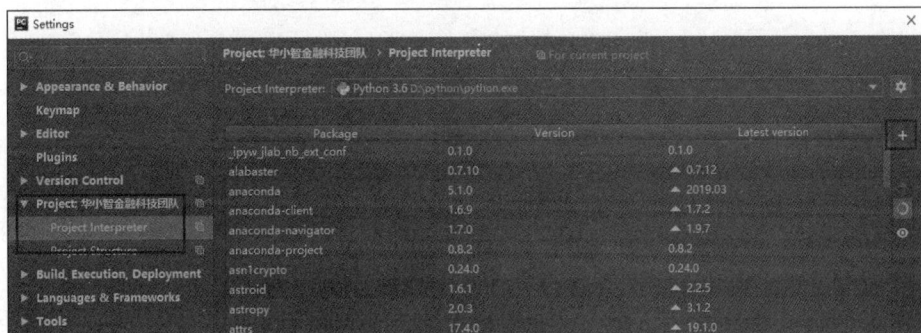

图 2-42

第三步:搜索需要的库的名字,比如 Requests 库,搜索完成后单击左下角的 Install Package 按钮,即可进行安装,如图 2-43 所示。

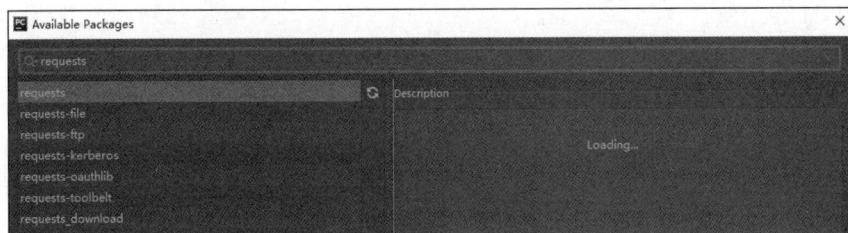

图 2-43

PyCharm 安装法比较直观，但如果有些库在 PyCharm 里找不到，用 pip 安装法也很方便，且 PyCharm 底部有个 Terminal（终端）按钮，在里面也可以执行 pip 安装。

安装好 Requests 之后，来小小实战一下吧，试着输入如下代码：

```python
import requests
url = 'https://www.baidu.com'
res = requests.get(url).text
print(res)
```

上面几行代码的作用如下。

第 1 行：导入 Requests 库。

第 2 行：输入一个网址，注意不要只输入 www.baidu.com，因为完整的网址是 https://www.baidu.com。

第 3 行：通过 Requests 库的 Get 功能来访问该网站，并通过.text 来获取网页源代码的文本内容。

第 4 行：把获取的网页源代码输出。

上述代码的运行结果如图 2-44 所示，单击图 2-44 所示界面左侧的▣按钮可以让输出结果自动换行。

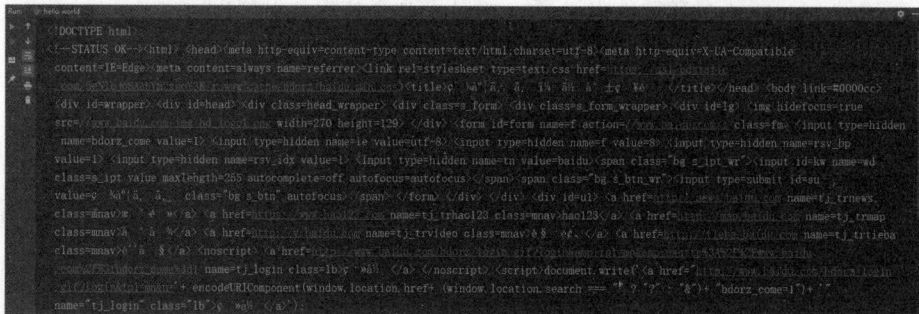

图 2-44

可以看到此时获取到的内容还是比较粗糙的，有很多值得优化的地方，比如里面的中文就出现了乱码现象。此外获取到的内容并不全，这是因为还需要传入一些其他参数来辅助，感兴趣的读者可以深入了解一下网络爬虫相关知识。此处的重点在于，通过简单的 4 行代码就能获取网页上的信息，如果把网址由百度换成 Python 官网后（因为是英文网站，所以没有乱码现象），爬取到的内容就完整得多，感兴趣的读者可以自己试一下。除了前文的基础知识外，Python 的复杂知识，例如类的相关知识点，对于非专业 IT 人员来说，其实无须掌握。此外，学习编程要学会看报错，通常运行结果中会提示哪一行代码有问题，另外可以比对编者提供的源代码，看看哪里不一样从而快速发现问题。

课后习题

代码题

1. 使用 for 循环计算从 1 加到 10000 的值。
2. 通过 if 条件语句、for 循环语句和 range()函数批量输出 1 到 100 的奇数。
3. 提取 a = '2020-07-25 10:53'中的年月日信息。
4. 请用两种方法清除 a = '   华能信托是家好公司   '两旁的空格。

5. 提取列表 a = ['丁一', '王二', '张三', '李四', '赵五']中奇数序号的姓名。

6. 公司 A 在 2016 年—2020 年的净利润分别为 2.5 亿元、2.8 亿元、3.1 亿元、2.9 亿元、3.3 亿元，净资产分别为 10 亿元、11 亿元、13 亿元、13.5 亿元、14 亿元，通过 print()函数输出 2020 年公司 A 的净资产收益率（ROE）。

7. 假设公司 A 是"贵州茅台"（6 位数字代码为 600519），通过字符串拼接得到它的完整股票代码：600519.SH。（上交所上市的股票代码后缀为".SH"，深交所为".SZ"。）

8. 分别创建两个名为 net_profit 和 net_equity 的列表，列表元素分别为第 6 题中的 5 年净利润和 5 年净资产。

9. 根据第 8 题的两个列表计算得到 2016 年—2020 年每年的净资产收益率，把结果放入新列表 ROE 中，并依次输出该列表中的所有元素。

10. 选取第 9 题列表 ROE 中 2018 年的指标；选取 5 年中第 2 年到第 4 年的指标。

11. 公司 A 在 2020 年的收入为 100（万元），资产总额为 30（万元），首先计算总资产周转率，然后用 if 条件语句进行判断，如果公司 A 的总资产周转率大于 2，则输出"总资产周转率为××，指标较好"，否则输出"总资产周转率为××，指标较差"。

12. 给定一个包含股票 6 位数字代码的列表 stock = ['600519', '000725', '600031']，通过 for 循环语句和 if 条件语句判断列表中每个代码是来自上交所还是深交所的股票，并加上相应后缀".SH"或".SZ"，将得到的新列表命名为 stockcode。（友情提示：上交所的股票代码通常以 6 开头，深交所的股票代码通常以 0 开头。）

13. 假设从财经网站获取了部分公司名称列表['贵州茅台', '五粮液', '泸州老窖']，以及这些公司对应的毛利率[0.75, 0.66, 0.58]，使用 str()函数分别把公司名称和对应的毛利率拼接成字符串（格式为"××公司的毛利率为××"）并依次输出。

14. 假设从财经网站获取了部分公司名称列表['贵州茅台', '五粮液', '泸州老窖']，以及这些公司对应的毛利率['0.75', '0.66', '0.58']，注意获取到的毛利率格式为字符串类型。依次判断各家公司的毛利率是否大于 0.6，大于则输出"××公司的毛利率优秀"，否则输出"××公司的毛利率正常"。

15. 创建一个名为 transcode 的函数，实现输入股票的 6 位数字代码可自动输出股票的完整代码（即包含上交所后缀".SH"或深交所后缀".SZ"）。使用封装好的该函数批量判断列表 stock = ['600519', '000725', '600031']并输出结果。

第**3**章　财务数据分析利器——pandas 库

Python 是如何实现数据分析的呢？本章将简单介绍 Python 数据分析的一大利器，也是一个基础库——pandas 库的使用方法。

pandas 库是基于 NumPy 的一个开源 Python 库，被广泛用于数据快速分析，以及数据清洗和准备等工作中。某种程度上可以把 pandas 看作 Python 版的 Excel。如果使用的是 Anaconda，那么 Anaconda 自带 pandas 库，无须单独安装。

NumPy 是另一个重要的库，是 Numerical Python 的简称（NumPy 库的相关知识点可以参考本书源代码文件夹中的"补充知识点：NumPy 库基础.pdf"）。相较 NumPy，pandas 更擅长处理二维数据。pandas 主要有两种数据结构：Series 和 DataFrame。Series 类似于通过 NumPy 产生的一维数组，Series 对象不仅包含数值，还包含一组索引，创建方式如下：

```
import pandas as pd
s1 = pd.Series(['丁一', '王二', '张三'])
```

生成结果如下所示，它是一个一维数据，并且对于每个元素都有一个行索引可以用来定位，比如可以通过 s1[1] 来定位第二个元素"王二"。

```
0    丁一
1    王二
2    张三
dtype: object
```

Series 单独使用的情况相对较少，pandas 主要采用 DataFrame 数据结构。DataFrame 是一种二维表格数据结构，可以将其看作 Excel 表格。

3.1　DataFrame 的创建

有两种常见的创建 DataFrame 的方法：通过列表创建、通过字典创建。

3.1.1　通过列表创建 DataFrame

通过列表创建和通过 NumPy 创建二维数组的操作比较类似。导入 pandas 库的方式通常为输入 import pandas as pd，然后调用 DataFrame 功能创建二维数组。

```
import pandas as pd
a = pd.DataFrame([[1, 2], [3, 4], [5, 6]])
```

将 a 输出，运行结果如下：

```
   0  1
0  1  2
1  3  4
2  5  6
```

和之前通过 NumPy 生成的二维数组进行比较。

```
[[1 2]
 [3 4]
 [5 6]]
```

可以看到通过 pandas 的 DataFrame 功能生成的二维数组更像 Excel 中的二维表格数据，它也有行索引和列索引，其中索引序号都是从 0 开始的。

还可以自定义其列索引和行索引名称，代码如下：

```
a = pd.DataFrame([[1, 2], [3, 4], [5, 6]], columns=['date', 'score'], index=['A',
'B', 'C'])
```

其中 columns 表示的就是列索引名称，index 表示的就是行索引名称，输出结果如下：

```
   date  score
A    1     2
B    3     4
C    5     6
```

通过列表生成 DataFrame 还可以采用如下方式：

```
a = pd.DataFrame()  # 创建一个空 DataFrame
date = [1, 3, 5]
score = [2, 4, 6]
a['date'] = date
a['score'] = score
```

注意要保证 date 列表和 score 列表的长度一致，否则会报错，效果如下：

```
   date  score
0    1     2
1    3     4
2    5     6
```

3.1.2　通过字典创建 DataFrame

除了可以通过列表创建 DataFrame，还可以通过字典来创建 DataFrame，并可以自定义列索引，这里默认**字典键为列索引**，代码如下：

```
# 通过 pandas 创建二维数组
b = pd.DataFrame({'a': [1, 3, 5], 'b': [2, 4, 6]}, index=['x', 'y', 'z'])
print(b)  # 在 Jupyter Notebook 中也可以直接输入 b 进行查看
```

输出结果如下。可以看到列索引已经变成了字典里的键名了。

```
   a  b
x  1  2
y  3  4
z  5  6
```

如果想让**字典键变成行索引**，可以通过 from_dict()函数来将字典转换成 DataFrame，并同时设置 orient 参数为 index，代码如下：

```
c = pd.DataFrame.from_dict({'a': [1, 3, 5], 'b': [2, 4, 6]}, orient="index")
print(c)
```

其中，orient 参数指定**字典键对应的方向**，默认值为 columns，如果不设置成 index，则还是默认字典键为列索引，输出结果如下，此时的字典键已经是行索引了。

```
   0  1  2
a  1  3  5
b  2  4  6
```

除了通过 from_dict()函数设置 orient 参数外，还可以通过 DataFrame 的.T 属性来对列表进行转置，示例代码如下：

```
b = pd.DataFrame({'a': [1, 3, 5], 'b': [2, 4, 6]})
print(b)  # 输出原始表格
print(b.T)  # 输出转置后的表格
```

结果如下。可以看到通过.T 同样能对表格进行转置。此外需注意，如果想改变原来的表格结构，需要重新赋值，写成 b = b.T，这样就会改变原来的 b 的表格结构了。

```
   a  b
0  1  2
1  3  4
2  5  6
   0  1  2
a  1  3  5
b  2  4  6
```

补充知识点：修改行索引或列索引名称

有时要对行索引、列索引名称进行修改，虽然用的次数相对较少，这里还是简单讲解一下。

如果想设定行索引那一列的名称，可以通过 index.name 的方式来设置，代码如下：

```
a = pd.DataFrame([[1, 2], [3, 4], [5, 6]], columns=['date', 'score'], index=['A',
'B', 'C'])
a.index.name = '公司'
```

运行代码，表格 a 如下所示：

```
    date  score
公司
A     1     2
B     3     4
C     5     6
```

如果想对索引进行重命名，可以使用 rename()函数，代码如下：

```
a = a.rename(index={'A':'万科', 'B':'阿里', 'C':'百度'}, columns={'date':'日期','score':
'分数'})
```

这里使用 rename()函数之后并没有改变原表格结构，需要重新赋值给 a 变量才能改变原表格，或者在 rename()中设置 inplace 参数为 True，实现真正的替换，代码如下：

```
a.rename(index={'A':'万科', 'B':'阿里', 'C':'百度'}, columns={'date':'日期','score':
'分数'}, inplace=True)
```

运行代码，表格 a 如下所示：

```
    日期  分数
公司
万科   1   2
阿里   3   4
百度   5   6
```

如果想让行索引变成常规列，可以重置索引，代码如下，同样需要将其重新赋值给 a 变量，或者在 reset_index()的括号里设置 inplace 参数为 True。

```
a = a.reset_index()
```

运行代码，索引将被重置为数字序号，原索引变成新的一列，表格 a 如下所示：

```
公司 日期 分数
0 万科 1 2
1 阿里 3 4
2 百度 5 6
```

如果想把常规列设置为行索引，可以通过如下代码设置。

```
a = a.set_index('日期')  # 或者直接写为a.set_index('日期', inplace=True)
```

运行代码后，表格 a 如下所示：

```
     公司  分数
日期
1   万科   2
3   阿里   4
5   百度   6
```

补充说明：如果想修改列索引，也可以通过 a.columns = ['xxx', 'xxx']来快速进行修改。
示例代码如下：

```
a = pd.DataFrame([[1, 2], [3, 4], [5, 6]], columns=['date', 'score'], index=['A',
'B', 'C'])
a .columns = ['日期', '分数']
```

3.2 文件的读取和写入

通过 pandas，可以从多种数据文件中读取数据，并且可以将获得的数据导入这些文件
中。本节以 Excel 和 CSV 文件为例讲解如何进行文件的读取和写入。

3.2.1 文件的读取

以下代码用于读取 Excel 文件数据。

```
import pandas as pd
data = pd.read_excel('data.xlsx')  # data 为 DataFrame 结构
```

这里的 Excel 文件扩展名为.xlsx，如果是 2003 版或更早版本的 Excel，其扩展名为.xls。
这里使用的文件路径是相对路径，即代码所在的文件路径，也可以设置成绝对路径（文件
相对路径和绝对路径的相关知识点参考 3.2.2 小节的补充知识点）。

通过 data 便可以查看表格，或者通过 data.head()查看表格的前 5 行数据（如果写成
head(10)则可以查看前 10 行数据），代码如下：

```
data.head()
```

输出结果如表 3-1 所示。

表 3-1

	date	score	price
0	2018-09-03	70	23.55
1	2018-09-04	75	24.43
2	2018-09-05	65	23.41
3	2018-09-06	60	22.81
4	2018-09-07	70	23.21

第 2 行代码中的 read_excel 还可以用于设定参数，使用方式如下。

```
pd.read_excel('data.xlsx', sheet_name=0)
```

这里介绍几个比较常见的参数：sheet_name 用于指定工作表，可以设置工作表名称，其取值也可以为数字（默认值为 0，即第 1 个工作表）；index_col 用于设置某一列为行索引。

除了可以读取 Excel 文件，pandas 库还可以读取 CSV 文件。CSV 文件也是存储数据的一种格式文件，和 Excel 文件相比，CSV 文件在本质上是一个文本文件，它存储数据，但不包含格式、公式、宏等，所以所占空间通常较小。CSV 文件用逗号分隔一系列值，既可以通过 Excel 打开，也可以通过文本编辑器（如"记事本"）打开。

以下代码用于读取 CSV 文件。

```
data = pd.read_csv('data.csv')
```

read_csv()函数也可以指定参数，使用方式如下。

```
data = pd.read_csv('data.csv', delimiter=',', encoding='utf-8')
```

其中，delimiter 参数用于指定 CSV 文件中的分隔符号，默认值为逗号；encoding 参数用于指定编码方式，一般设置为 utf-8 或 gbk，以避免中文乱码。此外，也可以通过 index_col 设置索引列。

3.2.2 文件的写入

以下代码可以将数据写入 Excel 文件。

```
# 先创建一个 DataFrame
data = pd.DataFrame([[1, 2], [3, 4], [5, 6]], columns=['A列','B列'])
# 将 DataFrame 中的数据写入 Excel 文件
data.to_excel('演示.xlsx')
```

这里的文件存储路径使用的是相对路径，也可以根据需要写成绝对路径。运行之后将在代码所在文件夹中生成一个名为"演示.xlsx"的文件，文件内容如图 3-1 所示。

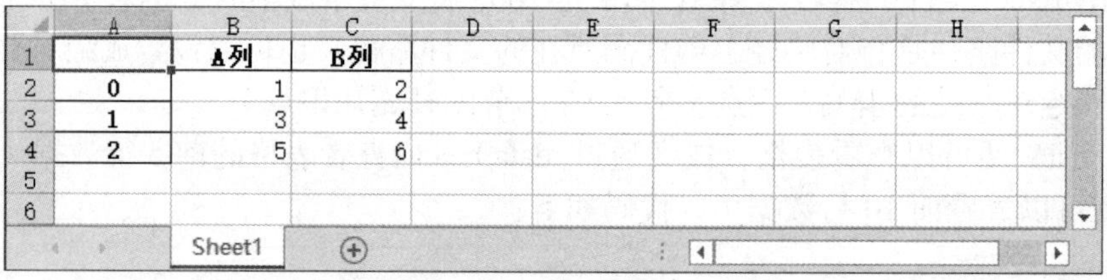

图 3-1

图 3-1 中，行索引信息保留在工作表的第 1 列中，如果想在写入数据时不保留行索引信息，可以设置 to_excel 的参数。to_excel 的常见参数有：sheet_name，用于指定工作表名称；index，指定是否写入行索引信息，默认值为 True，即保存行索引信息至输出文件的第 1 列，若设置为 False，则忽略行索引信息；columns，用于指定要写入的列；encoding，用于指定编码方式。

例如，要将 data 中的第 1 列数据写入 Excel 文件并忽略索引信息，则代码如下：

```
data.to_excel('演示.xlsx', columns=['A列'], index=False)
```

通过类似的方式，可以将 data 中的数据写入 CSV 文件中，代码如下：

```
data.to_csv('演示.csv')
```

和 to_excel 类似，to_csv 也可以设置 index、columns、encoding 等参数。注意，如果在导出 CSV 文件时出现了中文乱码现象，且 encoding 参数设置成 utf-8 失效，则需要将 encoding 参数设置成 utf_8_sig，代码如下：

```
data.to_csv('演示.csv', index=False, encoding="utf_8_sig")
```

补充知识点：文件相对路径与绝对路径
* 相对路径。

文件相对路径，即相对于当前目录的文件路径，例如前文案例中的 data.to_excel('演示.xlsx') 就是在代码所在的文件夹中生成 Excel 文件。此外，如果写成 data.to_excel('XX 文件夹/演示.xlsx') 则表示在代码所在文件夹下的 "XX 文件夹"中生成 Excel 文件。

* 绝对路径。

文件绝对路径，就是文件完整的路径，例如 "E:\大数据分析\data.xlsx"就是绝对路径，不过因为在 Python 中反斜杠 "\"经常有特殊含义，比如 "\n"表示换行，所以通常建议写绝对路径的时候写两个反斜杠来取消单个反斜杠的特殊含义，如写成 "E:\\大数据分析\\data.xlsx"。

除了用两个反斜杠来取消一个反斜杠的特殊意义外，还可以在文件路径的字符串前面加一个 r，也可以取消单个反斜杠的特殊含义，或者直接使用一个正斜杠，代码如下：

```
data.to_excel('E:\\大数据分析\\data.xlsx')    # 绝对路径推荐写法 1
data.to_excel(r'E:\大数据分析\data.xlsx')     # 绝对路径推荐写法 2
data.to_excel('E:/大数据分析/data.xlsx')    # 绝对路径推荐写法 3
```

3.3　数据的读取与筛选

创建了 DataFrame 之后，就可以对其中的数据进行读取与筛选操作，本节就来讲解相应的方法。

首先创建一个 3 行 3 列的 DataFrame，行索引设定为 r1、r2、r3，列索引设定为 c1、c2、c3，代码如下：

```
data = pd.DataFrame([[1, 2, 3], [4, 5, 6], [7, 8, 9]], index=['r1', 'r2', 'r3'],
columns=['c1', 'c2', 'c3'])
```

输出结果如下：

```
    c1  c2  c3
r1   1   2   3
r2   4   5   6
r3   7   8   9
```

3.3.1　按照行列进行数据筛选

（1）按照列来筛选数据
先从简单的读取单列数据入手，代码如下：

```
a = data['c1']
```

输出结果如下：

```
r1    1
r2    4
r3    7
Name: c1, dtype: int64
```

可以看到读取的数据不包含列索引信息，这是因为通过 data['c1']读取一列时返回的是一个一维的序列，可以通过如下代码返回一个二维的表格数据（序列和表格是不同的数据结构）。

```
b = data[['c1']]
```

输出结果如下：

```
     c1
r1    1
r2    4
r3    7
```

若要读取多列，则需要在中括号[]中指定列表，例如，要读取 c1 和 c3 列，可以写为 data[['c1', 'c3']]。需要特别注意的是，必须指定一个列表，而不能写为 data['c1', 'c3']，代码如下：

```
c = data[['c1', 'c3']]
```

输出结果如下：

```
     c1  c3
r1    1   3
r2    4   6
r3    7   9
```

（2）按照行来筛选数据

可以**根据行的序号**来读取数据，代码如下：

```
# 读取第 2 到第 3 行的数据，注意序号从 0 开始，左闭右开
a = data[1:3]
```

输出结果如下：

```
     c1  c2  c3
r2    4   5   6
r3    7   8   9
```

pandas 推荐使用 iloc 方法来**根据行序号**读取数据，这样更直观，而且不会像 data[1:3]可能会引起混淆。代码如下：

```
b = data.iloc[1:3]
```

如果要读取单行，就必须用 iloc 方法，例如，选择倒数第 1 行，代码如下：

```
c = data.iloc[-1]
```

此时如果使用 data[-1]则会报错，因为程序可能会认为-1 是列名，导致混淆而报错。

除了可以通过行序号读取数据外，还可以通过 loc 方法**根据行的名称**来读取数据，代码如下：

```
d = data.loc[['r2', 'r3']]
```

如果行数很多，可以通过 head()函数来读取前 5 行数据，代码如下：

```
e = data.head()
```

这里因为 data 中只有 3 行数据，所以使用 data.head()会读取全部数据，如果只想取前两行的数据，可以写成 data.head(2)。

（3）按照区块来筛选数据

如果想读取某几行的某几列数据，例如，获得 c1 和 c3 列的前两行数据，代码如下：

```
a = data[['c1', 'c3']][0:2]  # 也可写成 data[0:2][['c1', 'c3']]
```

其实就是把前面通过行和列读取数据的方法进行了整合，输出结果如下：

```
    c1  c3
r1   1   3
r2   4   6
```

在实战中，**通常采用 iloc 方法和按列筛选混合的方式来读取特定的区块数据**，代码如下：

```
b = data.iloc[0:2][['c1', 'c3']]
```

先通过 iloc 方法读取行，再读取列，得到的效果是一样的，而且逻辑清晰，代码不容易混淆。这也是 pandas 库官方文档推荐使用的方法。

如果要读取单个值，那么该方法就更有优势，例如，读取 c3 列第 1 行的数据，就不能写成 data['c3'][0]或 data[0]['c3']了，而要采用下面的写法，先用 iloc[0]读取第 1 行，再读取 c3 列。

```
c = data.iloc[0]['c3']
```

也可以使用 iloc 和 loc 方法同时读取行和列，代码如下：

```
d = data.loc[['r1', 'r2'], ['c1', 'c3']]
e = data.iloc[0:2, [0, 2]]
```

输出结果如下：

```
    c1  c3
r1   1   3
r2   4   6
```

loc 方法使用字符串作为索引读取数据，iloc 方法使用数字作为索引读取数据。有个简单的记忆方法：loc 是 location（定位、位置）的缩写，所以通过字符串作为索引来定位，而 iloc 中多了一个字母 i，而 i 又经常代表数字，所以是用数字作为索引。

此外，再补充一个知识点：iloc[0, 1]表示第 1 行、第 2 列单元格。

3.3.2 按照特定条件筛选

通过在中括号里设定筛选条件可以过滤行。例如，读取 c1 列中数字大于 1 的行，代码如下：

```
a = data[data['c1'] > 1]
```

输出结果如下：

```
    c1  c2  c3
r2   4   5   6
r3   7   8   9
```

如果有多个筛选条件，可以通过&（表示"且"）或|（表示"或"）连接。例如，筛选 c1 列中数字大于 1 且 c2 列中数字小于 8 的行，代码如下，注意在筛选条件两侧要加上小括号。

```
b = data[(data['c1'] > 1) & (data['c2'] < 8)]
```

输出结果如下：

```
   c1 c2 c3
r2  4  5  6
```

3.3.3　数据整体情况查看

通过表格的 shape 属性，可以查看表格整体的行数和列数，在表格数据量较大的时候能帮助用户快速了解表格的行数和列数。

```
data.shape
```

运行结果如下，其中第一个数字为表格行数，第二个数字为表格列数。

```
(3, 3)
```

通过表格的 describe()函数可以快速地查看表格每一列的数量（count）、平均值（mean）、标准差（std）、最小值（min）、25 分位数（25%）、50 分位数（50%）、75 分位数（75%）、最大值（max）等信息，代码如下：

```
data.describe()
```

运行结果如表 3-2 所示。

表 3-2

	c1	c2	c3
count	3.0	3.0	3.0
mean	4.0	5.0	6.0
std	3.0	3.0	3.0
min	1.0	2.0	3.0
25%	2.5	3.5	4.5
50%	4.0	5.0	6.0
75%	5.5	6.5	7.5
max	7.0	8.0	9.0

通过 value_counts()函数可以快速地查看某一列中有什么数据，以及该数据出现的频次，代码如下：

```
data['c1'].value_counts()
```

运行结果如下，可以看到 c1 列共有 3 种不同的数据，且每个数据出现的频次为 1。

```
7    1
1    1
4    1
Name: c1, dtype: int64
```

这些知识点在后文遍历表格数据以及利用机器学习快速检查数据时都有应用。

3.3.4　数据运算、排序与删除

（1）数据运算

从已有的列中，通过数据运算创造新的一列，代码如下：

```
data['c4'] = data['c3'] - data['c1']
data.head()  # 输出前 5 行，若少于 5 行则全部输出
```

输出结果如下：

```
      c1  c2  c3  c4
r1  1   2   3   2
r2  4   5   6   2
r3  7   8   9   2
```

（2）数据排序

使用 sort_values() 函数可以**根据列**对数据进行排序。例如，要对 c2 列进行降序排序，代码如下：

```
a = data.sort_values(by='c2', ascending=False)
```

其中，参数 by 用于指定对哪一列排序；参数 ascending 的意思为上升，默认值为 True，设置为 False 表示降序排序。输出结果如下：

```
      c1  c2  c3
r3  7   8   9
r2  4   5   6
r1  1   2   3
```

使用 sort_index() 函数则可以**根据行对数据**进行排序。按行对数据进行升序排序的代码如下：

```
a = a.sort_index()
```

运行上述代码后，则前文按 c2 列降序排序后生成的 a 表格的行索引又变成 r1、r2、r3 的升序排序了。同样也可以通过设置 ascending 参数为 False 来进行降序排序。

（3）数据删除

如果要删除数据表中的指定数据，就需要用到 drop() 函数，具体用法如下：

```
DataFrame.drop(index=None, columns=None, inplace=False)
```

drop() 函数常用的几个参数的解释如下：index 用于指定要删除的行；columns 用于指定要删除的列；inplace 的默认值为 False，表示该删除操作不改变原表格，而是返回一个执行删除操作后的新 DataFrame，如果设置为 True，则会直接在原表格中进行删除操作。

例如，删除 c1 列的数据，代码如下：

```
a = data.drop(columns='c1')
```

删除多列的数据，例如，c1 和 c3 列，可以通过列表的方式声明，代码如下：

```
b = data.drop(columns=['c1', 'c3'])
```

如果要删除行数据，例如，删去第 1 行和第 3 行的数据，代码如下：

```
c = data.drop(index=['r1','r3'])
```

需要注意的是，上述代码中要使用行索引的名称而不是数字序号，除非行索引名称本来就是数字，才可以使用对应的数字。上述代码删除数据后又赋值给新的变量，不会改变原表格 data 的结构，如果想改变原表格 data 的结构，可以设置 inplace 参数为 True，代码如下：

```
data.drop(index=['r1','r3'], inplace=True)
```

3.4 数据表拼接

pandas 库还提供了一些高级功能，其中的数据合并与重塑为两个数据表的拼接提供了极大的便利。常用的为 merge() 函数、concat() 函数、append() 函数，其中 merge() 和 append() 函数编者用得较多。下面用一个简单的例子进行演示。

假设创建了如下两个 DataFrame 数据表，需要将它们合并。

```python
import pandas as pd
df1 = pd.DataFrame({'公司': ['万科', '阿里', '百度'], '分数': [90, 95, 85]})
df2 = pd.DataFrame({'公司': ['万科', '阿里', '京东'], '股价': [20, 180, 30]})
```

上述代码得到的 df1 和 df2 的内容如表 3-3 所示。

表 3-3

	df1			df2	
	公司	分数		公司	股价
0	万科	90	0	万科	20
1	阿里	95	1	阿里	180
2	百度	85	2	京东	30

3.4.1 merge()函数

merge()函数可以用于根据一个或多个列将不同数据表格中的行连接起来，代码如下：

```python
df3 = pd.merge(df1, df2)
```

运行上述代码后 df3 的内容如表 3-4 所示。

表 3-4

	公司	分数	股价
0	万科	90	20
1	阿里	95	180

可以看到，merge()函数直接根据**相同的列名**（"公司"列）对**数据表格**进行了合并，而且默认选取的是两个表共有的列内容（万科、阿里），如果相同的列名不止一个，可以通过 on 参数指定按照哪一列进行合并，代码如下：

```python
df3 = pd.merge(df1, df2, on='公司')
```

默认的合并其实是**取交集**（**inner 连接**），即选取两表共有的内容，如果想**取并集**（**outer 连接**），即选取两表的所有内容，可以设置 how 参数，代码如下：

```python
df3 = pd.merge(df1, df2, how='outer')
```

运行上述代码后，df3 的内容如表 3-5 所示，可以看到所有数据都在，原来没有的内容则赋值为空值 NaN。

表 3-5

	公司	分数	股价
0	万科	90.0	20.0
1	阿里	95.0	180.0
2	百度	85.0	NaN
3	京东	NaN	30.0

如果想保留左表（df1）的全部内容，而不太在意右表（df2），可以将 how 参数设置为 left，代码如下：

```python
df3 = pd.merge(df1, df2, how='left')
```

运行代码，df3 的内容如表 3-6 所示，完整保留了 df1 的内容（万科、阿里、百度）。

表 3-6

	公司	分数	股价
0	万科	90.0	20.0
1	阿里	95.0	180.0
2	百度	85.0	NaN

同理，如果想保留右表（df2）的全部内容，而不太在意左表（df1），可以将 how 参数设置为 right。

如果想根据行索引进行合并，可以设置 left_index 和 right_index 参数，代码如下：

```
df3 = pd.merge(df1, df2, left_index=True, right_index=True)
```

运行代码，df3 的内容如表 3-7 所示，两张表按照它们的行索引进行了合并。

表 3-7

	公司_x	分数	公司_y	股价
0	万科	90	万科	20
1	阿里	95	阿里	180
2	百度	85	京东	30

3.4.2 concat()函数

concat()函数采用全连接（union all）方式合并，它不需要对齐，即不需要两表的某些列或者索引相同，只是把数据直接整合到一起。所以 concat()函数没有 how 和 on 参数，而是通过 axis 参数指定连接的轴向。该参数的默认值为 0，按行方向连接，即纵向拼接，代码如下：

```
df3 = pd.concat([df1,df2], axis=0)
```

运行代码，df3 的内容如表 3-8 所示。

表 3-8

	公司	分数	股价
0	万科	90.0	NaN
1	阿里	95.0	NaN
2	百度	85.0	NaN
0	万科	NaN	20.0
1	阿里	NaN	180.0
2	京东	NaN	30.0

此时行索引为原来两个表各自的索引，如果想重置索引，可以使用 reset_index()函数，或者在 concat()函数中设置 ignore_index=True，忽略原有索引，生成新的数字序列作为索引进行排序，代码如下：

```
df3 = pd.concat([df1, df2], ignore_index=True)
```

如果想按列方向连接，即横向拼接，可以设置 axis 参数的值为 1，代码如下：

```
df3 = pd.concat([df1,df2],axis=1)
```

运行代码，df3 的内容如表 3-9 所示。

表 3-9

	公司	分数	公司	股价
0	万科	90	万科	20
1	阿里	95	阿里	180
2	百度	85	京东	30

3.4.3　append()函数

append()函数可以被认为是 concat()函数的简化版，效果和 pd.concat([df1,df2])的类似，实现的也是纵向拼接，代码如下：

```
df3 = df1.append(df2)
```

append()函数还有一个常用的功能，和**列表.append()**一样，可用于新增元素，代码如下：

```
df3 = df1.append({'公司': '腾讯', '分数': '90'}, ignore_index=True)
```

这里一定要设置 ignore_index=True，用来忽略原索引，否则会报错（如果拼接的是 DataFrame，不设置这个参数也没事，只是行数字索引会使用各个拼接表的原数字索引）。运行代码，df3 的内容如表 3-10 所示。

表 3-10

	公司	分数
0	万科	90
1	阿里	95
2	百度	85
3	腾讯	90

3.5　财务数据处理杜邦分析案例实战

本章前文已经介绍了 pandas 基础操作，这里结合 3.4 节讲到的有关 DataFrame 的知识点介绍如何使用 Python 进行杜邦分析。

首先简单介绍一下杜邦分析。杜邦分析最初由美国杜邦公司成功应用，因而得名，是利用各财务比率之间的内在联系，对公司财务状况和经营成果进行综合评价的系统方法。杜邦分析把本书介绍的各个财务比率有机地结合了起来，建立了比率之间的联系。

净资产收益率（return on equity，ROE）根据计算公式可以分解为 3 个指标（见图 3-2）：

净资产收益率 ＝ 净利润/营业收入 × 营业收入/总资产 × 总资产/股东权益

＝ 营业利润率 × 总资产周转率 × 权益乘数

以下这个英文缩写公式可能更便于记忆：

$$ROE = NI/S × S/A × A/E$$

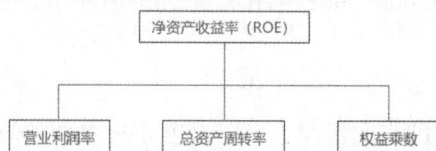

图 3-2

如果读者在记忆上述公式时仍有困难（确实有一定难度），其实还有一句简便的"暗号"可辅助记忆：

从银行取钱到超市买白酒

什么意思呢？这句暗号涉及 3 个行业，银行代表着很高的权益乘数，超市代表着很高的总资产周转率，白酒代表着很高的营业利润率。这样一来就将 3 个不易记忆的比率串在了一句话里。

言归正传，要想提高 ROE，可以努力提高上述任意一个比率。其中，"营业利润率"体现了企业的盈利能力，"总资产周转率"体现了企业的运营能力，"权益乘数"则体现了企业的偿债能力。更深入地说，"营业利润率"概括反映了利润表，"权益乘数"概括反映了资产负债表，而"总资产周转率"则把利润表和资产负债表联系起来，使 ROE 可以综合反映企业的整体经营成果和财务状况。

3.5.1　获取年度数据

首先批量读取所有上市公司的相关财务数据，包括净利润、营业收入、总资产、股东权益，以便计算公司的 ROE，以及分解出来的营业利润率、总资产周转率和权益乘数。此处读者可以直接使用配套的相关表格。

我们通过导入表格读取数据。

```
import pandas as pd
data = pd.read_excel('data.xlsx')  # data 为 DataFrame 结构
```

数据总表如图 3-3 所示，其中 ts_code 为股票代码，end_date 为报告日，revenue 为营业收入，n_income 为净利润，total_assets 为总资产，total_hldr_eqy_inc_min_int 为股东权益。

	ts_code	end_date	revenue	n_income	total_assets	total_hldr_eqy_inc_min_int
0	600000.SH	20210930	1.434840e+11	4.212900e+10	8.064383e+12	6.706230e+11
1	600000.SH	20210630	9.736500e+10	3.020400e+10	8.123120e+12	6.604610e+11
2	600000.SH	20210331	4.952200e+10	1.885700e+10	8.066995e+12	6.634650e+11
3	600000.SH	20201231	1.963840e+11	5.899300e+10	7.950218e+12	6.458170e+11
4	600000.SH	20201231	1.963840e+11	5.899300e+10	7.950218e+12	6.458170e+11
...	...	...	...	...	...	...
90441	688981.SH	20091231	7.308817e+09	-6.571989e+09	2.406310e+10	1.250299e+10
90442	688981.SH	20090930	5.035003e+09	-2.356669e+09	2.663948e+10	1.670458e+10
90443	688981.SH	20090630	2.828004e+09	-1.885714e+09	2.697503e+10	1.716600e+10
90444	688981.SH	20090331	1.001588e+09	-1.217549e+09	2.797401e+10	1.782756e+10
90445	688981.SH	20081231	9.252075e+09	-2.955146e+09	2.918799e+10	1.908330e+10

90446 rows × 6 columns

图 3-3

3.5.2　数据清洗

从数据总表可以看到有些数据是重复的，并且除了我们需要的年报数据，还有不需要的季报数据、半年报数据，因此需要进行数据清洗，方便后面分析。

通过 pandas 的 drop_duplicates() 函数可以清除重复数据。

```
# 清除重复数据
data.drop_duplicates(inplace = True)
```

删除不需要的季报数据、半年报数据，可以用 for 循环对数据表进行遍历，判断每一行数据是不是我们需要的年报数据，但这种方式比较烦琐。

更简便的方式是使用 dataframe 自带的 isin()函数，该函数需要输入一个列表形式的参数，例如，dataframe['a'].isin([0,1])表示判断 dataframe 的列'a'中的值是否为 0 或 1，是则返回 True，否则返回 False。判断数据中报告日为 2019 年 12 月 31 日的数据，代码如下：

```
data['end_date'].isin(['20181231','20191231'])
```

输出结果如图 3-4 所示。

```
0    False
1    False
2    False
3    False
4    False
5     True
6    False
7    False
8    False
9    False
Name: end_date, dtype: bool
```

图 3-4

因此，从数据总表中筛选出我们需要的年报数据可以使用如下代码：

```
# 只保留年报数据，且只保留 2010 年 12 月 31 日及以后的
data = data[data['end_date'].isin(['20101231','20111231','20121231','20131231',
'20141231','20151231','20161231','20171231','20181231','20191231'])]
```

输出结果如图 3-5 所示，可以看到，数据被清洗之后，数据行数从 90446 下降到了 16785。

	ts_code	end_date	revenue	n_income	total_assets	total_hldr_eqy_inc_min_int
11	600000.SH	20191231	1.906880e+11	5.950600e+10	7.005929e+12	5.610510e+11
16	600000.SH	20181231	1.715420e+11	5.651500e+10	6.289606e+12	4.783800e+11
21	600000.SH	20171231	1.686190e+11	5.500200e+10	6.137240e+12	4.309850e+11
25	600000.SH	20161231	1.607920e+11	5.367800e+10	5.857263e+12	3.729340e+11
29	600000.SH	20151231	1.465500e+11	5.099700e+10	5.044352e+12	3.186000e+11
...	...	...	...	...	...	...
90420	688981.SH	20141231	1.205422e+10	7.725911e+08	3.530283e+10	2.023995e+10
90425	688981.SH	20131231	1.261427e+10	1.063708e+09	2.757867e+10	1.581037e+10
90429	688981.SH	20121231	1.069539e+10	1.416815e+08	2.560185e+10	1.430864e+10
90433	688981.SH	20111231	8.313824e+09	-1.547246e+09	2.348931e+10	1.417082e+10
90437	688981.SH	20101231	1.029690e+10	9.278830e+07	2.584637e+10	1.462651e+10

16785 rows × 6 columns

图 3-5

对表格的列索引进行重命名。

```
data = data.rename(columns = {'ts_code':'股票代码','end_date':'报告日','revenue':'营业收入','n_income':'净利润','total_assets':'总资产','total_hldr_eqy_inc_min_int':'股东权益'})
```

输出结果如图 3-6 所示。

	股票代码	报告日	营业收入	净利润	总资产	股东权益
11	600000.SH	20191231	1.906880e+11	5.950600e+10	7.005929e+12	5.610510e+11
16	600000.SH	20181231	1.715420e+11	5.651500e+10	6.289606e+12	4.783800e+11
21	600000.SH	20171231	1.686190e+11	5.500200e+10	6.137240e+12	4.309850e+11
25	600000.SH	20161231	1.607920e+11	5.367800e+10	5.857263e+12	3.729340e+11
29	600000.SH	20151231	1.465500e+11	5.099700e+10	5.044352e+12	3.186000e+11
...	...	...	...	...	...	...
90420	688981.SH	20141231	1.205422e+10	7.725911e+08	3.530283e+10	2.023995e+10
90425	688981.SH	20131231	1.261427e+10	1.063708e+09	2.757867e+10	1.581037e+10
90429	688981.SH	20121231	1.069539e+10	1.416815e+08	2.560185e+10	1.430864e+10
90433	688981.SH	20111231	8.313824e+09	-1.547246e+09	2.348931e+10	1.417082e+10
90437	688981.SH	20101231	1.029690e+10	9.278830e+07	2.584637e+10	1.462651e+10

16785 rows × 6 columns

图 3-6

3.5.3　比率计算及筛选

接下来计算杜邦分析需要的各比率，包括 ROE、营业利润率、总资产周转率、权益乘数，代码如下：

```
# 计算杜邦分析各比率
# 净资产收益率
data['roe'] = data['净利润']/data['股东权益']
# 营业利润率
data['营业利润率'] = data['净利润']/data['营业收入']
# 总资产周转率
data['总资产周转率'] = data['营业收入']/data['总资产']
# 权益乘数
data['权益乘数'] = data['总资产']/data['股东权益']
data
```

输出结果如图 3-7 所示。

	股票代码	报告日	营业收入	净利润	总资产	股东权益	roe	营业利润率	总资产周转率	权益乘数
11	600000.SH	20191231	1.906880e+11	5.950600e+10	7.005929e+12	5.610510e+11	0.106062	0.312059	0.027218	12.487152
16	600000.SH	20181231	1.715420e+11	5.651500e+10	6.289606e+12	4.783800e+11	0.118138	0.329453	0.027274	13.147719
21	600000.SH	20171231	1.686190e+11	5.500200e+10	6.137240e+12	4.309850e+11	0.127619	0.326191	0.027475	14.240032
25	600000.SH	20161231	1.607920e+11	5.367800e+10	5.857263e+12	3.729340e+11	0.143934	0.333835	0.027453	15.705897
29	600000.SH	20151231	1.465500e+11	5.099700e+10	5.044352e+12	3.186000e+11	0.160066	0.347984	0.029052	15.832869
...	...	...	...	...	...	...	...	...	...	...
24	688981.SH	20141231	1.205422e+10	7.725911e+08	3.530283e+10	2.023995e+10	0.038172	0.064093	0.341452	1.744215
29	688981.SH	20131231	1.261427e+10	1.063708e+09	2.757867e+10	1.581037e+10	0.067279	0.084326	0.457392	1.744340
33	688981.SH	20121231	1.069539e+10	1.416815e+08	2.560185e+10	1.430864e+10	0.009902	0.013247	0.417759	1.789258
37	688981.SH	20111231	8.313824e+09	-1.547246e+09	2.348931e+10	1.417082e+10	-0.109185	-0.186105	0.353941	1.657583
41	688981.SH	20101231	1.029690e+10	9.278830e+07	2.584637e+10	1.462651e+10	0.006344	0.009011	0.398389	1.767091

16785 rows × 10 columns

图 3-7

课后习题

一、单选题

1. Python 创建 DataFrame 的方法有（   ）。
A. 通过列表创建　　　　　　　　　B. 通过字典创建
C. 以上两者都可　　　　　　　　　D. 以上两者都不可

2. 以下函数，可以根据一个或多个列将不同数据表格中的行连接起来的是（   ）。
A. merge()　　　　　　　　　　　B. concat()
C. append()　　　　　　　　　　D. 以上都不可以

二、判断题

Python 使用 pandas 库可以按照某一列数字大于 3 来进行筛选。（   ）

第4章 财务可视化基础——Matplotlib 库

本章将系统地介绍 Matplotlib 库的基本使用方法和小技巧，为接下来更深入、全面的财务分析做准备。如果使用的是 Anaconda，那么已经自带该库，无须单独安装。

4.1 Matplotlib 基本图形绘制

在绘图之前要先导入 Matplotlib 库，导入命令通常为 import matplotlib.pyplot as plt。as 用于对导入库进行重命名以方便之后的使用，后续绘图只需要以 plt 调用相应函数即可，如 plt.plot() 用于绘制折线图，plt.bar() 用于绘制柱状图，plt.scatter() 用于绘制散点图，plt.pie() 用于绘制饼图，plt.hist() 用于绘制直方图等。这里以绘制折线图、柱状图、散点图以及直方图为例讲解图形的基本绘制方法。

4.1.1 折线图

通过 plt.plot() 函数绘制折线图，代码如下：

```
import matplotlib.pyplot as plt
x = [1, 2, 3]
y = [2, 4, 6]
plt.plot(x, y)  # 绘制折线图
plt.show()  # 展示图形
```

注意最后记得加上 plt.show() 来展示图形，运行结果如图 4-1 所示。

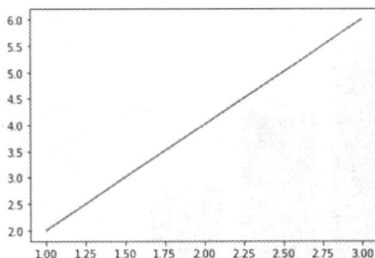

图 4-1

我们想让 x 和 y 之间有数学关系，但列表是不太容易进行数学运算的，这时就可以通过 NumPy 库引入一维数组进行数学运算（NumPy 库的相关知识点可以参考本书源代码文件夹中的"补充知识点：NumPy 库基础.pdf"），代码如下：

```
import numpy as np
import matplotlib.pyplot as plt
x1 = np.array([1, 2, 3])
# 第一条线: y = x + 1
```

```
y1 = x1 + 1
plt.plot(x1, y1)  # 使用默认参数绘图
# 第二条线：y = x*2
y2 = x1*2
# color 用于设置颜色；linewidth 用于设置线宽，单位为像素；linestyle 默认绘制实线，"--"表
示虚线
plt.plot(x1, y2, color='red', linewidth=3, linestyle='--')
plt.show()
```

这里通过 NumPy 库生成一个一维数组 x1，并根据数组的可运算性生成了 y1 和 y2，将两条线都画在一张图上，最终运行结果如图 4-2 所示。

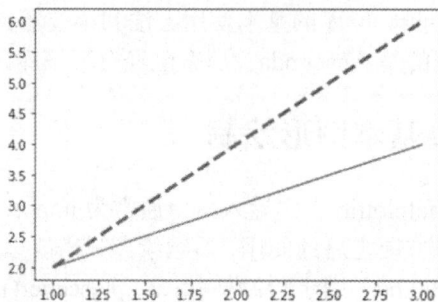

图 4-2

一般在表示趋势的时候折线图最为直观。

4.1.2　柱状图

通过 plt.bar()函数绘制柱状图，代码如下：

```
import matplotlib.pyplot as plt
x = [1, 2, 3, 4, 5]
y = [5, 4, 3, 2, 1]
plt.bar(x, y)
plt.show()
```

运行结果如图 4-3 所示。

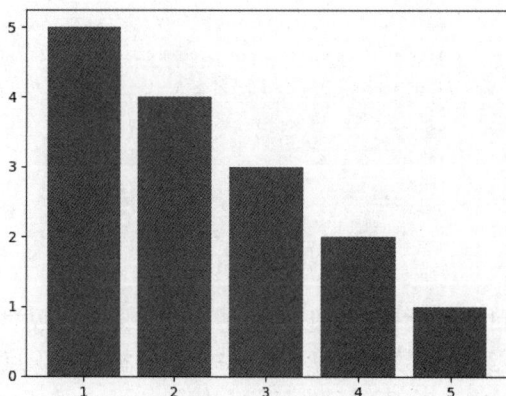

图 4-3

柱状图一般在进行同行业或者其他横向比较的时候比较直观。

4.1.3 散点图

通过 plt.scatter()函数绘制散点图，代码如下：

```
import matplotlib.pyplot as plt
import numpy as np
x = np.random.rand(10)
y = np.random.rand(10)
plt.scatter(x, y)
plt.show()
```

这里通过 np.random.rand(10)生成 10 个 0～1 的随机数，运行结果如图 4-4 所示。

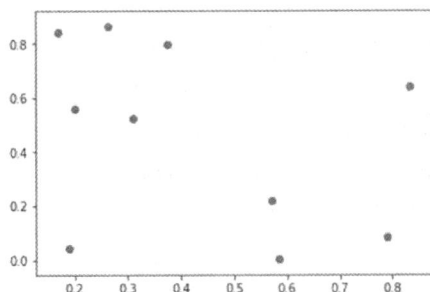

图 4-4

4.1.4 直方图

通过 plt.hist()函数绘制直方图，所谓直方图其实就是频数图或者频率图，横坐标为相关数据，纵坐标则为该数据出现的频数或者频率，示例代码如下：

```
import matplotlib.pyplot as plt
import numpy as np
# 随机生成 10000 个服从正态分布的数据
data = np.random.randn(10000)
# 绘制直方图，bins 用于设置颗粒度，即直方图的长条形数目，edgecolor 用于设置长条形边框颜色
plt.hist(data, bins=40, edgecolor='black')
plt.show()
```

这里通过 np.random.randn(10000)生成 10000 个服从均值为 0、标准差为 1 的正态分布数据，运行结果如图 4-5 所示，其中横坐标表示随机生成的数据，纵坐标则表示该数据出现的次数，也即频数。此外如果想显示为频率图，只需要设置参数 density 为 1 即可。

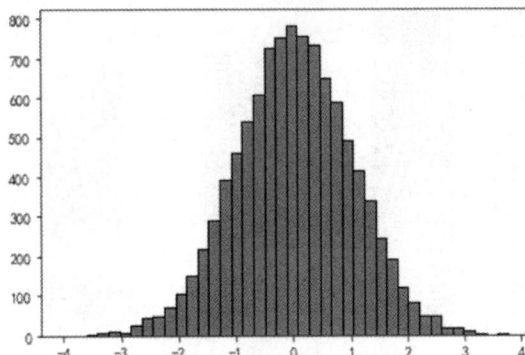

图 4-5

补充知识点：在 pandas 库中的快捷绘图技巧

以上是使用 Matplotlib 库绘制经典图形的技巧，其实对于 pandas 库中的数据表格，有更加方便的代码写法，不过其本质还是通过 pandas 库调用 Matplotlib 库，示例代码如下：

```
# 这种写法只适合 pandas 库中的 DataFrame，不能直接用于 NumPy 数组
import pandas as pd
df = pd.DataFrame(data)  # 将绘制直方图的 data 数组转换成 DataFrame 格式
df.hist(bins=40, edgecolor='black')
```

通过 df.hist()函数便可以快速地绘制和前面一样的直方图了，这里因为 df 只有一列数，所以可以直接写 df。如果 df 有多列数，那么绘制的时候就需要指明是哪一列需要绘制成直方图，**写成 df['列名'].hist()**。

此外，除了利用 df.hist()函数，还可以通过下面这种 pandas 库里的通用绘图代码绘图：

```
df.plot(kind='hist')
```

这里通过设置 kind 参数为 hist 来绘制直方图。通过这种通用绘图代码，除了可以使用 pandas 库便捷地绘制直方图外，还可以通过设置 kind 参数快捷地绘制其他可视化图，示例代码如下，首先创建一个二维 DataFrame 表格 df。

```
import pandas as pd
df = pd.DataFrame([[8000, 6000], [7000, 5000], [6500, 4000]], columns=['人均收入',
'人均支出'], index=['北京', '上海', '广州'])
```

二维表格 df 的内容如表 4-1 所示。

表 4-1

	人均收入	人均支出
北京	8000	6000
上海	7000	5000
广州	6500	4000

此时可以通过 pandas 库同时绘制折线图和柱状图，代码如下：

```
df['人均收入'].plot(kind='line')
```

因为 df 有多列，所以要先通过 df['列名']设置需要绘图的列数据，最终效果是同时绘制了折线图和柱状图，如图 4-6 所示。此外如果直接输入 plot()函数，里面不传入 kind 参数，即写成 df['人均收入'].plot()，则默认绘制折线图。

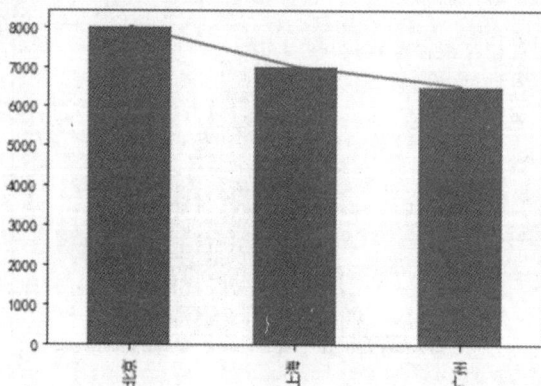

图 4-6

此外将 kind 参数设置为 pie 可以绘制饼图，设置为 box 可以绘制箱体图，效果如图 4-7 所示。

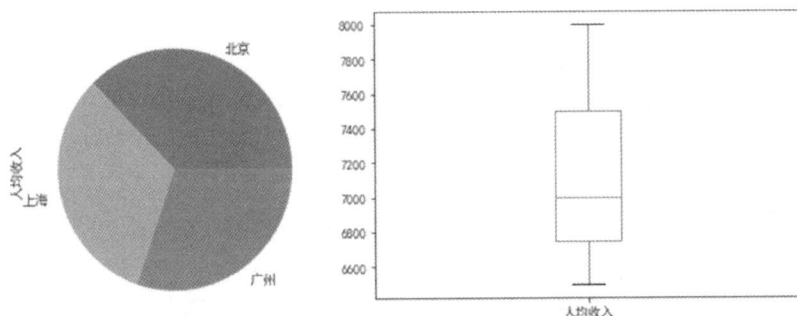

图 4-7

kind 参数设置如表 4-2 所示。感兴趣的读者可以自己尝试将 kind 参数换成表 4-2 所示内容查看效果。

表 4-2

kind 参数	图形类型
line	折线图
bar	柱状图
hist	直方图
pie	饼图
box	箱体图
area	面积图

4.2 Matplotlib 可视化小技巧

下面主要讲解数据可视化过程中常用的一些小技巧，如添加文字说明、添加图例、设置双坐标轴、设置图片大小、设置 x 轴角度、设置中文显示以及绘制多图等。

4.2.1 添加文字说明

通过 plt.title(name) 给图添加标题；通过 plt.xlabel()、plt.ylabel() 函数添加 x 轴和 y 轴标签。

```
import matplotlib.pyplot as plt
y = [2, 4, 6]
plt.plot(x, y)
plt.title('TITLE')  # 添加标题
plt.xlabel('X')  # 添加 x 轴标签
plt.ylabel('Y')  # 添加 y 轴标签
plt.show()  # 显示结果
```

运行结果如图 4-8 所示。

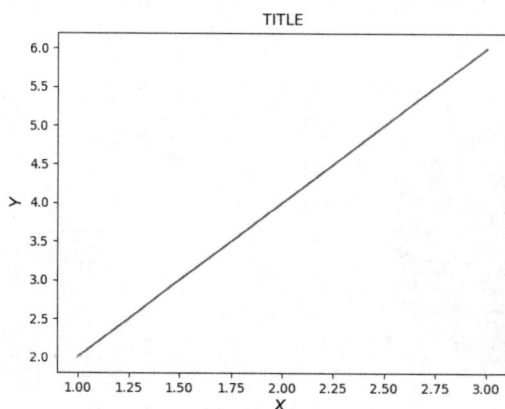

图 4-8

4.2.2　添加图例

通过 plt.legend()函数添加图例，添加前需要设置好 label（标签）参数，代码如下：

```python
import numpy as np
import matplotlib.pyplot as plt
# 第一条线，设定 label 为 y = x + 1
x1 = np.array([1, 2, 3])
y1 = x1 + 1
plt.plot(x1, y1, label='y = x + 1')
# 第二条线，设定 label 为 y = x*2
y2 = x1*2
plt.plot(x1, y2, color='red', linestyle='--', label='y = x*2')
plt.legend(loc='upper left')  # 将图例位置设置在左上角
plt.show()
```

如图 4-9 所示，已经绘制出两条线，并在左上角添加了图例，如果想修改图例的位置，比如设置成右上角，可以将参数 loc（location 的缩写）修改成 upper right，右下角则设置成 lower right。

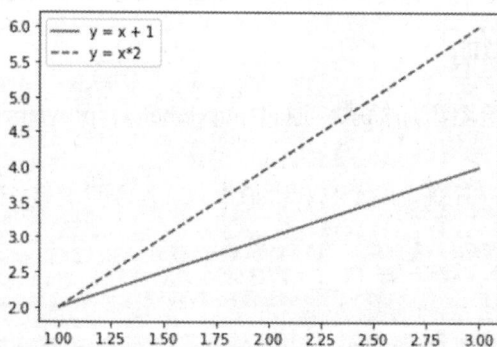

图 4-9

4.2.3　设置双坐标轴

前文的例子可以在一张图里绘制两条线，但如果两条线的取值范围相差比较大，绘制出来的图效果不太好，那么此时如何两条 y 轴呢？可以在绘制完第一张图之后，输入如下一行代码设置双坐标轴。

```
plt.twinx()
```

需要注意的是，如果设置了双坐标轴，那么添加图例的时候，每绘制一次图就得添加一次，而不能在最后统一添加。这里以 y = x 和 y = x^2 为例，演示如何设置双坐标轴，代码如下：

```
import numpy as np
# 第一条线，设定 label 为 y = x
x1 = np.array([10, 20, 30])
y1 = x1
plt.plot(x1, y1, color='red', linestyle='--', label='y = x')
plt.legend(loc='upper left')  # 该图图例设置在左上角
plt.twinx()  # 设置双坐标轴
# 第二条线，设定 label 为 y = x^2
y2 = x1*x1
plt.plot(x1, y2, label='y = x^2')
plt.legend(loc='upper right')  # 该图图例设置在右上角
plt.show()
```

运行结果如图 4-10 所示。可以看到左右的 y 轴数值相差很大。如果不设置双坐标轴，会导致 y = x 这条线被压缩得很平，影响显示效果。

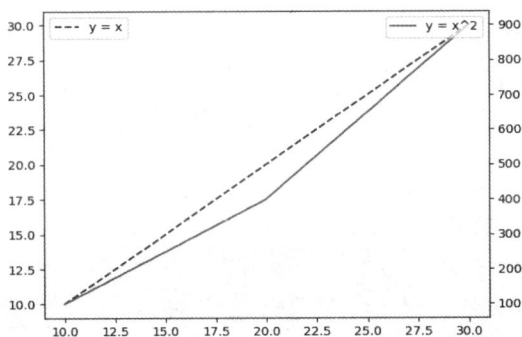

图 4-10

4.2.4　设置图片大小

如果对默认的图片大小不满意，可以通过如下代码设置图片大小。

```
plt.rcParams['figure.figsize'] = (8, 6)
```

第一个参数代表长，第二个参数代表宽，这里的数字 8 和 6 代表的是 800 像素和 600 像素。

4.2.5　设置 x 轴角度

有的时候 x 轴可能会因为内容较多，导致数据都挤在一块，这时候就可以通过设置 x 轴的角度来进行调节，代码如下，其中 45 表示 45°，可以根据自己的需要来调整角度。

```
import matplotlib.pyplot as plt
plt.xticks(rotation=45)
```

4.2.6　设置中文显示

使用 Matplotlib 绘图时，默认情况下是不支持显示中文的。如果绘图过程中出现中文乱码，则可以在代码最前面加上如下 3 行代码解决中文乱码的问题，这 3 行代码是解决中文乱码的固定代码。

```
import matplotlib.pyplot as plt
plt.rcParams['font.sans-serif'] = ['SimHei']  # 用来正常显示中文标签
plt.rcParams['axes.unicode_minus'] = False  # 解决负号显示为方块的问题
```

这里的 SimHei 是黑体的英文名称，如果想采用其他字体，可参考表 4-3 所示的字体英文对照表。

表 4-3

字体	英文名称
黑体	SimHei
微软雅黑	Microsoft YaHei
新宋体	NSimSun
新细明体	PMingLiU
细明体	MingLiU
仿宋	FangSong
楷体	KaiTi

4.2.7　绘制多图

如图 4-11 所示，有时需要在一张画布上输出多张图，在 Matplotlib 库中有当前图形（figure）以及当前轴（axes）概念，对应的就是当前画布以及当前子图，因此在一张画布上可以绘制多张子图。绘制多图通常采用 subplot()函数或 subplots()函数。

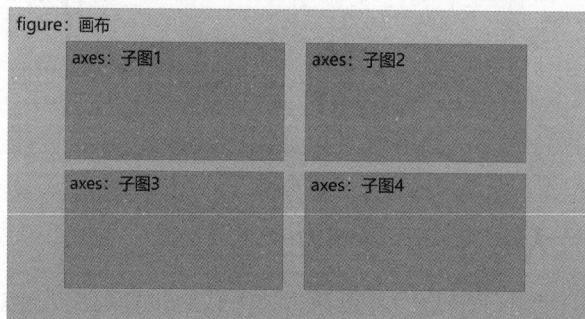

图 4-11

subplot()函数通常含有 3 个参数，分别用于设置子图的行数、列数以及子图序号，例如 subplot(221)（见图 4-12）表示绘制 2 行 2 列的子图（共 4 张子图），并在第 1 张子图上进行绘图。

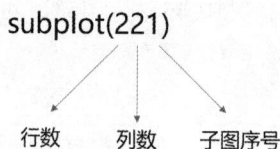

图 4-12

示例代码如下：

```python
import matplotlib.pyplot as plt
# 绘制第一张子图：折线图
ax1 = plt.subplot(221)
plt.plot([1, 2, 3], [2, 4, 6])  # 这里plt其实也可以换成ax1
# 绘制第二张子图：柱状图
ax2 = plt.subplot(222)
plt.bar([1, 2, 3], [2, 4, 6])
# 绘制第三张子图：散点图
ax3 = plt.subplot(223)
plt.scatter([1, 3, 5], [2, 4, 6])
# 绘制第四张子图：直方图
ax4 = plt.subplot(224)
plt.hist([2, 2, 2, 3, 4])
```

这里正好复习一下 4.1 节基本图形的相关绘制方法，绘制结果如图 4-13 所示。

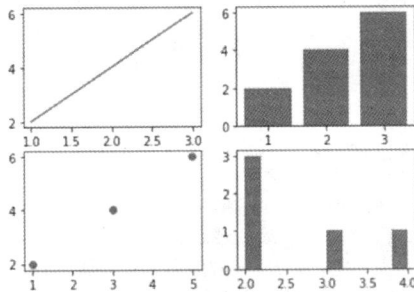

图 4-13

为了加强对画布和子图的理解，通过下面的代码来做一个简单演示：

```python
plt.rcParams['figure.figsize'] = (8, 4)  # 设置画布大小
plt.figure(1)   # 第一张画布
ax1 = plt.subplot(121)   # 第一张画布的第一张子图
plt.plot([1, 2, 3], [2, 4, 6])  # 这里的plt可以换成ax1
ax2 = plt.subplot(122)   # 第一张画布的第二张子图
plt.plot([2, 4, 6], [4, 8, 10])
plt.figure(2)   # 第二张画布
plt.plot([1, 2, 3], [4, 5, 6])
```

其中，第 1 行代码用于设置每一张画布的大小为 800 像素×400 像素；第 2 行代码 plt.figure(1)用于创建第 1 张画布；第 3～6 行代码通过 subplot()函数绘制两张子图；第 7 行代码 plt.figure(2)用于创建第 2 张画布，然后这张画布中只有一张子图。绘制结果如图 4-14 所示，其实两张画布就是绘制了两张图，其中第一张画布中有两张子图，第二张画布中只有一张子图。

每次在新的子图上绘图时，都得调用 subplot()函数，例如上文中第四张子图就得写成 ax4 = plt.subplot(224)，那有没有什么办法，一次性就生成多张子图呢？这时候就可以用到 subplots()函数，代码如下：

```python
fig, axes = plt.subplots(nrows=2, ncols=2)
```

其中，subplots()函数中主要有两个参数：nrows 用于设置行数，ncols 用于设置列数。这里就是绘制 2 行 2 列的子图（共 4 张子图），它会返回 fig（画布）和 axes（子图集合，以数组形式存储各张子图），也可以简写为：fig, axes = plt.subplots(2, 2)。

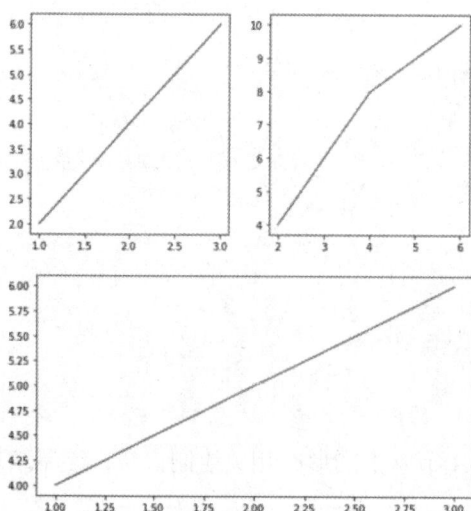

图 4-14

完整示例代码如下：

```
fig, axes = plt.subplots(2, 2, figsize=(10, 8))
ax1, ax2, ax3, ax4 = axes.flatten()
ax1.plot([1, 2, 3], [2, 4, 6])  # 绘制第一张子图
ax2.bar([1, 2, 3], [2, 4, 6])  # 绘制第二张子图
ax3.scatter([1, 3, 5], [2, 4, 6])  # 绘制第三张子图
ax4.hist([2, 2, 2, 3, 4])  # 绘制第四张子图
```

这里采用 subplots()函数的简写方式，并设置图片尺寸 figsize 为 1000 像素 × 800 像素。第 2 行代码通过 flatten()函数将子图集合展开，从而获得各张子图，这里因为已知是 4 张子图，所以写成 ax1, ax2, ax3, ax4 分别代表 4 张子图，之后就可以在这 4 张子图中绘图了。最终绘制结果如图 4-15 所示。

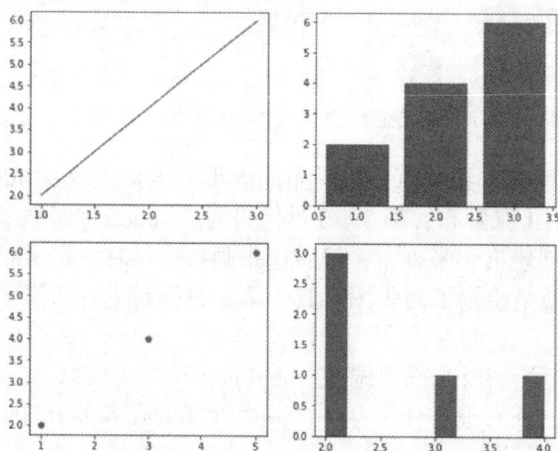

图 4-15

此外，如果要在 subplot()函数或者 subplots()函数生成的子图中设置子图标题、x 轴标签或 y 轴标签，得通过 set_title()函数、set_xlabel()函数、set_ylabel()函数进行设置，示例代码如下：

```
plt.rcParams['font.sans-serif'] = ['SimHei']  # 用来正常显示中文标签
fig, axes = plt.subplots(2, 2, figsize=(10, 8))
ax1, ax2, ax3, ax4 = axes.flatten()
ax1.plot([1, 2, 3], [2, 4, 6])  # 绘制第一张子图
ax1.set_title('子图1')
ax1.set_xlabel('日期')
ax1.set_ylabel('分数')
ax2.bar([1, 2, 3], [2, 4, 6])   # 绘制第二张子图
ax3.scatter([1, 3, 5], [2, 4, 6])  # 绘制第三张子图
ax4.hist([2, 2, 2, 3, 4])  # 绘制第四张子图
```

这里第 1 行代码用于设置中文字体为黑体并使得中文不出现乱码，最终结果如图 4-16 所示，可以看到第一张子图已经添加了标题、x 轴坐标以及 y 轴坐标等内容了。

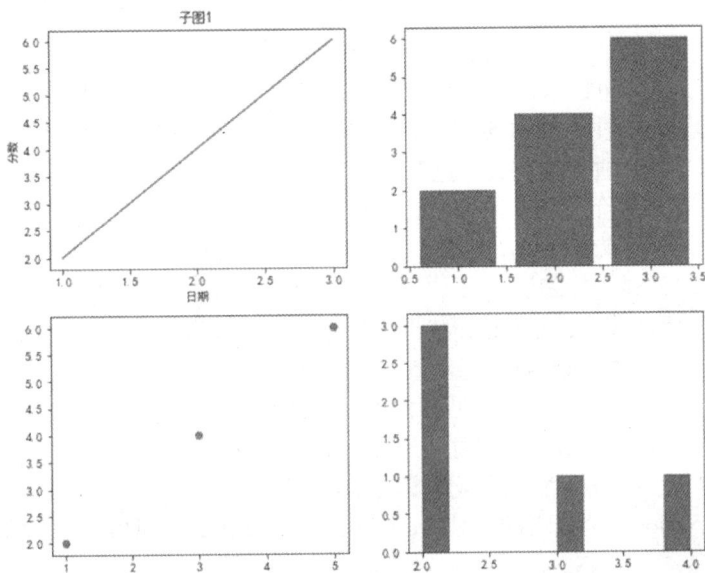

图 4-16

总的来说，利用 subplot()函数在画布中绘图时，每次都要调用 subplot()函数指定位置，而 subplots()函数可以一次生成多张子图，在调用时只需要调用生成子图的 ax 即可。

4.3 Matplotlib 财务可视化案例实战

下面结合两组例子来深入地理解 Matplotlib 在实际中的应用：一个是股票 K 线图的绘制，另一个是财务数据可视化。

4.3.1 股票 K 线图的绘制

1．股票 K 线图基础知识

一个实际的股票 K 线图（这个是"贵州茅台"股票的日线级别的 K 线图）如图 4-17 所示。

没有接触过股票的读者可能会被里面的各个柱状图和折线图搞得一头雾水，而这些图其实都是通过一些很基础的数据绘制而成的，这一小节便主要讲解股票 K 线图的基础知识。

这些柱状图，通常称为"K 线图"，是通过股票的开盘价（当天上午 9 点半开始交易时

的价格）、收盘价（当天下午 3 点结束交易时的价格）、最高价（当天股价波动中的最高价）、最低价（当天股价波动中的最低价）来绘制的，简称"高、开、低、收"4 个价格。

图 4-17

根据这 4 个价格便可以绘制出红色和绿色的 K 线图，因为形似蜡烛，所以也常被称为**蜡烛图**。K 线图分为两种（见图 4-18），如果当天的收盘价高于开盘价，也就是当天的价格上涨，则称为阳线，通常绘制成红色；反之，如果当天的收盘价低于开盘价，也就是当天的价格下跌，则称为阴线，通常绘制成绿色。补充说一句，在美国，反而是红色代表跌，绿色代表涨。

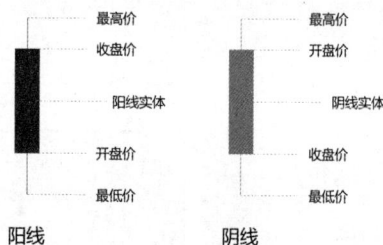

图 4-18

这里再解释一下均线图，也就是那些折线图的绘制原理。均线分为 5 日均线（通常称为 MA5）、10 日均线（通常称为 MA10）、20 日均线（通常称为 MA20）等，其原理就是对股价的收盘价求均值，例如 5 日均线就是最近连续 5 个交易日收盘价的平均值，具体的计算公式如下，其中，Close1 为当天的收盘价，Close2 为前一天的收盘价，其余依此类推。

```
MA5 = (Close1 + Close2 + Close3 + Close4 + Close5)/5
```

把 5 日均线的值连成一条平滑的曲线就是 5 日均线图了，10 日均线图和 20 日均线图也是类似的原理，这些均线图也就是这一小节最开始看到的图 4-17 中的那些折线图。

了解股票 K 线图的基础知识后，下面就来进行股票 K 线图的绘制工作。

2．绘制股票 K 线图

绘制股票 K 线图（简称 K 线图）的操作并不复杂，不过得做好一些准备工作，下面按部就班地进行讲解。

（1）安装绘制 K 线图的相关库：mplfinance 库

首先需要安装绘制 K 线图的相关库：mplfinance 库。安装办法稍微麻烦一点，推荐通过 pip 安装法安装，以 Windows 系统为例，具体方法是：通过 Win + R 快捷键调出运行框，输入 cmd 后单击"确定"按钮，然后在弹出的窗口中输入如下内容，按 Enter 键进行安装。

```
pip install mplfinance
```

如果是在 Jupyter Notebook 中安装，则在 pip 前面加一个英文的感叹号!，然后运行该代码区块。

```
!pip install mplfinance
```

安装完 mplfinance 库后便可以调用其中的 candlestick_ochl()函数来绘制 K 线图了。在正式绘制之前，还需要做一些前期的数据准备工作。

（2）导入绘图相关库

首先导入一些绘图需要用到的库，代码如下：

```
import pandas as pd
import mplfinance as mpf
```

第 1 行代码用于导入 pandas 库，第 2 行代码用于导入安装的 mplfinance 库。

（3）筛选数据

获取数据，代码如下：

```
df = pd.read_excel('K 线图原始数据.xlsx')
```

使用的部分数据如图 4-19 所示。

	ts_code	trade_date	open	high	low	close	pre_close	change	pct_chg	vol	amount
0	600519.SH	20201231	1941.00	1998.98	1939.00	1998.0	1933.00	65.00	3.3626	38860.07	7682300.728
1	600519.SH	20201230	1870.00	1933.00	1869.99	1933.0	1867.00	66.00	3.5351	34452.10	6604461.376
2	600519.SH	20201229	1873.00	1886.80	1855.00	1867.0	1873.00	-6.00	-0.3203	22867.59	4275994.834
3	600519.SH	20201228	1826.60	1888.80	1826.05	1873.0	1830.00	43.00	2.3497	30080.37	5616528.738
4	600519.SH	20201225	1802.99	1847.00	1800.00	1830.0	1830.34	-0.34	-0.0186	23088.05	4218997.634

图 4-19

可以看到获取到的数据有很多列，其中有一些列是不需要的，所以接下来对列进行简单的筛选，并更改列名。代码如下：

```
# 选取需要的列和更换列名
data = df[['trade_date', 'open', 'close', 'high', 'low', 'vol']]
data.columns = ['Date', 'Open', 'Close', 'High', 'Low', 'Volume']
```

这里更改列名的方法是直接更改，当然还有另外一种更改方法，如下所示，这两种方法选择其一就可以了。

```
data = data.rename(columns={'trade_date': 'Date', 'open': 'Open', 'close': 'Close',
'high': 'High', 'low': 'Low', 'vol': 'Volume'})
```

（4）日期格式调整及表格转换

在进行 K 线图绘制之前，得做一点数据准备工作，这部分内容稍微较复杂，不过实际应用的时候可以直接从附赠的源代码中复制，下面讲解原理供感兴趣的读者学习。

因为绘制 K 线图的 plot()函数只能接收特定格式的日期内容，以及数组格式的内容，所以需要将原来文本类型的日期格式调整一下，代码如下：

```
# 设置 Date 列为索引，覆盖原来的索引，这个时候索引还是 object 类型，就是字符串类型
data.set_index('Date', inplace=True)
# 将 object 类型转换成 DateIndex 类型，pd.DatetimeIndex 用于对某一列进行转换，同时把该列的数据设置为索引 index
data.index = pd.DatetimeIndex(data.index)
```

代码首先将用日期列代替原来的数字行索引作为表格的行索引，因为这是后续可视化接收数据的格式，这里将某列设置为行索引还有另一种写法，就是不进行 inplace 参数的设定，如下所示，直接进行变量替换，这两种方法选择其一即可。

```
data = data.set_index('Date')
```

代码随后将日期（现在的行索引）改为日期格式，用到的是 pandas 内置的方法，叫作 pd.DatetimeIndex。当然也有另一种写法，那就是在第 1 行代码之前先加如下代码。

```
data['Date'] = pd.to_datetime(data['Date'])
```

当然，如果加了这一句就不用再写 data.index = pd.DatetimeIndex 了。

最后，需要按照日期对表格进行升序处理。

```
data = data.sort_index(ascending=True)
```

这是因为如果不做这一步处理，data 是以由近及远的顺序排列的，最后得到的图将是反过来的。

（5）绘制 K 线图

转换好数据格式后，K 线图的绘制就比较简单了，使用 plot() 函数便能够轻松地绘制 K 线图了，代码如下：

```
my_color = mpf.make_marketcolors(up='red', down='green')
my_style = mpf.make_mpf_style(marketcolors=my_color)   # 添加到图片样式中
# 传入数据 data；type 设置为 K 线图；mav 设置为显示 5 日、10 日、20 日均线；volume=True 表示显示
成交量；show_nontrading=False 表示不显示非交易日信息；style 用于设置图片格式
    mpf.plot(data, type='candle', mav=(5, 10, 20), volume=True, show_nontrading=False,
style=my_style)
```

其中，前两行代码先进行图片样式的设定，这里仅对颜色进行设定，第 1 行代码用于设置上涨为红色，下跌为绿色；第 2 行代码用于把这一设置传入 make_mpf_style 类实体中，相当于形成一个样式。

最后两行代码用于调用 mpf.plot() 函数，传入数据 data；并设置 type 参数（'candle'表示 K 线图）；mav 参数用于传入想要加入的均线，这里选取 5 日、10 日、20 日均线；volume 参数用于设置是否显示成交量；show_nontrading 参数用于设置是否显示非交易日信息，如果为 False 则不显示，也就是除去周六周日非交易日，最终得到的 K 线图将是连续的；style 参数为前两行创建好的对象实例。

得到的结果如图 4-20 所示。

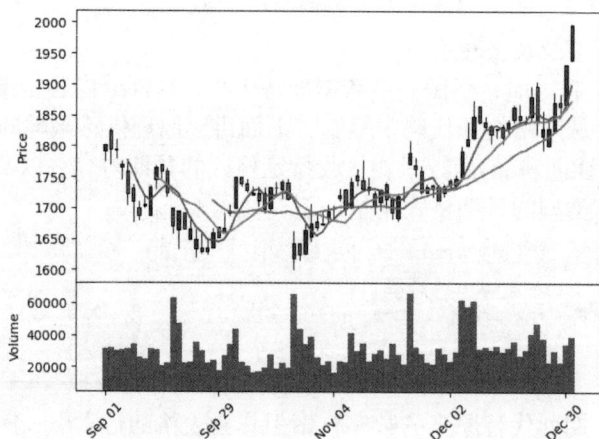

图 4-20

可以将其和新浪财经网上的实际图像对比一下，如图 4-21 所示，发现通过 Python 绘制的 K 线图和网上的图基本一致。

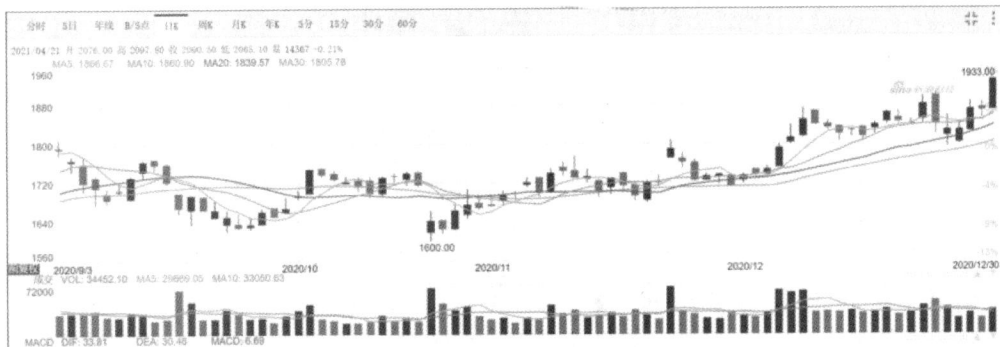

图 4-21

完整代码如下:

```
import mplfinance as mpf
import pandas as pd
df = pd.read_excel('K线图原始数据.xlsx')
# 选取需要的列和更换列名
data = df[['trade_date', 'open', 'close', 'high', 'low', 'vol']]  # 选取需要的列
data.columns = ['Date', 'Open', 'Close', 'High', 'Low', 'Volume']  # 更换列名,为后
面函数变量做准备

# 设置 Date 列为索引,覆盖原来索引,这个时候索引还是 object 类型,就是字符串类型
data.set_index('Date', inplace=True)
# 将 object 类型转换成 DateIndex 类型,pd.DatetimeIndex 用于对某一列进行转换,同时把该列的数
据设置为索引 index
data.index = pd.DatetimeIndex(data.index)

# 按时间顺序升序排列,符合时间序列
data = data.sort_index(ascending=True)

my_color = mpf.make_marketcolors(up='red', down='green')  # 设置上涨为红色,下跌为绿色
my_style = mpf.make_mpf_style(marketcolors=my_color)  # 添加到图片样式中

# 传入数据 data;type 设置为 K 线图;mav 设置为显示 5 日、10 日、20 日均线;volume=True 表示显示
成交量;show_nontrading=False 表示不显示非交易日信息;style 用于设置图片格式
mpf.plot(data, type='candle', mav=(5, 10, 20), volume=True, show_nontrading=False,
style=my_style)
```

4.3.2 财务数据可视化

其实在基础的财务数据可视化中,涉及的主要是时间维度和行业维度上的统计图,分别对应折线图和折线图。

由于本章的重点在于 Matplotlib 库的使用,所以在数据上做简化处理,用之前介绍过的创建 pandas 表格的方法新建数据表。

1. 时间序列可视化

对于描述财务信息趋势的可视化任务,一般采用折线图,下面先创建一个表格,作为作图的数据源。

```
data = pd.DataFrame([[0.2362], [0.3021], [0.3222],[0.3099]], columns=['roe'])
```

结果如表 4-4 所示，其中第 1 列是序号，没有特殊含义。

表 4-4

	roe
0	0.2362
1	0.3021
2	0.3222
3	0.3099

调用 Matplotlib 库来进行可视化。

```
import matplotlib.pyplot as plt
plt.rcParams['axes.unicode_minus'] = False  # 解决负号显示为方块的问题
plt.rcParams['font.sans-serif'] = ['SimHei']  # 用来正常显示中文标签
years = ['2016','2017','2018','2019']
plt.plot(years,df_income0['roe'],label='净资产收益率')
plt.legend(loc = 'upper left')
plt.show()
```

可视化结果如图 4-22 所示。

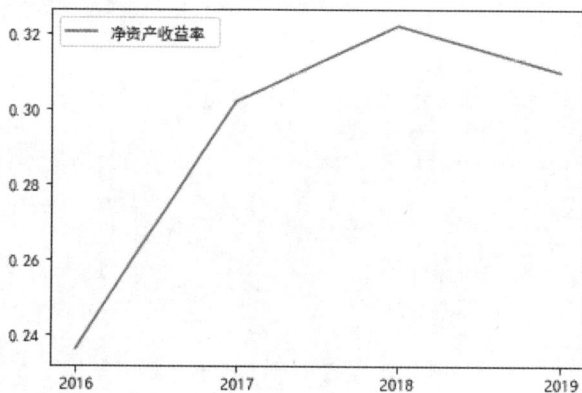

图 4-22

关于可视化需要注意的是，这里用到的是折线图，所以使用 plot()函数，同时可以通过 loc 参数设置图例位置。

2．同业比较可视化

另一方面的财务数据比较方式就是同业比较，一般采用柱状图，也是先创建一个数据源并进行排序。

```
data = pd.DataFrame([['泸州老窖',0.257],['古井贡酒',0.1769],['酒鬼酒',0.1721],['五粮液',
0.2383],['顺鑫农业',0.0549],['皇台酒业',0.2503],['洋河股份',0.1946],['青青稞酒',-0.056],
['伊力特',0.0946],['金种子酒',0.0243],['贵州茅台',0.2953],['老白干酒',0.0902],['舍得酒业',
0.1606],['水井坊',0.3424],['山西汾酒',0.3096],['迎驾贡酒',0.1854],['今世缘',0.1895],['口子
窖',0.1762],['金徽酒',0.1193]], columns=['name','roe'])
data = data.sort_values(by = 'roe',ascending = False)
```

得到的数据如表 4-5 所示，其中第 1 列是序号（本例中泸州老窖的序号是 0，古井贡酒的序号是 1，依次类推），没有特殊含义。

表 4-5

	name	roe
13	水井坊	0.3424
14	山西汾酒	0.3096
10	贵州茅台	0.2953
0	泸州老窖	0.2570
5	皇台酒业	0.2503
3	五粮液	0.2383
6	洋河股份	0.1946
16	今世缘	0.1895
15	迎驾贡酒	0.1854
1	古井贡酒	0.1769
17	口子窖	0.1762
2	酒鬼酒	0.1721
12	舍得酒业	0.1606
18	金徽酒	0.1193
8	伊力特	0.0946
11	老白干酒	0.0902
4	顺鑫农业	0.0549
9	金种子酒	0.0243
7	青青稞酒	−0.0560

然后调用 Matplotlib 库进行可视化。

```
import matplotlib.pyplot as plt
plt.figure(figsize=(10, 6))
plt.bar(data['name'],data['roe'],label='净资产收益率')
plt.legend(loc = 'upper right')
plt.xticks(data['name'],rotation=45)
plt.show()
```

最终结果如图 4-23 所示。

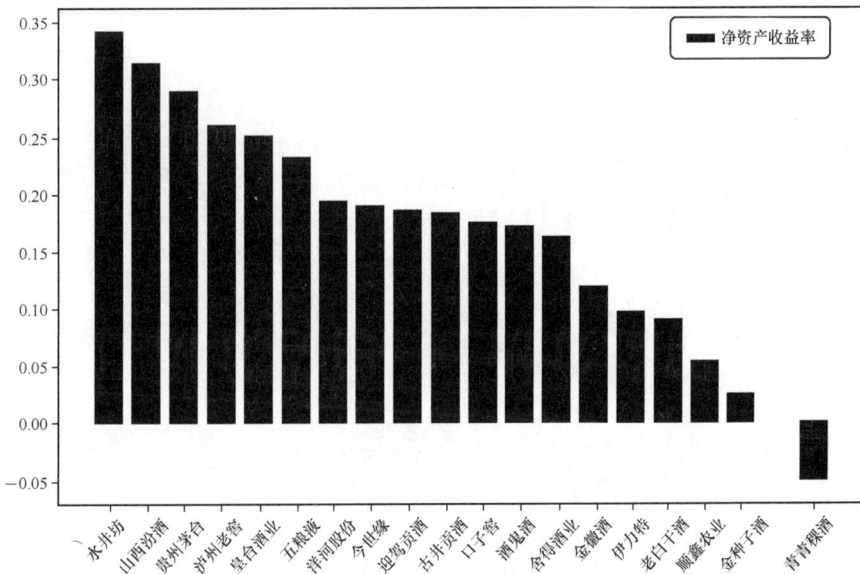

图 4-23

关于 Matplotlib 库在财务数据可视化方面的更多高级应用会在后续任务中进行介绍，这里希望读者对其有大概的了解就好。

以上就是利用 Matplotlib 库进行可视化的一些基本方法和小技巧，并通过案例实战巩固了相关知识点。

课后习题

1. 利用给出的数据（源代码文件夹中获取），参照 4.3.2 小节的方法绘制白酒行业的净利润率同业比较图。要求：数值升序排列，标签位于图的左上角。参考效果如图 4-24 所示。

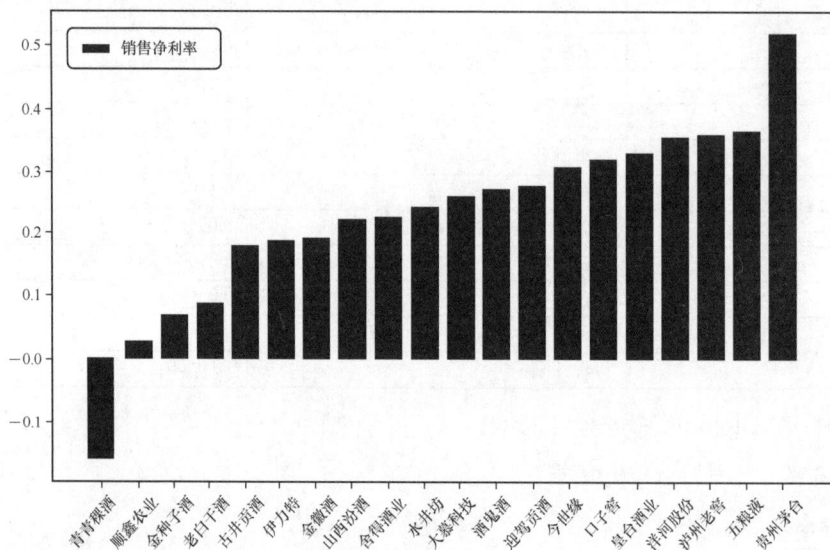

图 4-24

2. 利用 Tushare 库获取贵州茅台和五粮液从 2010 年至今（最新）的销售净利率数据（直接调用财务指标接口），绘制双坐标轴折线图比较趋势。参考效果如图 4-25 所示。

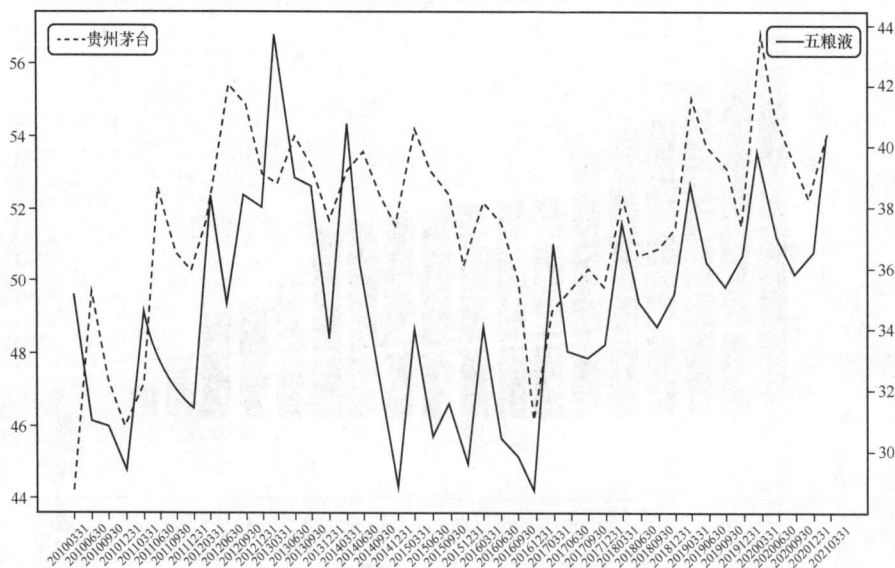

图 4-25

3. 参照 4.3.1 小节的方法，绘制贵州茅台 2021 年 3 月 1 日至 9 月 30 日半年间的股票 K 线图。参考效果如图 4-26 所示。

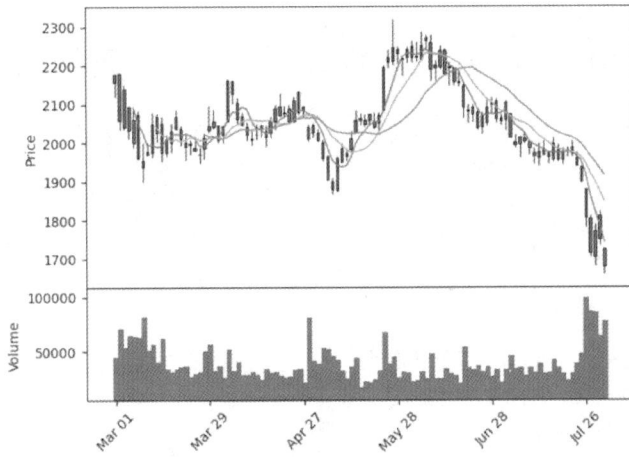

图 4-26

第 **5** 章

Python 财务三大分析技巧：静态分析 + 趋势分析 + 同业比较

本章主要讲解 Python 财务三大分析技巧，要求掌握 Python 静态分析、同业比较必要工具，以及筛选优质上市公司的原理。

5.1 财务静态分析

本节先介绍利用 Python 实现财务静态分析的方法。在传统财务报表分析中，比率分析具有举足轻重的地位。其核心思想是认为财务报表之间、财务报表的项目之间是有关联的，分析财务报表仅仅依靠单个项目的解读是不够的，还需要考虑财务报表项目之间的关系，才能完整地揭示出企业的经济业务状况。传统的比率分析主要包括 4 个方面：盈利能力、偿债能力（财务风险）、运营能力和成长能力。

它们都是基于企业一期的财务数据得出数据，之所以把它们划分为静态，是因为相对于多年的趋势来看，某一年的变动情况也是"静态"的。另外，还需重点关注利用 Python 读取数据和处理数据的方法，至于指标的内在含义，读者可以在财务分析学相关教材中找到更详尽的解释，这里仅做简单介绍。

为更紧密地联系实际，本章主要以一个实际的公司——贵州茅台的数据为例。

首先，将需要的数据导入后进行初步处理。

```
df_balancesheet = pd.read_excel('贵州茅台.xlsx',sheet_name = '资产负债表')
df_income = pd.read_excel('贵州茅台.xlsx',sheet_name = '利润表')
df_cashflow = pd.read_excel('贵州茅台.xlsx',sheet_name = '现金流量表')
```

注意，3 张报表分别在 Excel 文件中的 3 张工作表里面，因此要传入对应的参数 sheet_name，否则默认读取第一张工作表。

为了方便后续指标的计算，把资产负债表、利润表、现金流量表横向拼接。

```
data = pd.merge(df_income,df_balancesheet,on = '报告期')
data = pd.merge(data,df_cashflow,on = '报告期')
```

通过 merge()函数就成功地把 3 张表合并为一张名为 data 的表了。需要注意的是，这样合并得到的表中有些列索引会多一个后缀_x，这是因为 3 张表中有些列索引是重复的，例如 "TS 股票代码" "公告日期" 等，所以仅将 "报告期" 作为关键词合并，那些重复的列索引就会用后缀_x、_y、_z 依此类推地进行标记，如图 5-1 所示。

	TS股票代码_x	公告日期_x	实际公告日期_x	报告期	报表类型_x	公司类型_x	基本每股收益	稀释每股收益	营业总收入	营业收入
0	600519.SH	20200422	20200422	20191231	1	1	32.80	32.80	8.885434e+10	8.542957e+10
1	600519.SH	20190329	20190329	20181231	1	1	28.02	28.02	7.719938e+10	7.363887e+10
2	600519.SH	20180328	20180328	20171231	1	1	21.56	21.56	6.106276e+10	5.821786e+10
3	600519.SH	20170415	20170415	20161231	1	1	13.31	13.31	4.015508e+10	3.886219e+10
4	600519.SH	20160324	20160324	20151231	1	1	12.34	12.34	3.344686e+10	3.265958e+10

图 5-1

为了使表格更美观，在合并时可以把会重复的列索引也放入参数中。

```
data = pd.merge(df_income,df_balancesheet,on = ['报告期','TS 股票代码','公告日期','实
际公告日期','报表类型','公司类型'])
data = pd.merge(data,df_cashflow,on = ['报告期','TS 股票代码','公告日期','实际公告日期',
'报表类型','公司类型'])
```

得到的较美观的表格如图 5-2 所示。

	TS股票代码	公告日期	实际公告日期	报告期	报表类型	公司类型	基本每股收益	稀释每股收益	营业总收入	营业收入
0	600519.SH	20200422	20200422	20191231	1	1	32.80	32.80	8.885434e+10	8.542957e+10
1	600519.SH	20190329	20190329	20181231	1	1	28.02	28.02	7.719938e+10	7.363887e+10
2	600519.SH	20180328	20180328	20171231	1	1	21.56	21.56	6.106276e+10	5.821786e+10
3	600519.SH	20170415	20170415	20161231	1	1	13.31	13.31	4.015508e+10	3.886219e+10
4	600519.SH	20160324	20160324	20151231	1	1	12.34	12.34	3.344686e+10	3.265958e+10

图 5-2

有的读者可能会问，用 concat()函数可不可以呢？原则上也是可以的，但是 concat()函数是简单粗暴地直接连接，所以诸如股票代码、日期、报告类型的信息就会重复出现，造成不必要的空间浪费和数据冗余，有兴趣的读者可以自行尝试。

后续的分析都将以这张表格为基础展开。

5.1.1 盈利能力指标

下面来看反映企业盈利能力的指标，主要包括毛利率、营业利润率、净利润率和净资产收益率，各个指标的含义如表 5-1 所示。

表 5-1

财务能力	财务指标	指标含义
盈利能力	毛利率	$毛利率 = \dfrac{毛利}{营业收入} = \dfrac{(营业收入-营业成本)}{营业收入}$
	营业利润率	$营业利润率 = \dfrac{营业利润}{营业收入}$ 其中：营业利润= 营业收入-营业成本-税金及附加-销售费用-管理费用-研发费用-财务费用+其他收益+投资收益+公允价值变动收益-信用减值损失-资产减值损失+资产处置收益

财务能力	财务指标	指标含义
盈利能力	净利润率	$$净利润率 = \frac{净利润}{营业收入^①}$$
	净资产收益率 又称股东权益报酬率、净值报酬率、权益报酬率、权益利润率、净资产利润率	$$净资产收益率 = \frac{归母净利润^②}{平均归母净资产} = \frac{归母净利润}{平均股东权益（不含少数股东）}$$ 净资产（股东权益）是存量值，对存量值一般用它的平均余额，即平均归母净资产=（期初归母净资产+期末归母净资产）/2 。 在某些地方还会见到这样的计算方法： $$净资产收益率 = \frac{归母净利润}{期末归母净资产} = \frac{归母净利润}{期末股东权益（不含少数股东）}$$ 这种计算方法对应的净资产收益率称为摊薄净资产收益率，而前文提到的算法对应的是加权平均净资产收益率，二者的区别主要在于分母的选取：摊薄净资产收益率使用归母净利润除以期末归母净资产，体现的是静态的盈利能力，说明期末单位净资产对经营净利润的分享；而加权平均净资产收益率使用归母净利润除以期间平均的归母净资产，是一个动态的指标，说明经营者在经营期间利用单位净资产为公司新创造利润的多少。在这里使用比较复杂的加权平均净资产收益率，后续再遇到该类问题，为了简化处理，有可能直接用摊薄净资产收效益代替，希望读者明晰

使用 Python 计算这 4 个指标，过程如下。

```python
# ①毛利率
data['毛利率'] = round((data['营业收入']-data['减:营业成本'])/data['营业收入'],4)
# 其中 round()函数用来让计算结果保留到小数点后多少位，在此让其保留到小数点后 4 位
# ②营业利润率
data['营业利润率'] = round((data['营业利润'])/data['营业收入'],4)
# ③净利润率
data['净利润率'] = round(data['净利润(含少数股东损益)'] / data['营业收入'], 4)
# ④净资产收益率
#净资产收益率涉及计算平均归母净资产，因此 5 年的报表数据只能计算出后 4 年的净资产收益率，想要计算
2015 年的净资产收益率还需要读取 2014 年的数据。可以把获得的 2014 年的数据和 2015—2018 年的数据拼为一
个列表，然后传入表格 data 中
# 读取 2014 年的净资产数据
df_2014= pd.read_excel('df_2014.xlsx')
asset_2014 = df_2014['total_hldr_eqy_exc_min_int'][0]
# 把 2014 年—2018 年的股东权益（不含少数股东）作为新列表，并把列表加入表格
asset0 = data['股东权益合计(不含少数股东权益)'][1:].to_list()
asset0.append(asset_2014)
data['股东权益(上期余额)'] = asset0
# 计算净资产收益率
data['净资产收益率'] = round(data['净利润(不含少数股东损益)']/((data['股东权益合计(不含少
数股东权益)']+data['股东权益(上期余额)'])/2),4)
```

通过 pandas 的筛选操作，仅查看 TS 股票代码、报告期、毛利率、营业利润率、净利润率和净资产收益率。

---

① 也有人用归母净利润来算，不过这里就拿整体净利润（包含少数股东损益）来算，因为这里用的营业收入也包含少数股东损益的相关内容。

② 合并利润表中的净利润包含归母净利润和少数股东权益，在应用中一般使用的是归母净利润，因为我们关注的是该公司对它的股东创造的利润，少数股东对该公司是不存在所有权（股份）的。

```
data[['TS股票代码','报告期','毛利率','营业利润率','净利润率','净资产收益率']]
```

结果如表 5-2 所示。

表 5-2

TS 股票代码	报告期	毛利率	营业利润率	净利润率	净资产收益率
600519.SH	20191231	0.9130	0.6911	0.5147	0.3312
600519.SH	20181231	0.9114	0.6972	0.5137	0.3446
600519.SH	20171231	0.8980	0.6689	0.4982	0.3295
600519.SH	20161231	0.9123	0.6244	0.4614	0.2444
600519.SH	20151231	0.9223	0.6785	0.5038	0.2642

注意，数据来源于"贵州茅台"的合并利润表，表中有营业总收入、营业收入两种不同口径的收入，以及营业总成本、营业成本两种不同口径的成本，容易让人混淆。营业总收入和营业总成本都只在合并利润表中出现。

营业总收入和营业收入的差别在于前者包括营业收入、利息收入、已赚保费、手续费及佣金收入。其中利息收入、已赚保费和手续费及佣金收入这 3 个科目通常在银行、保险公司等金融机构中出现。对一般的只生产、销售产品的企业来说，营业总收入和营业收入是相等的，而茅台由于有一家财务子公司，该财务子公司负责给茅台集团内各关联公司进行借贷，类似集团内部的银行，因此茅台的合并利润表中出现了金融机构才会出现的那几个科目，造成茅台的营业总收入大于营业收入。

与收入不同，营业总成本和营业成本是必然不相等的，营业总成本等于营业成本以及管理费用、销售费用等各项期间费用，还有资产减值损失等各项损益之和。因此在计算产品毛利率时，记得要使用营业成本而非营业总成本。

因为茅台财务子公司的业务和茅台的主业相关性不大，所以计算毛利率时一般使用营业收入而非营业总收入，即不把茅台子公司的金融业务收入和成本纳入计算。

上述计算方式直接采用了利润表中的营业利润，这样计算出来的营业利润率和真实的还是存在一定差异，因为如前所述，由于茅台财务子公司的存在，营业利润中还包含金融业务的利润。因此更准确地计算茅台的营业利润率可以用"营业收入−营业成本−税金及附加−销售费用−管理费用−研发费用−财务费用+其他收益+投资收益+公允价值变动收益−信用减值损失−资产减值损失+资产处置收益"进行计算。

除了上述的指标，盈利能力指标还包括总资产回报率（ROA）、息税前利润（EBIT）率等。

5.1.2 运营能力指标

接下来分析企业的运营能力，主要包括存货周转率、总资产周转率和应收账款周转率等，各个指标的含义如表 5-3 所示。

表 5-3

财务能力	财务指标	指标含义
运营能力	存货周转率	$存货周转率 = \dfrac{营业成本}{(期初存货+期末存货)/2}$
	总资产周转率	$总资产周转率 = \dfrac{营业收入}{平均总资产} = \dfrac{营业收入}{(期初总资产+期末总资产)/2}$
	应收账款周转率	$应收帐款周转率 = \dfrac{营业收入}{平均应收账款}$

和 5.1.1 小节相似，运营能力相关的比率也需要用到年度平均值，故需要读取上一年度的数据。例如存货周转率的分母是存货的年度平均值，2019 年的存货平均值需要 2019 年期初存货（即 2018 年期余额）和 2019 年期末存货计算。使用 Python 计算这 3 个指标，过程如下。

```
# ①存货周转率
# 读取 2014 年的存货数据
df_2014= pd.read_excel('df_2014.xlsx')
inv_2014 = df_2014['inventories'][0]
# 把 2014—2018 年的存货作为新列表，并把列表加入表格
inv0 = data['存货'][1:].to_list()
inv0.append(inv_2014)
data['存货(上期余额)'] = inv0
# 计算存货周转率
data['存货周转率'] = round(data['减:营业成本']/((data['存货']+data['存货(上期余额)'])/2),4)
# ② 总资产周转率
# 读取 2014 年的总资产数据
df_2014= pd.read_excel('df_2014.xlsx')
inv_2014 = df_2014['total_assets'][0]
# 把 2014—2018 年的总资产作为新列表，并把列表加入表格（为了求平均）
inv0 = data['资产总计'][1:].to_list()
inv0.append(inv_2014)
data['资产总计(上期余额)'] = inv0
# 计算总资产周转率
data['总资产周转率'] = round(data['营业收入']/((data['资产总计']+data['资产总计(上期余额)'])/2),4)

# 查看 TS 股票代码、报告期、存货周转率、总资产周转率
data[['TS 股票代码','报告期','存货周转率','总资产周转率']]
```

结果如表 5-4 所示。

表 5-4

TS 股票代码	报告期	存货周转率	总资产周转率
600519.SH	20191231	0.3046	0.4983
600519.SH	20181231	0.2863	0.5002
600519.SH	20171231	0.2784	0.4704
600519.SH	20161231	0.1765	0.3901
600519.SH	20151231	0.1539	0.4292

从表 5-4 中可以看出，贵州茅台的存货周转率并不高，大部分时候都在 0.3 以下，也就是生产的茅台酒一年最多卖出 30%的存货。这和白酒行业的特点有关，白酒陈放时间越长口感越好，年份越老价值越高。尤其是茅台，新酒出厂前至少要在酒库存放 3 年，这和它不超过 0.3 的存货周转率一致。

茅台的总资产周转率也不高，一年只能周转不到半次，和一般的消费行业有较大差别。

根据贵州茅台的资产负债表数据，可知贵州茅台除了 2015 年，在 2016—2019 年都没有应收账款。这说明贵州茅台的销售只收现金，不接收赊账，足以说明茅台品牌力的强势。

由于贵州茅台基本不存在应收账款，因此这里以五粮液为例计算应收账款周转率，具体代码如下：

```
# 读取"五粮液.xlsx"文件
df_balancesheet = pd.read_excel('五粮液.xlsx',sheet_name = '资产负债表')
df_income = pd.read_excel('五粮液.xlsx',sheet_name = '利润表')
df_cashflow = pd.read_excel('五粮液.xlsx',sheet_name = '现金流量表')
data_wly = pd.merge(df_income,df_balancesheet,on = ['报告期','TS 股票代码','公告日期','
实际公告日期','报表类型','公司类型'])  # 按"报告期"列进行合并
data_wly = pd.merge(data,df_cashflow,on = ['报告期','TS 股票代码','公告日期','实际公告
日期','报表类型','公司类型'])
# 读取 2014 年的应收账款数据
df_2014= pd.read_excel('df_2014.xlsx')
inv_2014 = df_2014['accounts_receiv'][0]
# 把 2014—2018 年的应收账款作为新列表,并把列表加入表格
inv0 = data['应收账款'][1:].to_list()
inv0.append(inv_2014)
data['应收账款(上期余额)'] = inv0
# 计算应收账款周转率
data['应收账款周转率'] = round(data['营业收入']/((data['应收账款']+data['应收账款(上期余
额)'])/2),4)
data[['TS 股票代码','报告期','应收账款周转率']]
```

计算结果如表 5-5 所示。

表 5-5

TS 股票代码	报告期	应收账款周转率
000858.SZ	20191231	382.9010
000858.SZ	20181231	337.9489
000858.SZ	20171231	277.8705
000858.SZ	20161231	228.6804
000858.SZ	20151231	389.3483

从结果可以看到五粮液的应收账款周转率非常高,这说明五粮液很少赊销,资金很少被下游客户占用,因此它和茅台一样具有很强的话语权。

除了上述的指标,运营能力指标还包括固定资产周转率、应付款项周转率等。

5.1.3 偿债能力指标

接下来是反映企业财务风险水平或者说偿债能力的指标,主要包括流动比率、速动比率和利息保障倍数,各个指标的含义如表 5-6 所示。

表 5-6

财务能力	财务指标	指标含义
偿债能力	流动比率	$流动比率 = \dfrac{流动资产总额}{流动负债总额}$
	速动比率	$速动比率 = \dfrac{流动资产总额 - 存货 - 预付款项}{流动负债总额}$
	利息保障倍数	$利息保障倍数 = \dfrac{息税前利润}{利息费用}$

使用 Python 计算这 3 个指标,过程如下。

```
# ①流动比率
```

```
data['流动比率'] = round(data['流动资产总额']/data['流动负债总额'],4)
# ②速动比率
data['速动比率'] = round((data['流动资产总额']-data['存货']-data['预付款项'])/data['流动负债总额'],4)
# ③利息保障倍数
data['利息保障倍数'] = round(data['息税前利润']/data['减：利息费用'],4)
# 查看TS股票代码、报告期、流动比率、速动比率、利息保障倍数
data[['TS股票代码','报告期','流动比率','速动比率','利息保障倍数']]
```

结果如表 5-7 所示。

表 5-7

TS 股票代码	报告期	流动比率	速动比率	利息保障倍数
600519.SH	20191231	3.8698	3.2168	405.2636
600519.SH	20181231	3.2485	2.6668	376.6166
600519.SH	20171231	2.9099	2.3176	287.5524
600519.SH	20161231	2.4360	1.8507	197.1641
600519.SH	20151231	3.2418	2.2698	297.8382

从结果可以看到贵州茅台的可快速变现的资产对短期内需要偿付的负债的覆盖大概是 2 倍以上，说明茅台的实际短期偿债能力很强。

注意在实际案例场景中，公式中的分母利息费用是指本期发生的全部应付利息，不仅包括财务费用中的利息费用，还包括计入固定资产成本的资本化利息。资本化利息虽然不在利润表中扣除，但仍然是要偿还的。利息保障倍数用于衡量企业支付利息的能力，没有足够大的息税前利润，利息的支付就会困难。这里简化为财务费用中的利息费用。另外注意这里的分母不要拿财务费用来代替，因为财务费用包括利息收入和利息支出，但是这里的利息费用是指需要支付的利息，拿财务费用来代替就可能会有失偏颇。

注意企业的利润表中是不会直接披露息税前利润的，可以自己对息税前利润进行计算，通常使用的公式为：**息税前利润 = 净利润+所得税+财务费用**。

除了上述的指标，偿债能力指标还包括现金比率、资产负债率、债务权益比率等。

5.1.4　成长能力指标

在资本市场上，常常能见到一些公司，它的盈利能力不强（主要指净利润不高），甚至亏损（例如早期的亚马逊），它的偿债能力也堪忧，甚至杠杆很高，但仍然不影响它的股价很高，这往往是因为投资者对它未来的发展能力十分看好。成长能力指标主要包括营收增长率（营业收入增长率）、营业利润增长率和净利润增长率，各个指标的含义如表 5-8 所示。

表 5-8

财务能力	财务指标	指标含义
成长能力	营收增长率	$营收增长率 = \dfrac{本期营业收入-上期营业收入}{上期营业收入}$
	营业利润增长率	$营业利润增长率 = \dfrac{本年营业利润总额-上年营业利润总额}{上年营业利润总额}$
	净利润增长率	$净利润增长率 = \dfrac{期末净利润-期初净利润}{期初净利润}$

同样，成长能力指标也需要用到上一年度的数据，例如 2016 年的营收增长率就需要用

到 2015 年的数据。使用 Python 计算这 3 个指标，过程如下：

```
# ①营收增长率
# 读取 2014 年的营业收入数据
df_2014= pd.read_excel('df_2014.xlsx')
revenue_14 = df_2014['revenue'].iloc[0]
# 把 2014—2018 年的营业收入作为新列表，并把列表加入表格
revenue0 = data['营业收入'][1:].to_list()
revenue0.append(revenue_14)
data['营业收入(上期余额)'] = revenue0
# 计算营业收入增长率
data['营业收入增长率'] = round((data['营业收入']-data['营业收入(上期余额)'])/data['营业收入(上期余额)'],4)
# ②营业利润增长率
# 读取 2014 年的营业利润数据
df_2014= pd.read_excel('df_2014.xlsx')
revenue_14 = df_2014['operate_profit'].iloc[0]
# 把 2014 年—2018 年的营业利润作为新列表，并把列表加入表格
revenue0 = data['营业利润'][1:].to_list()
revenue0.append(revenue_14)
data['营业利润(上期余额)'] = revenue0
# 计算营业利润增长率
data['营业利润增长率'] = round((data['营业利润']-data['营业利润(上期余额)'])/data['营业利润(上期余额)'],4)
# ③净利润增长率
# 读取 2014 年的净利润数据
df_2014= pd.read_excel('df_2014.xlsx')
profit_14 = df_2014['n_income'].iloc[0]
# 把 2014 年—2018 年的净利润作为新列表，并把列表加入表格
profit0 = data['净利润'][1:].to_list()
profit0.append(profit_14)
data['净利润(上期余额)'] = profit0
# 计算净利润增长率
data['净利润增长率'] = round((data['净利润']-data['净利润(上期余额)'])/data['净利润(上期余额)'],4)

data[['TS 股票代码','报告期','营业收入增长率','营业利润增长率','净利润增长率']]
```

结果如表 5-9 所示。

表 5-9

TS 股票代码	报告期	营业收入增长率	营业利润增长率	净利润增长率
600519.SH	20191231	0.1601	0.1499	0.1623
600519.SH	20181231	0.2649	0.3185	0.3042
600519.SH	20171231	0.4981	0.6047	0.6177
600519.SH	20161231	0.1899	0.0951	0.0897
600519.SH	20151231	0.5544	2.7809	1.8076

除了上述的指标，成长能力指标还包括净资本增长率、固定资产增长率、总资产增长率等。

以上就是反映企业发展状况的一些指标，即盈利能力、运营能力、偿债能力和成长能力，以及如何通过 Python 计算它们的相关内容。需要指出的是，这里列出的指标并不是十

分全面的，解释也不是十分深入的，只是希望通过一些简单的计算和举例来展示大数据时代如何通过 Python 和原始的财务数据实现静态的财务分析。

5.1.5　综合案例

前文介绍了企业常用的一些财务指标，本小节学习如何批量生成所有的财务指标，将其集合在一张财务比率表中。

首先读取单家企业的"财务比率表"，这里同样以"贵州茅台"为例，读取其 2016 年—2019 年的财务比率。

1．单家企业

首先需要读取企业的 3 张报表数据，为了便于操作，读者可以从配套附件中读取如下数据，并进行拼接处理。

```
# 读取报表数据
comp = '贵州茅台'
df_balancesheet = pd.read_excel(comp+'.xlsx',sheet_name = '资产负债表')
df_income = pd.read_excel(comp+'.xlsx',sheet_name = '利润表')
df_cashflow = pd.read_excel(comp+'.xlsx',sheet_name = '现金流量表')
# 报表拼接
data = pd.merge(df_income,df_balancesheet,on = ['报告期','TS 股票代码','公告日期','实际公告日期','报表类型','公司类型'])
data = pd.merge(data,df_cashflow,on = ['报告期','TS 股票代码','公告日期','实际公告日期','报表类型','公司类型'])
```

运行代码，3 张报表已经拼接为一张大表 data，注意为了防止后面报错（主要是计算中出现分母为 0 的情况），需要把表格中为空值的地方用 0 填充：

```
data = data.fillna(0)
```

因为一些比率的计算需要用到上期数据，所以需要把相关数据的上期值加入表中。在这里有个简便的方法，就是让目前表格中的数据直接滞后一期，作为新列添加到原表中。

pandas 中的 shift()函数就可以实现此功能，利用 shift(-1)就可以把当期值变为上期值，即滞后一期，shift(1)则相反，即提前一期。因此对贵州茅台的"存货"一项，可以用如下代码添加它的上期余额。

```
data['存货(上期)']=data['存货'].shift(-1)
```

由于要处理的项目较多，可以批量处理，如下所示。

```
columns0 = ['股东权益合计(不含少数股东权益)','存货','资产总计','应收账款','营业收入','营业利润','负债总额' ,'净利润(不含少数股东损益)']
for column in columns0:
    data[column+'(上期)'] = data[column].shift(-1)
```

完成此操作后，表中 2014 年那行的数据就用不上了，可以删掉。

```
data = data[0:5]
```

接下来计算各项财务比率指标。

```
# 盈利能力
data['毛利率'] = round((data['营业收入']-data['减:营业成本'])/data['营业收入'],4)
data['营业利润率'] = round((data['营业利润'])/data['营业收入'],4)
```

```
data['净利润率'] = round(data['净利润(含少数股东损益)']/data['营业收入'],4)
    data['净资产收益率'] = round(data['净利润(不含少数股东损益)']/((data['股东权益合计(不含少
数股东权益)']+data['股东权益合计(不含少数股东权益)'])/2),4)
    # 运营能力
    data['存货周转率'] = round(data['减:营业成本']/((data['存货']+data['存货(上期余额)'])/2),4)
    data['总资产周转率'] = round(data['营业收入']/((data['资产总计']+data['资产总计(上期余
额)'])/2),4)
    data['应收账款周转率'] = round(data['营业收入']/((data['应收账款']+data['应收账款(上期余
额)'])/2),4)
    # 偿债能力
    data['流动比率'] = round(data['流动资产合计']/data['流动负债总额'],4)
    data['速动比率'] = round((data['流动资产合计']-data['存货']-data['预付款项'])/data['流
动负债总额'],4)
    data['利息保障倍数'] = round(data['息税前利润']/data['减:利息支出'],4)
    # 成长能力
    data['营业收入增长率'] = round((data['营业收入']-data['营业收入(上期余额)'])/data['营业
收入(上期余额)'],4)
    data['营业利润增长率'] = round((data['营业利润']-data['营业利润(上期余额)'])/data['营业
利润(上期余额)'],4)
    data['净利润增长率'] = round((data['净利润(不含少数股东损益)'] - data['净利润(不含少数
股东损益)(上期余额)']) / data['净利润(不含少数股东损益)(上期余额)'], 4)
```

得到"财务比率表",并转置,方便观看。

```
df_ratio = data[['报告期','毛利率','营业利润率','净利润率','净资产收益率','存货周转率','总
资产周转率','应收账款周转率','流动比率','速动比率','利息保障倍数','营业收入增长率','营业利润增长率
','净利润增长率']]
df_ratio = df_ratio.T # 转置
```

因为上一行代码转置之后,表头是 0、1、2……第 1 行内容是报告期日期,此处希望把第 1 行的报告期作为表头,并从原表格的第 2 行开始取数,代码如下:

```
df_ratio.columns = df_ratio.iloc[0].apply(lambda x:int(x))
df_ratio = df_ratio[1:]
```

上面第 1 行代码中 df_ratio.columns = df_ratio.iloc[0] .apply(lambda x:int(x))用于将原来表格的第 1 行内容设置为表头,这里还用到了 apply(lambda x:int(x)),这是通过 apply()和 lambda()函数组合(关于 pandas 库中的 apply()和 lambda()函数组合可以自行搜索 pandas apply lambda 学习,或者参考本书源代码文件中提供的"补充知识点:通过 apply()函数和 lambda()函数进行批处理.pdf")配合 int()函数将日期变成整数(原本保存成了小数);第 2 行代码的作用是从原表格的第 2 行开始取数。

打开本地已经生成的"贵州茅台.xlsx"(该表中已经有 3 张工作表,对应 3 张报表),新建一张名为"财务比率表"的工作表,把数据保存进去。

```
writer=pd.ExcelWriter(comp+'.xlsx',mode="a",engine="openpyxl")
df_ratio.to_excel(writer,'财务比率表')
writer.save()
```

需要特别注意,由于是打开已经存在的 Excel 文件,并增添新的工作表,因此在 ExcelWriter()函数的参数中要指定 mode="a", engine="openpyxl",否则之前的工作表会被覆盖。

以及如果已经添加了相关工作表,再次执行会报错(因为已经有了相关的同名工作表),

此时可以通过 try except 语句进行处理，代码如下：

```
try:
    writer = pd.ExcelWriter(comp+'.xlsx',mode="a", engine="openpyxl")
    df_ratio.to_excel(writer,'财务比率表')
    writer.save()
except:
    pass  # 上面 try 中的代码不能重复运行，因为如果 Excel 中已经有"财务比率表"了，那么再运行就
会报错，所以这里写了 try except
```

再补充说明一个知识点：有的公司可能会因为有退市风险，所以名字中带有 "*ST"
字样，例如 2022 年的"*ST 皇台"，但是文件名中是不可以有*的，所以如果遇到带有"*ST"
字样的内容，可以在 writer = pd.ExcelWriter(comp+'.xlsx',mode="a", engine="openpyxl")代码
上方添加如下两行处理代码把*替换为空字符。

```
if '*' in comp:
    comp = comp.replace('*','')
```

最后打开"贵州茅台.xlsx"，可以看到 3 张报表之后新增了一张"财务比率表"，也
可以在 Jupyter Notebook 中输出 df_ratio，如表 5-10 所示（在 Excel 中的"财务比率表"没
有左上角的"报告期"3 个字，是因为 ExcelWriter()函数写入的时候忽略了左上角的索引列
名称）。

表 5-10

报告期	20191231	20181231	20171231	20161231	20151231
毛利率	0.913	0.9114	0.898	0.9123	0.9223
营业利润率	0.6911	0.6972	0.6689	0.6244	0.6785
净利润率	0.5147	0.5137	0.4982	0.4614	0.5038
净资产收益率	0.3312	0.3446	0.3295	0.2444	0.2642
存货周转率	0.3046	0.2863	0.2784	0.1765	0.1539
总资产周转率	0.4983	0.5002	0.4704	0.3901	0.4292
应收账款周转率	inf	inf	inf	336806.1	14397.22
流动比率	3.8698	3.2485	2.9099	2.436	3.2418
速动比率	3.2168	2.6668	2.3176	1.8507	2.2698
利息保障倍数	405.2636	376.6166	287.5524	197.1641	297.8382
营业收入增长率	0.1601	0.2649	0.4981	0.1899	0.0344
营业利润增长率	0.1499	0.3185	0.6047	0.0951	0.0025
净利润增长率	0.1705	0.3000	0.6197	0.0784	0.0100

2．多家企业

可以把前文单家企业的代码封装为函数，方便调用，同时扩展以生成多家企业的财务
比率表，代码如下：

```
# 定义财务比率表生成函数
def ratio_sheet(comp):
    # 读取报表数据
    df_balancesheet = pd.read_excel(comp + '.xlsx', sheet_name='资产负债表')
```

```
df_income = pd.read_excel(comp + '.xlsx', sheet_name= '利润表')
df_cashflow = pd.read_excel(comp + '.xlsx', sheet_name='现金流量表')
# 报表拼接
data = pd.merge(df_income,df_balancesheet,on = ['报告期','TS股票代码','公告日期','
实际公告日期','报表类型','公司类型'])
data = pd.merge(data,df_cashflow,on = ['报告期','TS股票代码','公告日期','实际公告日
期','报表类型','公司类型'])
# 把空值填充为0，防止计算出错
data = data.fillna(0)
# 把相关数据的上期余额加入新表，包括股东权益（不含少数股东权益）、存货、资产总计、应收账款、
营业收入、营业利润、负债总额、净利润（不含少数股东损益）
columns0 = ['股东权益合计(不含少数股东权益)', '存货', '资产总计', '应收账款', '营业收入',
'营业利润', '负债总额', '净利润(不含少数股东损益)']
for column in columns0:
    data[column+'（上期）'] = data[column].shift(-1)
# 只取前5行数据保存用来做演示，不要最后一行数据（因为它没有上期数据）
data = data[0:5]
# 计算各个指标，具体代码与单家企业的类似，此处省略（可在源代码文件夹中找到）
# 取出财务比率
df_ratio = data[['报告期','毛利率','营业利润率','净利润率','净资产收益率','存货周转率',
'总资产周转率','应收账款周转率','流动比率','速动比率','利息保障倍数','营业收入增长率','营业利润增
长率','净利润增长率']]
df_ratio = df_ratio.T # 转置

# 因为上一行代码转置之后，第1行是0、1、2……此处希望把第1行的报告期作为表头，并从第2行开
始取数
df_ratio.columns = df_ratio.iloc[0].apply(lambda x:int(x))  # 重命名表头，并且通过
apply()+lambda()函数配合int()函数将日期变成整数（原本保存成了小数）
df_ratio = df_ratio[1:]

# 输出df_ratio表查看
print(df_ratio)

# 把财务比率表保存为现有表格中的工作表
writer = pd.ExcelWriter(comp+'.xlsx',mode="a", engine="openpyxl")
df_ratio.to_excel(writer,'财务比率表')
writer.save()
```

调用函数生成3张报表及财务比率表的代码如下：

```
# 批量生成比率分析表
for comp in comps:
    print(comp)
    ratio_sheet(comp)
```

通过上面的代码就可以批量地对多家企业进行财务静态分析了。

5.2　财务趋势分析

5.1 节介绍了利用 Python 计算上市公司财务比率（静态分析）的方法，但只得到了数字，并没有进一步地进行分析。要对比率进行分析，就需要一个比较标准，这样的标准可以是该公司以往的数值，也可以是同行业的相关数值。根据这两种标准进行财务分析，分别称为趋势分析和同业比较，本节和 5.3 节将逐步介绍如何通过 Python 进行趋势分析和同

业比较。

本节先在得到的财务比率表的基础上，介绍如何利用 Python 实现财务趋势分析，以便更客观地对企业财务数据进行评价。趋势分析主要通过绘图的方式，可视化地展现各财务比率随时间的变化趋势，判断该企业各项能力的变化。

5.2.1 趋势分析数据预处理

首先读取贵州茅台的"财务比率表"，并进行数据处理（导入 pandas 等库的相关代码这里不赘述，请参考本书提供的源代码文件）。

```
# 读取并处理"财务比率表"数据
df_ratio = pd.read_excel('贵州茅台.xlsx',sheet_name = '财务比率表')
df_ratio = df_ratio.rename(columns={'Unnamed: 0': '报告期'})  # 第 1 列索引列的列名是
Unnamed:0，这里换成"报告期"
df_ratio = df_ratio.set_index('报告期')  # 设置报告期那一列为行索引

# 转置表格
df_ratio = df_ratio.T
# 逆序排列
data = df_ratio[::-1]
# 把 inf（无限大）替换为 0
data[np.isinf(data)] = 0
data
```

注意，由于后面需要绘图，因此最好让数据按年份从小到大排列，用到了逆序操作。另外还需要把某些 inf（无限大）值替换为 0，避免无法绘图。此时读取的表格如图 5-3 所示。

报告期	毛利率	营业利润率	净利润率	ROE	存货周转率	总资产周转率	应收账款周转率	流动比	速动比	利息保障倍数	营业收入增长率	营业利润增长率	净利润增长率
20151231	0.9223	0.6785	0.5038	0.2642	0.1539	0.4292	14397.217	3.2418	2.2698	297.8382	0.0344	0.0025	0.0100
20161231	0.9123	0.6244	0.4614	0.2444	0.1765	0.3901	336806.144	2.4360	1.8507	197.1641	0.1899	0.0951	0.0784
20171231	0.8980	0.6689	0.4982	0.3295	0.2784	0.4704	0.000	2.9099	2.3176	287.5524	0.4981	0.6047	0.6197
20181231	0.9114	0.6972	0.5137	0.3446	0.2863	0.5002	0.000	3.2485	2.6668	376.6166	0.2649	0.3185	0.3000
20191231	0.9130	0.6911	0.5147	0.3312	0.3046	0.4983	0.000	3.8698	3.2168	405.2271	0.1601	0.1499	0.1705

图 5-3

5.2.2 财务趋势——盈利能力分析

首先来看盈利能力，这几个指标仍然沿用 5.1 节的，但不同的是，5.1 节仅计算了各年的指标数字，而这个表现到底是出色还是平平无奇，我们无从下手分析，但综合往年数据之后表现情况将变得明朗起来。为了使趋势分析更加直观，本节会为每个指标画一张图来显示趋势的变动。

与 5.1 节不同的是，这里读取的是多年的财务数据，接下来通过 Matplotlib 库来可视化这一结果，代码如下：

```
import matplotlib.pyplot as plt #导入库
years = ['2015','2016','2017','2018','2019']  # 设置目标年份
# ①毛利率
plt.plot(years,data['毛利率'],label='毛利率')  # 第一个参数作为 x，第二个参数作为 y，第三个
参数 label 用于规定图例
plt.legend(loc = 'upper left') # 设置图例位置在左上角
```

```
plt.show() # 输出图像
# ②营业利润率
plt.plot(years,data['营业利润率'],label='营业利润率')
plt.legend(loc = 'upper left') # 设置图例位置在左上角
plt.show()
# ③净利润率
plt.plot(years,data['净利润率'],label='净利润率')
plt.legend(loc = 'upper left') # 设置图例位置在左上角
plt.show()
# ④净资产收益率
import matplotlib.pyplot as plt
years = ['2016','2017','2018','2019']
plt.plot(years,data['roe'],label='净资产收益率')
plt.legend(loc = 'upper left')
plt.show()
```

输出结果如图 5-4～图 5-7 所示。

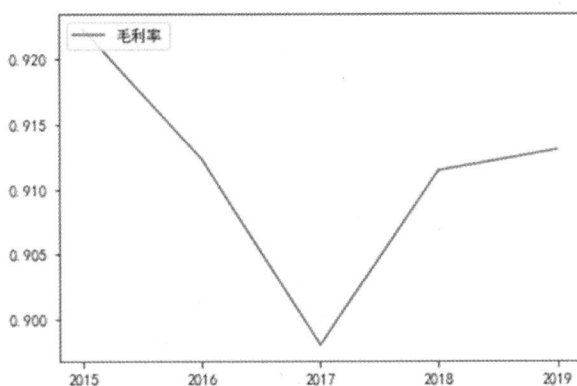

图 5-4

毛利率在 2016 年和 2017 年下降，因为毛利率反映的是毛利占营业收入的比重，这一年下降的原因可能是营业成本上升，也可能是营业收入下降，或者二者兼有。

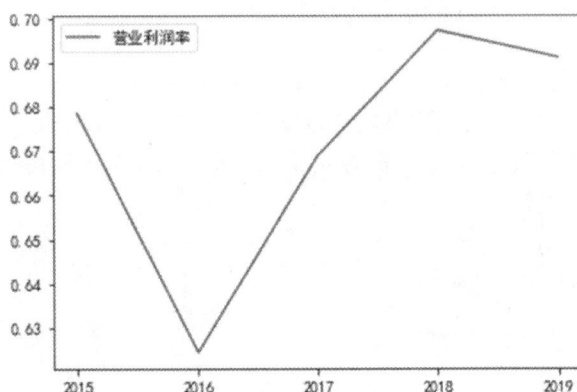

图 5-5

扣除了"三费"和其他费用之后，2017 年的营业利润率反而是增长的，这可能是因为 2016 年"三费"很高，而 2017 年"三费"有所下降，这一信息是毛利率无法体现的，这也是为什么企业的能力不能完全由一个指标来概括。

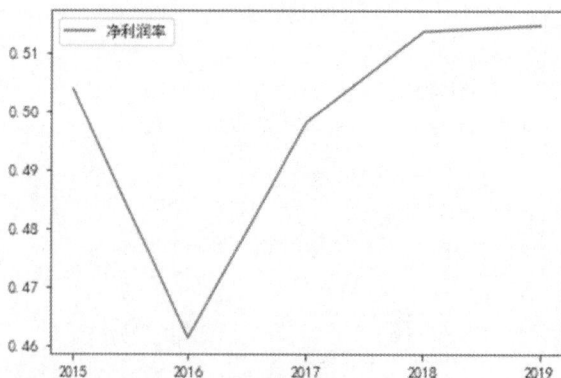

图 5-6

贵州茅台 2017 年净利润率的增长幅度似乎要大于营业利润率，可见考虑了所得税之后盈利能力又有所不同，这告诉我们一定要综合多个指标对企业的能力进行评估。

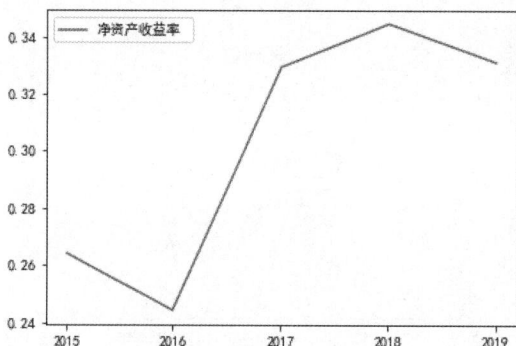

图 5-7

净资产收益率从 2016 年到 2017 年大幅上升，而在 2019 年略有下降。

5.2.3 财务趋势——其他能力分析

与 5.1 节相同，由于运营能力相关的比率需要用到年度平均值，即分析 2016—2019 年的趋势需要用到 2015 年的数据，故需要读取 2015 年的 3 张报表的数据。例如存货周转率的分母是存货的年度平均值，2016 年的存货平均值需要 2016 年期初余额（即 2015 年期末余额）和 2016 年期末余额。

```
#第一部分：运营能力分析
#①存货周转率。绘制图片的代码如下
plt.plot(years,data['存货周转率'],label='存货周转率')
plt.legend(loc = 'upper left')
plt.show()

#②总资产周转率
plt.plot(years,data['总资产周转率'],label='总资产周转率')
plt.legend(loc = 'upper left')
plt.show()

#③应收账款周转率
plt.plot(years,data['应收账款周转率'],label='应收账款周转率')
```

```
plt.legend(loc = 'upper left')
plt.show()

#第二部分：偿债能力分析
#① 流动比率。5.1节已经讲过流动比率的概念，但在那里主要关注的是某一年的水平，这里将关注的重点放
在多年的变化趋势上
plt.plot(years,data['流动比率'],label='流动比率')
plt.legend(loc = 'upper left')
plt.show()

#②速动比率。速动比率与流动比率很相似，区别在于分子上多扣除了一项预收款项
plt.plot(years,data['速动比率'],label='速动比率')
plt.legend(loc = 'upper left')
plt.show()

#③利息保障倍数
plt.plot(years,data['利息保障倍数'],label='利息保障倍数')
plt.legend(loc = 'upper left')
plt.show()

#第三部分：成长能力分析。略有不同的是，成长能力指标本身就是跨期间的增长率指标，那么多年的比较即便
是有下降，也并不意味着该指标是负数，比如营收是否在下降应该关注该值是否为负，而趋势分析中比较的是增长幅
度是否有所下降。在这里提醒读者对财务指标的意义和数学含义予以关注，避免掉入数据分析的陷阱
#① 营收增长率
plt.plot(years,data['营业收入增长率'],label='营业收入增长率')
plt.legend(loc = 'upper left')
plt.show()

#②营业利润增长率
plt.plot(years,data['营业利润增长率'],label='营业利润增长率')
plt.legend(loc = 'upper left')
plt.show()

#③ 净利润增长率
plt.plot(years,data['净利润增长率'],label='净利润增长率')
plt.legend(loc = 'upper left')
plt.show()
```

相关结果读者可以参考 5.2.2 小节，自行运行代码后查看分析。

总之，本节首先重点关注了如何读取多年的财务数据并进行计算，其次借助 Matplotlib 库绘制趋势图，最后提醒读者关注趋势图背后的数学含义。动态财务分析的重点是把时间的变动因素考虑进来，以企业自身在历史上的表现作为标准，让原本静态的数据"动起来"，以更客观、科学的角度分析财务状况，至于更全面、深入的分析，将在本书的后文依次展开。

5.2.4　趋势分析综合评分

前文使用折线图对每个财务指标的变化趋势进行了可视化分析，接下来可以尝试对所有指标进行综合分析，得到对公司财务指标的趋势分析综合评分。实现该操作后，便可以推广到对多家公司进行批量评分，并按评分排序，筛选出在趋势分析中表现最好的公司。

然而，对指标评分的标准是一个较为主观的问题，不同的分析师或投资者对此有不同的标准，因此本书仅为读者提供一种实现评分筛选的思路，而非提供正确答案。

对于一些越大越好的指标，例如毛利率、存货周转率等，我们希望它每年都比上一年

更高，这说明公司在不断变好，因此在对这些指标进行打分的时候，可以用这样的规则：**某年的指标相较上一年增长则加 1 分，否则加 0 分**。那么现在拥有 5 年的数据，一个指标的最高分就是 4 分，以茅台的毛利率为例，只有 2018 年和 2019 年是较上期增长的，因此毛利率的指标获得 2 分。

但是像流动比率、速动比率等，指标越大并不一定越好，虽然越大说明企业短期偿债能力越好，但过高的比率可能代表企业有大量的现金闲置，导致企业短期资金利用效率较差，会降低企业的获利能力。因此一般来说流动比率维持在 2 左右，速动比率维持在 1 左右是比较合适的。但在本节综合评分中为了简便暂不考虑该指标的合适范围，假设该指标越大越好。

最后对每个指标打好分之后，可以将分数标准化为 100 分，例如毛利率指标得分为 2 分，标准化为 100 分，结果就是 50 分。

接下来还是以贵州茅台为例，对其财务比率进行趋势评分。对多家公司进行批量评分的操作留给读者作为课后练习。

首先读取财务比率表数据。

```
# 读取财务比率表数据
df_ratio = pd.read_excel('贵州茅台.xlsx',sheet_name = '财务比率表')
df_ratio = df_ratio.rename(columns={'Unnamed: 0':'报告期'})  # 第 1 列列名是 Unnamed:0,
这里换成报告期
df_ratio = df_ratio.sct_index('报告期')  # 设置报告期那一列为行索引
data = df_ratio.T # 转置报表
data
```

得到图 5-8 所示的财务比率表。

报告期	毛利率	营业利润率	净利润率	ROE	存货周转率	总资产周转率	应收账款周转率	流动比率	速动比率	利息保障倍数	营业收入增长率	营业利润增长率	净利润增长率
20191231	0.9130	0.6911	0.5147	0.3312	0.3046	0.4983	inf	3.8698	3.2168	405.2271	0.1601	0.1499	0.1705
20181231	0.9114	0.6972	0.5137	0.3446	0.2863	0.5002	inf	3.2485	2.6668	376.6166	0.2649	0.3185	0.3000
20171231	0.8980	0.6689	0.4982	0.3295	0.2784	0.4704	inf	2.9099	2.3176	287.5524	0.4981	0.6047	0.6197
20161231	0.9123	0.6244	0.4614	0.2444	0.1765	0.3901	336806.144	2.4360	1.8507	197.1641	0.1899	0.0951	0.0784
20151231	0.9223	0.6785	0.5038	0.2642	0.1539	0.4292	14397.217	3.2418	2.2698	297.8382	0.0344	0.0025	0.0100

图 5-8

接下来对每个指标进行评分，首先创建一个空列表用于存放每个指标对应的分数。

```
scores = []#接下来依次对每个指标进行评分，需要用到 for 循环语句以及 if 条件语句
for i in range(len(data.T)):
    n = 0
    for j in range(len(data)-1):  # 遍历除最后一行的所有行
        if np.isinf(data.iloc[j,i]) == True:
            n = n+1
        elif data.iloc[j,i]>data.iloc[j+1,i]:
            n = n+1
# 将分数标准化为 100 分
n = n/4 * 100
scores.append(n)
```

注意，由于茅台 2015—2019 年没有应收账款，应收账款出现 inf（无穷大）的情况，无法直接比较大小，对此代码中通过 isinf()函数先判断该指标是否为 inf，若为 inf 说明可能不存在应收账款，认为这是一个好的表现，因此加分。然后通过 elif 进行两次判断，看看当年的数值是否高于上一年的数值，是则加分。最终将分数转为百分制，并添加到 scores 列表中。

得到如下的 scores 列表。

```
[50.0,
 50.0,
 75.0,
 50.0,
 100.0,
 50.0,
 100.0,
 75.0,
 75.0,
 75.0,
 50.0,
 50.0,
 50.0]
```

把该列表添加到财务比率表中，并保存该评分表。

```
score_sheet = data.T
score_sheet['评分'] = scores
score_sheet.to_excel('贵州茅台_趋势评分表.xlsx')
print(score_sheet)
```

得到的评分表如图 5-9 所示。

报告期	20191231	20181231	20171231	20161231	20151231	评分
毛利率	0.9130	0.9114	0.8980	0.9123	0.9223	50.0
营业利润率	0.6911	0.6972	0.6689	0.6244	0.6785	50.0
净利润率	0.5147	0.5137	0.4982	0.4614	0.5038	75.0
ROE	0.3312	0.3446	0.3295	0.2444	0.2642	50.0
存货周转率	0.3046	0.2863	0.2784	0.1765	0.1539	100.0
总资产周转率	0.4963	0.5002	0.4704	0.3901	0.4292	50.0
应收账款周转率	inf	inf	inf	336806.1440	14397.2170	100.0
流动比率	3.8698	3.2485	2.9099	2.4360	3.2418	75.0
速动比率	3.2168	2.6668	2.3176	1.8507	2.2698	75.0
利息保障倍数	405.2271	376.6166	287.5524	197.1641	297.8382	75.0
营业收入增长率	0.1601	0.2649	0.4981	0.1899	0.0344	50.0
营业利润增长率	0.1499	0.3185	0.6047	0.0951	0.0025	50.0
净利润增长率	0.1705	0.3000	0.6197	0.0764	0.0100	50.0

图 5-9

最后，计算各指标得分的平均值（假设每个指标权重一样）。

```
trend_score = round(score_sheet['评分'].mean(),2)
```

输出 trend_score。

```
65.38
```

需要特别注意的是，这里得出的是各方面得分的平均值，相当于默认每个指标在重要性上是相等的（权重相等），但这其实是不严谨的，针对不同行业或者不同发展阶段的公司，某些指标总比其他指标更重要，这就需要评分者对各个指标的权重有深刻的理解，如果能利用专业知识和经验设置更为合理、科学的权重，那么结果也就自然会更加准确。

对公司进行趋势分析综合评分的汇总代码如下：

```
# 读取财务比率表数据
df_ratio = pd.read_excel('贵州茅台.xlsx',sheet_name = '财务比率表')
df_ratio = df_ratio.rename(columns={'Unnamed: 0':'报告期'})  # 第 1 列列名是 Unnamed:0,
这里换成报告期
df_ratio = df_ratio.set_index('报告期')  # 设置报告期那一列为行索引
```

```
data = df_ratio.T  # 转置报表

# 进行评分
scores = []
for i in range(len(data.T)):
    n = 0
    for j in range(len(data)-1):  # 遍历除最后一行的所有行
        if np.isinf(data.iloc[j,i]) == True:  # 防止报表里有无限大值 inf
            n = n+1
        elif data.iloc[j,i]>data.iloc[j+1,i]:
            n = n+1
    # 将分数标准化为 100 分
    n = n/4 * 100
    scores.append(n)

score_sheet = data.T
score_sheet['评分'] = scores
score_sheet.to_excel('贵州茅台_趋势评分表.xlsx')

trend_score = round(score_sheet['评分'].mean(),2)
print(trend_socre)
```

5.3　同业比较

前文提到企业的历史表现可以作为评判某一年指标好坏的标准，另一个在财务分析中经常用到的标准就是在同行业企业中的位置。下面介绍如何通过 Python 实现简单的同业比较和可视化呈现。

这里以贵州茅台 2020 年的财务数据为例，主要分析其在白酒行业中的表现。

读取白酒行业相关数据，代码如下：

```
data = pd.read_excel('同业比较原始数据(白酒行业) -2020.xlsx')
data__2019 = pd.read_excel('同业比较原始数据(白酒行业)-2019.xlsx)
```

输出 data，结果如图 5-10 所示。

ts_code	ann_date_x	f_ann_date_x	end_date_x	report_type_x	comp_type_x	end_type_x	basic_eps	diluted_eps	total_revenue	revenue	int_income
000568. SZ	20200429	20200429	20191231	1	1	4	3.17	3.17	15816934273	15816934273	
000596. SZ	20200427	20200427	20191231	1	1	4	4.17	4.17	10416961584	10416961584	
000799. SZ	20200417	20200417	20191231	1	1	4	0.9217	0.9217	1511902798	1511902798	
000858. SZ	20200428	20200428	20191231	1	1	4	4.483	4.483	50118105877	50118105877	
000860. SZ	20200425	20200425	20191231	1	1	4	1.0909	1.0909	14900141029	14900141029	
000995. SZ	20200429	20200425	20191231	1	1	4	0.38	0.38	99046292.56	99046292.56	
002304. SZ	20200429	20200429	20191231	1	1	4	4.8991	4.8991	23126476885	23126476885	
002646. SZ	20200428	20200428	20191231	1	1	4	0.0803		1253725476	1253725476	
600197. SH	20200428	20200428	20191231	1	1	4	1.0207	0.9869	2301653011	2301653011	
600199. SH	20200429	20200429	20191231	1	1	4	-0.33	-0.33	914102046.4	914102046.4	
600519. SH	20200422	20200422	20191231	1	1	4	32.8	32.8	88854337489	85429573467	3424471569
600559. SH	20200428	20200428	20191231	1	1	4	0.45	0.45	4030248448	4030248448	
600696. SH	20200428	20200428	20191231	1	1	4	0.04	0.04	109278519.6	109278519.6	
600702. SH	20200425	20200425	20191231	1	1	4	1.5218	1.5218	2650122824	2650122824	
600779. SH	20200425	20200425	20191231	1	1	4	1.6917	1.6917	3538694869	3538694869	
600809. SH	20200428	20200428	20191231	1	1	4	2.2339	2.2339	11880073342	11880073342	
603198. SH	20200425	20200425	20191231	1	1	4	1.16	1.16	3776983565	3776983565	
603369. SH	20200429	20200429	20191231	1	1	4	1.1623	1.1623	4873604055	4869870574	3733481.06
603589. SH	20200428	20200428	20191231	1	1	4	2.87		4672086012	4672086012	
603919. SH	20200331	20200331	20191231	1	1	4	0.71	0.71	1634398044	1634398044	

图 5-10

5.3.1　同业比较——盈利能力比较

盈利能力中选取净资产收益率和净利润率两个指标，可视化方法主要选取同业直观比较和同业统计量分析两种思路，读者可以自行运用更多的分析方法。

1．净资产收益率

与趋势分析相似，这里的重点不在于指标本身，所以不计算加权平均净资产收益率，而是选用计算更简便的全面摊薄净资产收益率（报告期归母净利润／报告期期末归母净资产），代码如下。

```
table = pd.DataFrame(index = range(1))
for com in range(data.shape[0]):
    table.loc[0,data.loc[com,'name']] = round(data.loc[com,'归母净利润']/data.loc
[com,'归母股东权益合计'],4)
print(table)
table = table.T.sort_values(0, ascending=False).T  # 若对这行代码不太理解，可以把它逐个
拆解
plt.figure(figsize=(10, 6))  # 设置图片大小
plt.bar(table.columns,table.loc[0],label='净资产收益率')
plt.legend(loc = 'upper right') # 设置图例位置在右上角
plt.xticks(range(len(table.columns)),table.columns,rotation=45)
plt.show()
```

读者需要注意的是，Python 的魅力在于它的简约和多样，对于同一问题的解决可能有不同的方法，编者在这里写出的也并不是标准答案，只是一种思路，目的是激发读者思考。

第 1 行代码先建立一个只有一行的 DataFrame，注意 DataFrame 传入的 index 必须是一个列表，所以这里的 range(1)也可以写成[0]。

第 2 行代码开始对数据源的行数进行遍历（这一写法是批量处理单元格的经典写法，读者可以在应用中慢慢体会其妙处）。

第 3 行代码等式左边是要写入的位置，即 table 表第 1 行（规定了仅有一行，而且必须规定，否则会报错）第 name 列，这里 data.loc[com,'name']的意思是数据源中该行 name 列的取值，即该股票名称；等式右边是熟悉的计算公式，不同的是，由于本章的数据源比较复杂，所以采用了表格定位的方法，希望读者可以掌握，最外层嵌套了一个取小数位数的函数。

第 5 行代码用于输出数据，结果如图 5-11 所示。

	泸州老窖	古井贡酒	酒鬼酒	五粮液	顺鑫农业	皇台酒业	洋河股份	天佑德酒	伊力特	金种子酒	贵州茅台	老白干酒	岩石股份	舍得酒业	水井坊	山西汾酒	迎驾贡酒	今世缘	口子窖	金徽酒
0	0.2603	0.1847	0.1721	0.2328	0.0543	0.2503	0.1944	-0.0513	0.098	0.024	0.2895	0.0902	0.0259	0.1623	0.3424	0.3149	0.1854	0.1895	0.1762	0.1193

图 5-11

这时候的数据比较乱，先排一下顺序。第 6 行代码先把表格转置，才能用 sort_values() 函数排序，规定采用降序排列，最后把它转置回来，得到图 5-12 所示的表格。

	水井坊	山西汾酒	贵州茅台	泸州老窖	皇台酒业	五粮液	洋河股份	今世缘	迎驾贡酒	古井贡酒	口子窖	酒鬼酒	舍得酒业	金徽酒	伊力特	老白干酒	顺鑫农业	岩石股份	金种子酒	天佑德酒
0	0.3424	0.3149	0.2895	0.2603	0.2503	0.2328	0.1944	0.1895	0.1854	0.1847	0.1762	0.1721	0.1623	0.1193	0.098	0.0902	0.0543	0.0259	0.024	-0.0513

图 5-12

第 8 行代码开始绘图，首先设置图片大小，以免 x 轴上的公司名称过于拥挤。

第 9 行代码用到 Matplotlib 库，只不过进行同业比较一般采用柱状图，对应 bar()函数，x 轴上是 table 表的列名，即公司名称，y 轴上是 table 表的第 1 行，即取值。

第 10 行代码用于设置图例位置。

第 11 行代码是对坐标轴的规定，指定 x 轴取值显示倾斜 45°，这样能清晰一些。输出

如图 5-13 所示。

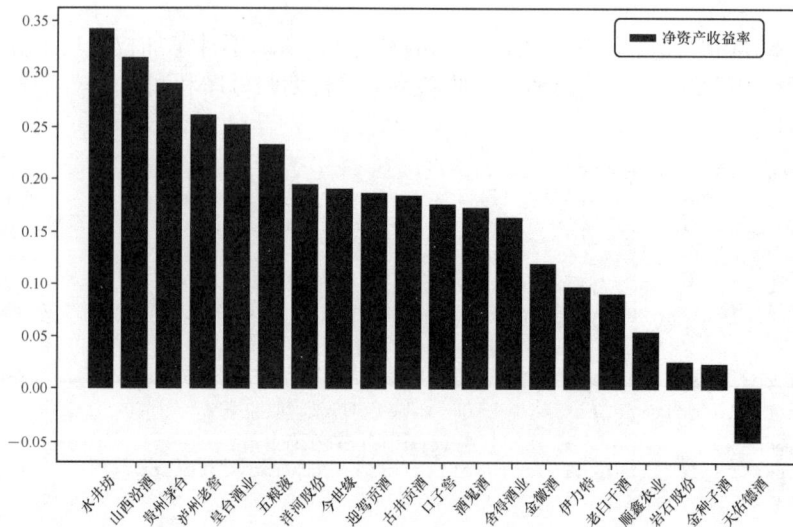

图 5-13

这样就能比较直观地看到贵州茅台在同行业中的表现了，可以看到水井坊位列第一，贵州茅台还是处于行业领先地位的（第三），而天佑德酒（原名：青青稞酒）是 2020 年唯一全面摊薄净资产收益率为负数的。

为了更专业地体现统计意义上的水平，对 table 表进行统计并可视化。

```
des_table = table.T.describe().T
des_table['贵州茅台'] = table['贵州茅台']
plt.bar(des_table.columns[1:],des_table.loc[0][1:],label='净资产收益率')
plt.legend(loc = 'upper left') # 设置图例位置在左上角
plt.show()
```

建立一张 des_table 表来储存结果，第 1 行代码有两个转置，有的读者可能会挠头质疑其必要性，其实是因为 Python 中的 describe()函数默认都是对列进行处理的，所以需要先转换再换回来。第 2 行代码用于把贵州茅台的值加入结果表中。输出如图 5-14 所示。

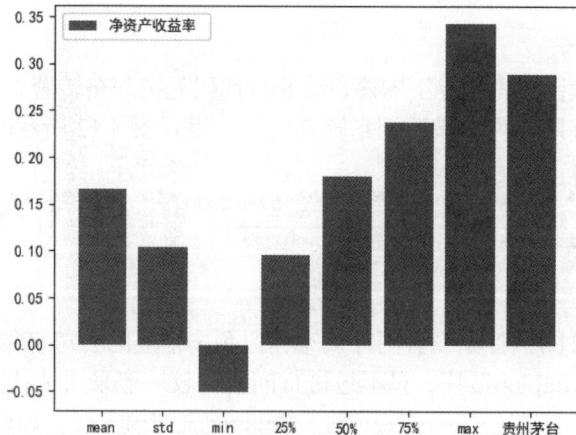

图 5-14

可以看到虽然与最大值有差距，但是也高于上四分位数，属于龙头企业了。

2．净利润率

同理，读者可以尝试理解如下代码：

```
table = pd.DataFrame(index = range(1))
for com in range(data.shape[0]):
table.loc[0,data.loc[com,'name']] = round(data.loc[com,'净利润(含少数股东损益) ']/
data.loc[com,'营业收入'],4)
    table = table.T.sort_values(0, ascending=False).T
    plt.figure(figsize=(10, 6))  # 设置图片大小
    plt.bar(table.columns,table.loc[0],label='销售净利率')
    plt.legend(loc = 'upper left') # 设置图例位置在左上角
    plt.xticks(range(len(table.columns)),table.columns,rotation=45)
    plt.show()
```

输出如图 5-15 所示。

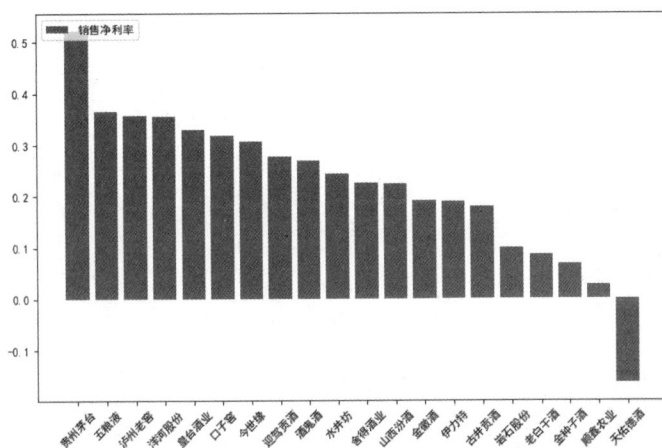

图 5-15

与净资产收益率相比，贵州茅台的净利润率在同业中的表现更加突出，再看看统计结果，如图 5-16 所示。

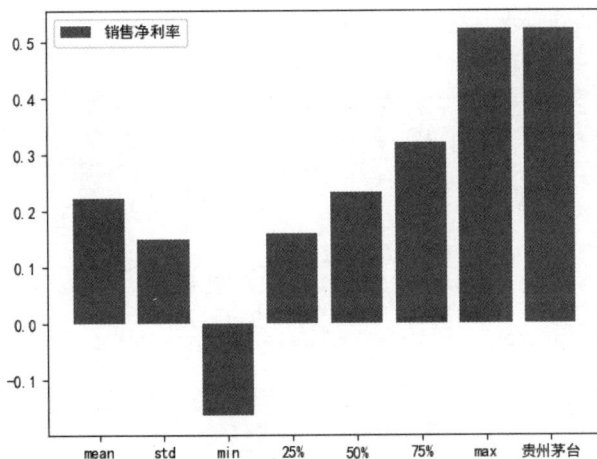

图 5-16

5.3.2 同业比较——其他能力比较

这一小节对运营能力、偿债能力、成长能力进行同业比较，汇总代码如下：

```
#第一部分：运营能力比较。选取存货周转率和总资产周转率两个指标比较运营能力
# 读取同行业股票代码
com_data=pd.read_excel('com_data.xlsx')
bj_com = com_data[com_data['industry'] == '白酒']
bj_list = bj_com['ts_code'].tolist()
#① 存货周转率
#在计算上，采用的方法和之前计算净利润率的也有所不同（因为存货周转率的分母用到了期初和期末的存货，
所以需要调取期初和期末的数据），代码如下
    table = pd.DataFrame(index = range(1))
    for com in bj_list:
        table.loc[0,data[data['TS 股票代码'] == com]['name']] = round(data[data[' TS 股
票代码'] == com]['减:营业成本']*2/(data[data[' TS 股票代码'] == com]['存货'] +
data_2019[data_2019[' TS 股票代码'] == com]['存货']),4).iloc[0]
    table = table.T.sort_values(0, ascending=False).T
    plt.figure(figsize=(10, 6))
    plt.bar(table.columns,table.loc[0],label='存货周转率')
    plt.legend(loc = 'upper left')
    plt.xticks(range(len(table.columns)),table.columns,rotation=45)
    plt.show()

#② 总资产周转率
    table = pd.DataFrame(index = range(1))
    for com in bj_list:
        table.loc[0,data[data['TS 股票代码'] == com]['name']] = round(data[data[' TS 股
票代码'] == com]['营业收入']*2/(data[data[' TS 股票代码'] == com]['资产总计'] +
data_2019[data_2019[' TS 股票代码'] == com]['资产总计']),4).iloc[0]
    table = table.T.sort_values(0, ascending=False).T
    plt.figure(figsize=(10, 6))
    plt.bar(table.columns,table.loc[0],label='总资产周转率')
    plt.legend(loc = 'upper left')
    plt.xticks(range(len(table.columns)),table.columns,rotation=45)
    plt.show()
```

```
#第二部分：偿债能力比较。选取流动比率和速动比率两个指标比较偿债能力，由于用到的数据是 2019 年的，
因此计算逻辑与盈利能力的相似，读者同样可以自行训练，并对照下述代码
#① 流动比率

    table = pd.DataFrame(index = range(1))
    for com in range(data.shape[0]):
        table.loc[0,data.loc[com,'name']] = round(data.loc[com,'流动资产合计']/data.loc[com,
'流动负债总额'],4)
    table = table.T.sort_values(0, ascending=False).T
    plt.figure(figsize=(10, 6))
    plt.bar(table.columns,table.loc[0],label='流动比率')
    plt.legend(loc = 'upper left')
    plt.xticks(range(len(table.columns)),table.columns,rotation=45)
    plt.show()

#② 速动比率
    table = pd.DataFrame(index = range(1))
    for com in range(data.shape[0]):
```

```
          table.loc[0,data.loc[com,'name']] = round((data.loc[com,'流动资产合计']-data.loc
[com, '存货'])/data.loc[com,'流动负债总额'],4)
    table = table.T.sort_values(0, ascending=False).T
    plt.figure(figsize=(10, 6))
    plt.bar(table.columns,table.loc[0],label='速动比率')
    plt.legend(loc = 'upper left')
    plt.xticks(range(len(table.columns)),table.columns,rotation=45)
    plt.show()

#第三部分: 成长能力比较。选取营收增长率和净利润增长率两个指标比较成长能力, 计算逻辑与运营能力的相似
#① 营收增长率
table = pd.DataFrame(index = range(1))
for com in bj_list:
    table.loc[0,data[data['TS 股票代码'] == com]['name']] = round((data[data['TS 股
票代码'] == com]['营业收入'] - data_2019[data_2019['TS 股票代码'] == com]['营业收入'])/data_
2019 [data_2019['TS 股票代码'] == com]['营业收入'],4).iloc[0]
    table = table.T.sort_values(0, ascending=False).T
    plt.figure(figsize=(10, 6))
    plt.bar(table.columns,table.loc[0],label='营收增长率')
    plt.legend(loc = 'upper left')
    plt.xticks(range(len(table.columns)),table.columns,rotation=45)
    plt.show()

#② 净利润增长率
table = pd.DataFrame(index = range(1))
for com in bj_list:
    table.loc[0,data[data[' TS 股票代码'] == com]['name']] = round((data[data[' TS
股票代码'] == com]['归母净利润'] - data_2019[data_2019[' TS 股票代码'] == com]['归母净利润'])
/data_2019[data_2019[' TS 股票代码'] == com]['归母净利润'],4).iloc[0]
    table = table.T.sort_values(0, ascending=False).T
    plt.figure(figsize=(10, 6))
    plt.bar(table.columns,table.loc[0],label='净利润增长率')
    plt.legend(loc = 'upper right')
    plt.xticks(range(len(table.columns)),table.columns,rotation=45)
    plt.show()
```

相关结果读者可以参考 5.3.1 小节，自行运行代码后查看分析。

本小节从数据读取、数据处理、可视化等方面简单介绍了如何利用 Python 实现简单的
财务同业比较，在同业比较中读者应重点注意可视化方式的选取（一般选用柱状图）、特
殊企业的影响（可以考虑剔除）以及统计量的选取（比如本章成长能力部分平均值不再奏
效，中位数更有意义）。

5.3.3 同业比较综合评分

与 5.2.4 小节相似，本小节也尝试对企业进行同业比较综合评分，以白酒行业为例，该
行业共有 20 家上市公司。

可以用这样的标准：该指标处于同业前 25%，打 100 分；该指标处于同业 50%～75%，
打 75 分；该指标处于同业 25%～50%，打 50 分；该指标在同业后 25%，打 0 分。

首先，读取提供的相关数据，计算这些公司的"财务比率表"中各个指标的 5 年均值，
并把所有同行业公司的数据保存在一张表格中，代码如下：

```
# 导入相关库
import pandas as pd
import numpy as np
import matplotlib.pyplot as plt
```

```
# 读取同行业股票代码
com_data=pd.read_excel('com_data2.xlsx')
bj_com = com_data[com_data['industry'] == '白酒']
bj_code = bj_com['ts_code'].tolist()
bj_name = bj_com['name'].tolist()

# 制作汇总表
ratio_ind = pd.DataFrame()
for name in bj_name:
    # 读取财务比率表数据, 对这部分内容不熟悉的读者可以复习 5.2 节
    df_ratio = pd.read_excel(name + '.xlsx', sheet_name='财务比率表')
    df_ratio = df_ratio.rename(columns={'Unnamed: 0': '报告期'})  # 第 1 列列名是
Unnamed:0, 这里换成报告期
    # print(df_ratio)
    df_ratio = df_ratio.set_index('报告期')
    # print(df_ratio)
    meanvalue = df_ratio.T.mean()  # 取多年的平均值
    df_ratio[name] = meanvalue
    ratio_ind = ratio_ind.append(df_ratio[[name]].T)
# ratio_ind['公司名称'] = bj_name
print(ratio_ind)
```

得到的同业数据表 ratio_ind 如图 5-17 所示（部分数据）。

公司名称	毛利率	营业利润率	净利润率	ROE	存货周转率	总资产周转率	应收账款周转率	流动比率	速动比率	利息保障倍数	营业收入增长率	营业利润增长率	净利润增长率
泸州老窖	0.751120	0.37176	0.281060	0.209680	0.961660	0.598340	1397.273160	3.006120	2.29958	35.206200	0.19512	0.32734	0.324760
古井贡酒	0.761620	0.23844	0.179680	0.193660	0.872480	0.751700	383.344460	2.175900	1.47434	33.239700	0.14746	0.23302	0.228240
酒鬼酒	0.776760	0.25474	0.200280	0.108700	0.311300	0.411540	359.837880	3.080280	1.84524	89.208680	0.25270	0.47174	0.419760
五粮液	0.729260	0.45126	0.340160	0.200660	0.942360	0.486500	375.795380	3.777860	3.19106	15.336960	0.21698	0.28214	0.270960
顺鑫农业	0.345960	0.06340	0.043660	0.076540	1.090380	0.672820	154.254940	1.627440	0.75134	-5.674080	0.10274	0.10650	0.092620
皇台酒业	0.539267	-0.54000	-0.715267	0.438167	0.274900	0.195750	11.785150	0.623967	0.15510	0.925967	0.29580	-28.30900	-45.199700

图 5-17

接下来计算每个指标的上四分位数、中位数和下四分位数，用 pandas 的 describe() 函数即可。

```
standard = ratio_ind.describe()
```

得到图 5-18 所示的评分标准表。

公司名称	毛利率	营业利润率	净利润率	ROE	存货周转率	总资产周转率	应收账款周转率	流动比率	速动比率	利息保障倍数	营业收入增长率	营业利润增长率	净利润增长率
count	20.000000	20.000000	20.000000	20.000000	20.000000	20.000000	20.000000	20.000000	20.000000	20.000000	20.000000	20.000000	20.000000
mean	0.647353	0.188786	0.072413	0.163122	104.932408	0.543648	inf	2.419943	1.499168	-101.530707	0.280705	-1.227359	-1.974303
std	0.154128	0.314779	0.446970	0.103770	466.181487	0.154292	NaN	0.780525	0.779377	1179.034830	0.619844	6.399430	10.203286
min	0.298760	-0.659180	-1.529680	0.000300	0.242800	0.195750	11.785150	0.623967	0.155100	-4860.728080	-0.093400	-28.309000	-45.199700
25%	0.598332	0.092260	0.070180	0.106780	0.463656	0.456235	88.221065	1.872100	0.859450	10.163547	0.075220	0.098170	0.088025
50%	0.696480	0.241090	0.183300	0.181600	0.709820	0.522500	315.832390	2.497300	1.391220	38.707950	0.156660	0.187040	0.209700
75%	0.742555	0.379515	0.286385	0.215355	0.969315	0.616960	857.564921	3.017075	2.035480	98.909455	0.246775	0.293440	0.408255
max	0.909760	0.676720	0.501960	0.438167	2085.517600	0.795775	inf	3.777860	3.191060	1674.656380	2.858750	1.529040	2.610420

图 5-18

接下来便是评分操作，其核心逻辑就是本小节开头提到的打分逻辑，代码如下：

```
score_sheet = ratio_ind.T
standard = ratio_ind.describe()

for i in range(len(ratio_ind)):
    scores = []
    for j in range(len(ratio_ind.T)):
        if np.isinf(ratio_ind.iloc[i, j]) == True:
            n = 100
        elif ratio_ind.iloc[i, j] > standard.loc['75%'][j]:
            n = 100
        elif standard.loc['50%'][j] < ratio_ind.iloc[i, j] <= standard.loc['75%'][j]:
            n = 75
        elif standard.loc['25%'][j] < ratio_ind.iloc[i, j] <= standard.loc['50%'][j]:
            n = 50
        else:
            n = 25
        scores.append(n)
    score_sheet[bj_name[i]] = scores
ty_score = round(score_sheet.mean(), 2)
score_sheet = score_sheet.T
score_sheet['同业评分'] = ty_score
score_sheet = score_sheet.sort_values(by='同业评分', ascending=False)
score_sheet.to_excel('同业评分表.xlsx')
print(score_sheet)
```

得到的同业评分表如图 5-19 所示（按总评分从高到低排列）。

公司名称	毛利率	营业利润率	净利润率	ROE	存货周转率	总资产周转率	应收账款周转率	流动比率	速动比率	利息保障倍数	营业收入增长率	营业利润增长率	净利润增长率	同业评分
贵州茅台	100	100	100	100	25	50	100	100	100	100	75	75	75	84.62
泸州老窖	100	75	75	75	75	75	100	75	100	50	75	100	75	80.77
山西汾酒	75	75	50	100	75	100	100	25	50	75	100	100	100	78.85
五粮液	75	100	100	75	75	50	75	100	100	50	75	75	75	78.85
酒鬼酒	100	75	75	50	25	25	75	100	75	75	100	100	100	75.00
水井坊	100	50	75	100	25	100	50	50	50	75	100	100	100	75.00
口子窖	75	100	100	75	50	50	75	75	75	100	50	50	50	71.15
今世缘	75	100	100	75	50	50	50	75	75	75	75	75	50	71.15
古井贡酒	100	50	50	75	75	100	75	50	75	50	50	75	75	69.23
洋河股份	50	100	100	100	50	50	100	50	50	100	25	25	25	63.46
伊力特	25	75	75	50	100	75	50	100	100	50	25	25	25	59.62
岩石股份	25	25	25	25	100	75	75	75	100	75	100	25	25	57.69
金徽酒	50	50	50	50	100	75	50	50	25	100	50	50	50	57.69
迎驾贡酒	50	75	75	50	50	75	25	50	50	100	25	50	50	55.77
老白干酒	50	50	50	25	75	100	100	25	25	25	50	75	75	55.77
舍得酒业	75	50	50	50	25	25	25	25	25	25	75	100	100	50.00
金种子酒	25	25	25	25	100	25	25	75	75	25	25	50	100	46.15
顺鑫农业	25	25	25	25	100	100	50	25	25	25	50	50	50	44.23
天佑德酒	50	25	25	25	50	25	25	100	50	50	25	25	25	38.46
皇台酒业	25	25	25	100	25	25	25	25	25	25	100	25	25	36.54

图 5-19

感兴趣的读者可以顺着这个表格查看 2021 年白酒行业各公司的表现，总的来说本小节的基本面分析成果还是可以的，贵州茅台名列第一，泸州老窖位居第二位。

最后，希望读者能自己尝试更多的分析方法，只有在独立尝试和实践之中才能得到真正的提升，在这里也希望读者遇到报错等情况时不要气馁，这是使用 Python 的必经之路，也是通往成功的阶梯。

5.4 综合打分筛选优质上市公司

经过前文的学习，已经初步掌握了利用 Python 对上市公司进行批量分析的操作。本节将把前面的各种分析结合，全面地对上市公司进行评价，从而实现批量筛选优质上市公司或者对所有上市公司进行综合评分的操作。

在趋势分析和同业比较部分，分别对上市公司进行了趋势分析综合评分和同业比较综合评分，本节将结合这两种分析，同时结合现金流量分析的分析方式，对白酒行业所有上市公司进行综合评价，并挑选出该行业的优质公司。其实就是将前几节分散的知识点有机地结合起来，也正因如此，一些具体细节本节就不再重复，只重点说明分析架构。

5.4.1 指标体系

认真阅读过前几节的读者肯定记得，这几节进行评分时用到的指标其实都差不多，无非是从 4 个角度，即盈利能力、运营能力、偿债能力和成长能力的角度选取一些经典的指标。下面简单回顾一下。

盈利能力：毛利率、营业利润率、净利润率、净资产收益率。

运营能力：存货周转率、总资产周转率、应收账款周转率。

偿债能力：流动比率、速动比率、利息保障倍数。

成长能力：营业收入增长率、营业利润增长率、净利润增长率。

这样一来，就建立起了一个相对完善、全面的指标体系，而要进行打分，还需要关注的另一个问题是以什么标准衡量。

5.4.2 标准维度

5.2 节、5.3 节是在趋势维度上打分，相当于自己跟自己的历史比；同时在行业维度上打分，相当于自己跟同行业比。

所以，本节将融合财务比率的趋势分析和同业比较进行评分。有的读者可能会问，现金流指标也可以按照趋势打分吗？其实只要简单想一想，这完全是可以的，只要注意某个指标是逐年上升更好还是逐年下降更好即可。

按照趋势分析和同业比较对公司评价的重要程度，可以为这两个维度赋予不同的权重。本书以趋势分析占 40%、同业比较占 60% 的方式分配权重，即认为同业比较相对更重要。与 5.2 节、5.3 节一样，这里的权重没有对错之分，完全是评分者根据自己的经验和对行业的理解确定的，读者也可以尝试自定义权重。

5.4.3 案例实战

接下来就是具体的代码实现过程，其实就是对之前的代码做一些改动。这部分以 2020年为基点生成一个评分表。

```
# 读取同行业股票代码
com_data = pd.read_excel('com_data.xlsx')
bj_com = com_data[com_data['industry'] == '白酒']
bj_code = bj_com['ts_code'].tolist()
bj_name = bj_com['name'].tolist()

# 首先创建一个设置好行索引的空表
```

```
score_sheet_trend = pd.read_excel('贵州茅台' + '.xlsx', sheet_name='财务比率表').rename(
    columns={'Unnamed: 0': '公司名称'}).set_index('公司名称').iloc[:, 0:0]

# 趋势评分
score_sheet_trend = pd.read_excel('贵州茅台' + '.xlsx', sheet_name='财务比率表').rename(
    columns={'Unnamed: 0': '公司名称'}).set_index('公司名称').iloc[:, 0:0]
for comp in bj_name:
    # 读取财务比率表数据
    df_ratio = pd.read_excel(comp + '.xlsx', sheet_name='财务比率表')
    df_ratio = df_ratio.rename(columns={'Unnamed: 0': '公司名称'})  # 第1列列名是Unnamed:0,
这里换成“公司名称”
    df_ratio = df_ratio.set_index('公司名称')
    data = df_ratio.T
    # 进行评分
    scores = []
    for i in range(len(data.T)):
        n = 0
        for j in range(len(data) - 1):
            if np.isinf(data.iloc[j, i]) == True:
                n = n + 1
            elif data.iloc[j, i] > data.iloc[j + 1, i]:
                n = n + 1
        # 将分数标准化为100分
        n = n / (len(data) - 1) * 100
        scores.append(n)
    score_sheet_trend[comp] = scores
score_sheet_trend = score_sheet_trend.T
trend_scores = round(score_sheet_trend.T.mean(), 2)
score_sheet_trend['趋势评分'] = trend_scores
print(score_sheet_trend)
```

将得到的趋势评分表命名为 score_sheet_trend。

接着进行同业评分，具体细节讲解见 5.3.3 小节同业比较综合评分，代码如下：

```
# 同业评分
ratio_ind = pd.DataFrame()
for name in bj_name:
# 读取财务比率表数据
df_ratio = pd.read_excel(name + '.xlsx', sheet_name='财务比率表')
df_ratio = df_ratio.rename(
    columns={'Unnamed: 0': '公司名称'})  # 第1列列名是Unnamed:0,这里换成“公司名称”
    df_ratio = df_ratio.set_index('公司名称')
    meanvalue = df_ratio.T.mean()
    df_ratio[name] = meanvalue
    ratio_ind = ratio_ind.append(df_ratio[[name]].T)
score_sheet = ratio_ind.T
standard = ratio_ind.describe()
for i in range(len(ratio_ind)):
    scores = []
    for j in range(len(ratio_ind.T)):
        if np.isinf(ratio_ind.iloc[i, j]) == True:
            n = 100
        elif ratio_ind.iloc[i, j] > standard.loc['75%'][j]:
            n = 100
        elif standard.loc['50%'][j] < ratio_ind.iloc[i, j] <= standard.loc['75%'][j]:
            n = 75
        elif standard.loc['25%'][j] < ratio_ind.iloc[i, j] <= standard.loc['50%'][j]:
```

```
            n = 50
        else:
            n = 25
        scores.append(n)
    score_sheet[bj_name[i]] = scores
ty_score = round(score_sheet.mean(), 2)
score_sheet_ty = score_sheet.T
score_sheet_ty['同业评分'] = ty_score
print(score_sheet_ty)
```

将得到的同业评分表命名为 score_sheet_ty。

最后，需要把两张表拼合，并且按照权重计算综合评分。

```
score_sheet = score_sheet_trend.join(score_sheet_ty, lsuffix='(趋势评分)',
rsuffix='(同业评分))')
score_sheet['综合评分']=0.4*score_sheet['趋势评分']+0.6*score_sheet['同业评分']
score_sheet = score_sheet.sort_values(by='综合评分',ascending=False)
score_sheet.to_excel('综合评分表.xlsx')
```

得到的按综合评分排序的综合评分表如图 5-20 所示。

公司名称	趋势评分	同业评分	综合评分
贵州茅台	66.18	82.35	75.882
五粮液	58.82	83.82	73.820
酒鬼酒	70.59	73.53	72.354
泸州老窖	51.47	82.35	69.998
山西汾酒	63.24	72.06	68.532
水井坊	51.47	76.47	66.470
古井贡酒	61.76	67.65	65.294
今世缘	57.35	67.65	63.530
伊力特	50.00	67.65	60.590
老白干酒	51.47	64.71	59.414
口子窖	54.41	60.29	57.938
舍得酒业	55.88	57.35	56.762
顺鑫农业	54.41	57.35	56.174
洋河股份	55.88	54.41	54.998
金种子酒	51.47	55.88	54.116
岩石股份	50.00	55.88	53.528
金徽酒	42.65	57.35	51.470
迎驾贡酒	45.59	51.47	49.118
皇台酒业	55.88	42.65	47.942
天佑德酒	35.29	45.59	41.470

图 5-20

可以看到 2020 年贵州茅台跃居第一，五粮液第二，皇台酒业也脱离了倒数第一，将这个"宝座"让给了天佑德酒（原名：青青稞酒）。

如图 5-21 所示，从股价来看，贵州茅台 2020 年的涨势确实也还可以。

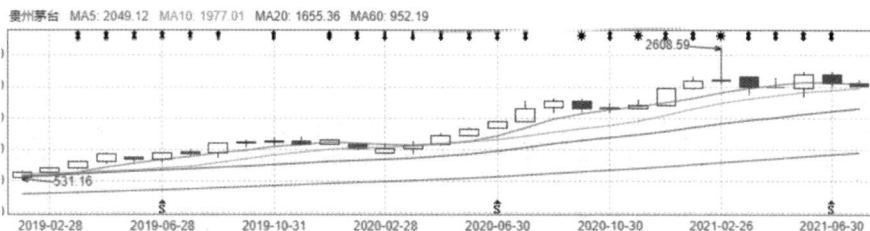

图 5-21

总之，本节其实没有新内容，但不可或缺，可以说前几节都是在为本节做准备，如果读者能充分吸收、理解前几节的内容，相信本节可以一气呵成。至此，就可以利用 Python 对上市公司进行相对系统、全面的基本面分析了。

当然，本书所构建的指标体系和标准维度也并非标准答案，很多地方都需要专业经验指引，现实中往往需要根据现实情况（行业特殊性、环境特殊性等）调整其中的细节参数，或者利用机器学习方法让算法代替我们学习其中的逻辑。

本书也只是为读者介绍基本的思考方法，旨在激发读者思考评价一个公司的方法论，前路漫漫，希望读者可以不懈求索。

课后习题

一、单选题

1. 以下属于常见的趋势分析的是（   ）。
A. 盈利能力　　　　　B. 运营能力　　　C. 成长能力　　　　　D. 以上都是
2. 财务同业比较中，进行净资产收益率分析时，推荐采用的净资产收益率计算方式为（   ）。
A. 平均净资产收益率　　　　　　　　B. 上期净资产收益率
C. 全面摊薄净资产收益率　　　　　　D. 加权平均净资产收益率

二、多选题

1. 使用 Python 进行静态分析可以分析（   ）。
A. 盈利能力　　　　　B. 运营能力　　　C. 偿债能力　　　　　D. 成长能力
2. 以下属于成长能力指标的选项是（   ）。
A. 营收增长率　　　　B. 流动比率　　　C. 营业利润增长率　　D. 总资产周转率

三、判断题

1. 反映企业盈利能力的指标，包括毛利率、净利润率、营业利润率和净资产收益率。（   ）
2. 利息保障倍数越大，说明企业支付利息费用的能力越弱。（   ）
3. 进行趋势分析综合评分时，必须给每项指标相同的权重。（   ）
4. 对于不同行业，使用同一套分析体系均可以获得准确结果。（   ）

## 第 6 章

Word 操作自动化——自动生成财务分析 Word 报告

本章将讲解利用 Python 操作 Word 的一些基础知识点，包括 Word 内容的读写、格式的设计、段落的设计、图表及图片的设计等内容，主要是为之后的更多的案例实战做铺垫，需要读者打好基础。在完成基础内容后，本章结合两个实战案例，对于利用 Python 操作 Word 的各种基本方法进行综合运用，让读者体会如何将理论知识与日常实际需求相结合。

6.1 Python + Word 基础

这一节首先讲解利用 Python 创建 Word 的相关库的知识，包括 python-docx 库的安装以及 python-docx 库的基础知识，为之后的学习进阶知识以及实战做准备。

6.1.1 python-docx 库的安装

要想让 Python 能够操控 Word，首先要安装 python-docx 库。这里推荐采用 pip 安装法，通过 Win + R 快捷键调出运行框，输入 cmd 后单击"确定"按钮，如图 6-1 所示，在弹出的窗口中输入 pip install python-docx 后按 Enter 键即可安装。

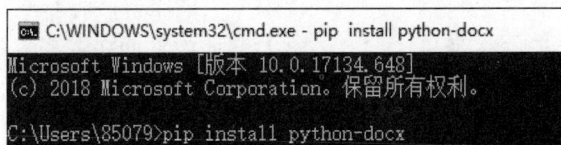

```
C:\WINDOWS\system32\cmd.exe - pip install python-docx

Microsoft Windows [版本 10.0.17134.648]
(c) 2018 Microsoft Corporation。保留所有权利。

C:\Users\85079>pip install python-docx
```

图 6-1

其实 python-docx 库有一个官方说明文档，为全英文文档（如果需要可以在谷歌浏览器窗口中右击，在弹出的快捷菜单中执行"翻译中文（简体）"命令将英文翻译成中文）。官方说明文档内容很全面，缺点就是内容很多，有的时候所需要的知识点不太容易找到，以及目前没有中文官方说明文档，所以很多和中文相关的内容比较难以处理，比如说设置中文字体就需要一些小技巧，本章便主要讲解一些常用知识点以及对于中文的处理技巧。

6.1.2 python-docx 库的初步介绍

安装完 python-docx 库之后，用如下代码来熟悉其使用效果，其中的文本内容取自武汉大学的三行情书比赛获奖作品，注意其中的保存文件夹要提前创建。

```python
import docx # 导入 python-docx 库
file = docx.Document() # 在后台创建一个 Word 文档
```

```
# 写入若干段落
file.add_paragraph('螃蟹在剥我的壳, 笔记本在写我')
file.add_paragraph('漫天的我落在枫叶上雪花上')
file.add_paragraph('而你在想我')

# 保存, 得先创建保存文件夹, 且 Word 文档不要处于打开状态
file.save('三行情书.docx')  # 相对路径, 即保存在代码所在文件夹
print('Word 生成完毕! ')
```

首先通过 import docx 命令导入 python-docx 库; 其次利用 file=docx.Document()在后台创建一个 Word 文档, 并赋值给 file; 下面通过 file.add_paragraph()方法来添加段落, 其中 paragraph 的中文意思就是段落; 最后通过 file.save()方法进行文件命名及保存, 这里使用的是相对路径, 即 Word 文档会被保存在代码所在文件夹。如果使用绝对路径, 则需提前创建好相关文件夹（关于相对路径和绝对路径的相关知识点可以参考 3.2.2 小节补充知识点）。

如图 6-2 所示, 此时设置的文件夹里已经自动生成了一个 Word 文档, 里面的内容即三行情书内容, 此时的字体还有待完善, 关于字体的设置将在 6.2 节进行讲解。

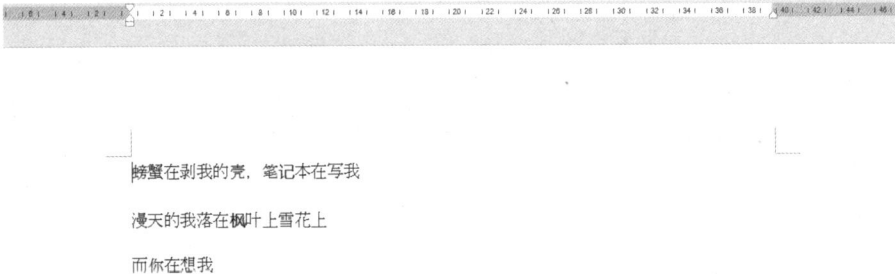

螃蟹在剥我的壳, 笔记本在写我

漫天的我落在枫叶上雪花上

而你在想我

图 6-2

初步了解 python-docx 库的基本内容后, 下面所需要做的就是丰富这个 Word 文档中的内容, 比如添加标题, 设置字体, 添加表格、图片, 设置表格及段落格式等。

6.1.3 python-docx 库的基础知识

这里首先来讲解 python-docx 库的一些基础知识, 为之后的进阶内容打好基础。
（1）创建及保存 Word 文档
通过 docx.Document()方法就能创建一个 Word 文档。

```
import docx
file = docx.Document()
```

通过上面两行代码就可以在计算机后台轻松创建一个 Word 文档。采用这样的方法可以创建一个新的 Word 文档, 如果想打开已经存在的 Word 文档, 只要在方法的括号里写入 Word 文档路径即可, 代码如下:

```
import docx
file = docx.Document('三行情书.docx')
```

这样就可以打开已有的 Word 文档, 并在其中进行操作。这个操作有的时候很有用, 比如有的时候需要为 Word 文档添加页眉页脚, 而目前 python-docx 库设置页眉页脚比较麻烦（将在 Python + Word 进阶篇讲）, 这时就可以先创建一个 Word 文档, 把页眉页脚设置

好然后用 docx.Document()方法打开它进行操作。

通过 save()方法可以进行文档保存及命名。

```
file.save('三行情书 2.docx')
print('三行情书 2 生成完毕')
```

这样就能在设置的文件夹里看到生成的 Word 文档了。其中有一个要注意的点，保存文件的文件夹一定要提前存在，否则会报错。如果该 Word 文档已经存在，则会用新的 Word 文档把旧的 Word 文档替代。还有一个重要的点，如果旧的 Word 文档已经存在，那么在执行程序的时候不要打开它，不然程序无法用新的 Word 文档去替代旧的 Word 文档。

（2）添加标题

通过 add_heading()方法能添加标题。

```
file.add_heading('三行情书 2', level=0)
```

其中 level=0，表示标题级别为 0，字体较大。不过不推荐采用该方式添加标题，因为它默认会为标题加下画线，可以用下面讲的添加段落的方式来添加标题。

（3）添加段落文字

通过 add_paragraph()方法可以添加段落。

```
file.add_paragraph('我喜欢你')
file.add_paragraph('上一句话是假的')
file.add_paragraph('上一句话也是假的')
```

6.2 节将讲解如何设置段间距、行间距及首行缩进等内容。

（4）添加图片

通过 add_picture()方法能添加图片。

```
file.add_picture('三行情书.jpg')
```

这个图片的大小是默认的，6.2 节将介绍如何设置图片样式。

（5）添加分页符

通过 add_page_break()方法可以添加分页符。

```
file.add_page_break()
```

通过这个方法能实现自动分页，之后的内容将从新的一页开始。

（6）添加表格

通过 add_table()方法可以添加表格。

```
table = file.add_table(rows=1, cols=3)
table.cell(0,0).text = '克制'  #第 1 行第 1 列
table.cell(0,1).text = '再克制'  #第 1 行第 2 列
table.cell(0,2).text = '在吗'  #第 1 行第 3 列
```

其中，cell(a,b)表示表格的单元格，a 表示第几行，b 表示第几列，有个需注意的点，在编程中，序号都是从 0 开始的，所以 cell(0,0)表示的是第 1 行第 1 列。默认的表格没有边框，6.2 节将讲解如何设置表格样式。

（7）读取 Word 文档

我们不仅可以通过 Python 创建 Word 文档，还可以利用 Python 来读取 Word 文档，其方法和打开 Word 文档的类似，代码如下：

```
file = docx.Document('三行情书.docx')  # 打开文件
```

```
for paragraph in file.paragraphs:
    print(paragraph.text)  # 输出各段落内容文本
```

其中，第 2 行代码的作用就是通过 for 循环就可以输出该 Word 文档里的所有段落，注意输出的时候 paragraph.text 才是它的文本内容，不要简单地写成 paragraph。

这里可以通过字符串拼接的方式来汇总内容，代码如下：

```
file = docx.Document('三行情书.docx')  # 打开文件
a = ''  # 创建一个空字符串来存储每一段内容
for paragraph in file.paragraphs:
    print(paragraph.text)  # 输出各段落内容文本，注意不要忘写.text
    a = a + ', ' + paragraph.text  # 通过字符串拼接汇总内容（通过逗号连接）

print(a)
```

此外还可以通过创建一个空列表并利用**列表名.append(新元素)**的方法把它们放置到一个列表里，然后通过**'连接符'.join(列表名)**的方法把列表转换成字符串，之后便可以根据相应的需求来进行进一步分析，代码如下：

```
file = docx.Document('三行情书.docx')  # 打开文件
content = []  # 创建一个空列表用来存储每一段内容
for paragraph in file.paragraphs:
    print(paragraph.text)  # 输出各段落内容文本，注意不要忘写.text
    content.append(paragraph.text)

content = ' '.join(content)  # 这里利用空格连接每一个列表元素
print(content)
```

所有代码的汇总如下，注意第④部分的图片路径需要自己定义，以及最后图片保存的文件夹得提前创建好。

```
# ① 创建 Word 对象
import docx
file = docx.Document()

# ② 添加标题
file.add_heading('三行情书 2', level=0)

# ③ 添加段落文字
file.add_paragraph('我喜欢你')
file.add_paragraph('上一句话是假的')
file.add_paragraph('上一句话也是假的')

# ④ 添加图片
file.add_picture('三行情书.jpg')  # 需要设置一个图片地址

# ⑤ 添加分页符
file.add_page_break()

# ⑥ 添加表格
table = file.add_table(rows=1, cols=3)
table.cell(0,0).text = '克制'  #第 1 行第 1 列
table.cell(0,1).text = '再克制'  #第 1 行第 2 列
table.cell(0,2).text = '"在吗"'  #第 1 行第 3 列

# ⑦ 文档保存
```

```
file.save('三行情书2.docx')
print('三行情书2生成完毕')
```

运行结果如图6-3所示。

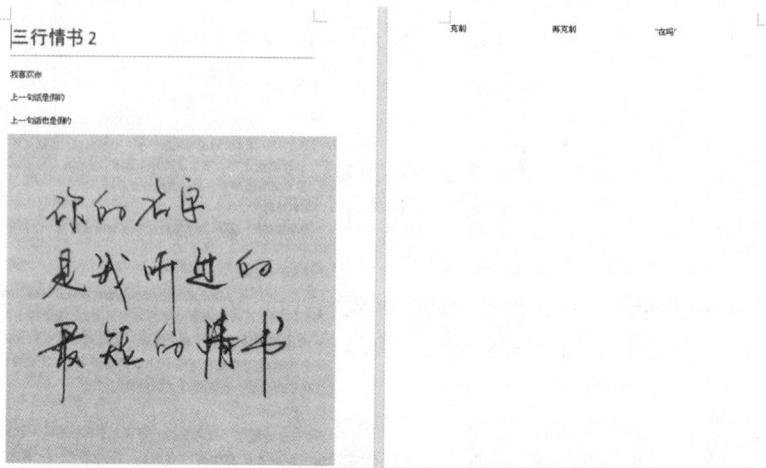

图 6-3

可以看到其中的中文字体、图片和表格样式都有改善空间，6.2节便来讲解如何完善这些细节。

6.2 Python + Word 进阶

6.1节是python-docx库的基础知识，学完之后要求读者能完成Word文档的基本操作，不过界面还不是特别美观，比如字体、段落、表格、图片等都还有待完善。这一节其实就是讲解在实战中经常用到的一些知识点，作为对6.1节的补充与完善。

6.2.1 设置中文字体

设置中文字体是利用Python操控Word文档的一个重点也是一个难点，代码如下：

```
from docx.oxml.ns import qn
file.styles['Normal'].font.name = u'微软雅黑'  # 可换成Word里面的任意字体
file.styles['Normal']._element.rPr.rFonts.set(qn('w:eastAsia'), u'微软雅黑')  # 记得填字体名称
```

具体使用方法是：把这几行代码直接写在程序的最上面。代码如下：

```
import docx
from docx.oxml.ns import qn
file = docx.Document()
file.styles['Normal'].font.name = u'微软雅黑'  # 可换成Word里面的任意字体
file.styles['Normal']._element.rPr.rFonts.set(qn('w:eastAsia'), u'微软雅黑')  # 记得填字体名称
```

如果想换成其他中文字体，只要把上面代码中的"微软雅黑"改成别的字体名称即可。

6.2.2 在段落中新增文字

有时需要在原有段落中新增文字，这时需要对之前添加段落的代码进行修改，代

码如下：

```
p = file.add_paragraph()
p.add_run('我喜欢你')
```

这和单独写 file.add_paragraph('我喜欢你')的结果是一样的，不过它的意义不太一样，之前讲过 file.add_paragraph('我喜欢你')生成的是一个段落，那么"我喜欢你" 4 个字虽短，却也是个段落，如果要在这个段落里再添加内容，比如在"你"字后面再加"的眼"，通过 add_paragraph()方法只能新建一个段落，就没有办法在"你"字后面增加内容了。比如执行如下代码：

```
file.add_paragraph('我喜欢你')
file.add_paragraph('的眼')
```

生成的就是如下结果。

我喜欢你
的眼

而通过 add_run()方法则可以在一个段落后面再新增内容，代码如下：

```
p = file.add_paragraph()
p.add_run('我喜欢你')
p.add_run('的眼')
```

这样生成的结果就是一段内容，而不是两个段落内容了：

我喜欢你的眼

补充知识点：paragraph 和 run 的深入理解

其实 paragraph 和 run 有图 6-4 所示的层级关系。其中，图 6-4 最左侧的 document 指 Word 应用程序，paragraph 是段落的意思，run 可以简单理解为段落里的语句，run 可以是段落里的一句话，也可以是多句话，通常来说格式相同的语句属于同一个 run，文字的字体、大小、下画线等信息都包含在 run 对象中。

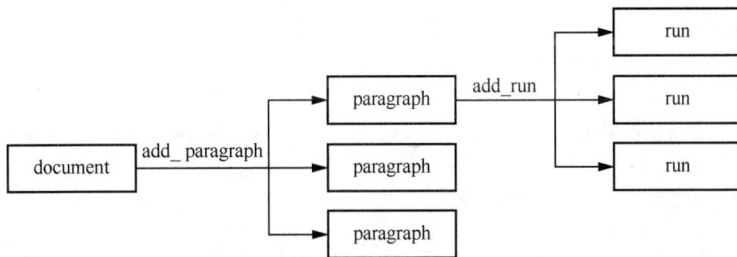

图 6-4

下面通过图 6-5 所示文本来举个例子，图 6-5 中有两个段落，每个段落里都有多个 run，以第一个段落为例，其中前两句话格式明显不同，因此它们就是两个不同的 run，通常一个 run 里的文字格式都是一致的（正如前文所说：文字的字体、大小、下画线等信息都包含在 run 对象中）。

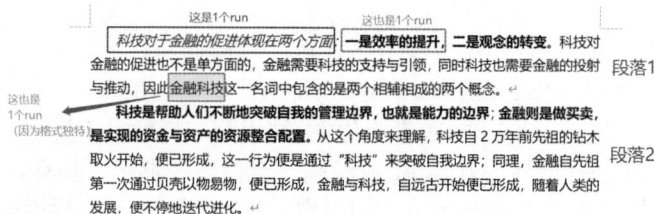

图 6-5

下面通过代码来简单演示，其中 Word 文档名称为“测试文档.docx”，Word 文档里的内容就是图 6-5 所示的两段话，完整代码如下：

```
Import docx
# 打开测试 Word 文档
file = docx.Document('测试文档.docx')
# 获取文档中的第一个段落
par0 = file.paragraphs[0]
# 获取段落的 run 对象列表（也就是段落里的所有语句），感兴趣的读者也可用 for 循环遍历该列表查看
runs = par0.runs
# 获取第一个 run 对象，注意 Python 中序号从 0 开始
run_0 = runs[0]
print(run_0.text)  # 获取 run 对象文字信息
```

输出结果如下，可以看到第一个 run 的确就是图 6-5 中的第一句话。

科技对于金融的促进体现在两个方面

为了加深理解，可以遍历上面获取到的 run 对象列表，代码如下：

```
for i in runs:
    print(i.text)
```

获取结果如下，其中一行就是一个 run 的文本内容。

科技对于金融的促进体现在两个方面
：
一是效率的提升，
二
是观念的转变
。科技对金融的促进也不是单方面的，金融需要科技的支持与引领，同时科技也需要金融的投射与推动，因此金融科技
这一名词中包含的是两个相辅相成的两个概念。

可以看到这个 run 的划分是有一定的规律的，通常格式相同的会被划分为 1 个 run，不过也不绝对，例如第 4 行的“二”和第 5 行的“是观念的转变”的格式是一样的，但是 Python 识别的时候还是认为它们是 2 个不同的 run（可能是因为这个是人手动创建的 Word 文档，有底层的格式区别），这个无须深究，这里举这个例子主要为了让大家了解 paragraph 和 run 的含义，如果是通过 Python 创建 Word 文档，可以通过 run 指定段落里不同文字的格式，这些内容 6.2.3 小节会讲解。

此外，paragraph.text() 方法也是通过 run 对象的方法获取到文字信息，paragraph.text() 方法源代码如下所示（简单了解即可）。

```
def text(self):
    text = ''
        for run in self.runs:
```

```
        text += run.text
    return text
```

6.2.3 设置字体大小及颜色

除了可以在段落后新增内容外，通过 add_run()还可以设置字体的大小和颜色等属性。这里把 p.add_run('我喜欢你')赋值给一个叫作 run 的变量，然后利用 run.font 调用它的字体属性，其中 font 的中文翻译就是字体，代码如下：

```
p = file.add_paragraph()
run = p.add_run('我喜欢你')
font = run.font # 调用 font 属性
```

这个 run 大家可以理解为段落里的文字，只有段落里的文字可以设置字体属性，单纯的段落是没有办法设置字体的，所以不能直接写 font = p.font。之后就可以修改字体 font 的属性了，比如修改它的大小，代码如下：

```
from docx.shared import Pt
font.size = Pt(26)
```

首先得从 python-docx 库里导入 Pt 功能，然后利用 font.size 进行字体大小设置。其中，这个 Pt 括号里的数字就表示字体的大小，单位为"磅"，美国人习惯用"磅"作为文字大小的计量单位，而中国人则习惯用字号作为文字大小的计量单位。其对应关系如表 6-1 所示。

表 6-1

字号	英文字号（磅）	英寸
初号	42	0.58
小初	36	0.5
一号	26	0.36
小一	24	0.33
二号	22	0.31
小二	18	0.25
三号	16	0.22
小三	15	0.21
四号	14	0.19
小四	12	0.16
五号	10.5	0.15

也可以设置字体颜色，不过设置字体颜色需要先从 python-docx 库中导入字体颜色的功能，代码如下：

```
from docx.shared import RGBColor
font.color.rgb = RGBColor(54,95,145)
```

其中，这个 RGB 是颜色的一种表现形式，这里的(54,95,145)表示的就是蓝色，如果想查看更多颜色的 RGB 表现形式，可以去网上搜索"颜色 RGB 对照表"，便可找到很多 RGB 颜色对照的网址。

除了字体大小和颜色之外，还可以设置字体粗体、斜体与下画线，代码如下：

```
#设置为斜体
font.italic = True
```

```
#设置下画线
font.underline = True
#设置粗体
font.bold = True
```

6.2.4 设置段落样式：对齐方式、首行缩进、行间距、段间距、段落序号

有时需要设置段落的对齐方式、首行缩进、行间距、段间距及段落序号等，这一小节就来详细讲解如何设置段落样式。

首先来看**对齐方式**，先设置文本居中对齐。

```
from docx.enum.text import WD_ALIGN_PARAGRAPH
p = file.add_paragraph()
p.paragraph_format.alignment = WD_ALIGN_PARAGRAPH.CENTER
p.add_run('而你在想我')
```

首先需要导入 WD_ALIGN_PARAGRAPH 功能，导入方式如上面代码所示，然后就可以利用 p.paragraph_format.alignment 的功能进行居中对齐的设置了。

除了居中对齐外，还可以设置别的对齐方式，对应代码如表 6-2 所示。

表 6-2

对齐方式	对应代码
居中对齐	WD_ALIGN_PARAGRAPH.CENTER
左对齐	WD_ALIGN_PARAGRAPH.LEFT
右对齐	WD_ALIGN_PARAGRAPH.RIGHT
两端对齐	WD_ALIGN_PARAGRAPH.JUSTIFY

除了设置对齐方式外，还可以设置**首行缩进**，代码如下：

```
from docx.shared import Inches
p = file.add_paragraph()
p.paragraph_format.first_line_indent = Inches(0.32)
p.add_run('设置首行缩进示例文字')
```

首先需要导入 Inches 功能，然后就可以利用 p.paragraph_format.first_line_indent 功能进行首行缩进的设置了。第 3 行代码中 Inches 括号里面的数字的单位是英寸。

对于小四号字体，6.2.3 小节提供过一个字号与磅和英寸的对应表格，其中小四号字体对应 0.16 英寸，而缩进一般是两个字符长度，所以选择 0.32 英寸的首行缩进比较合适，也可以对其进行适当的微调。对于别的字号的字体，可以参照小四号字体的首行缩进方式进行设置。

如果需要设置**行间距**与**段间距**，可以按照如下代码进行设置。

```
from docx.shared import Pt
p = file.add_paragraph()
p.paragraph_format.line_spacing = Pt(16) # 行间距，16磅对应三号字体
p.add_run('设置行间距示例文字')
```

对于段间距，其设置方式与行间距的类似，代码如下：

```
from docx.shared import Pt
p = file.add_paragraph()
p.paragraph_format.space_before = Pt(14) # 段前距，14磅对应四号字体
p.paragraph_format.space_after = Pt(14) # 段后距
```

```
p.add_run('设置段前段后距示例文字')
```

还可以利用 Python 来设置**段落序号**，这个用得相对较少，只需要再添加一个 style='序号格式'，其中 List Bullet 为点序号，List Number 为数字序号，代码如下：

```
file.add_paragraph('点序号示例文字', style='List Bullet')
file.add_paragraph('数字序号示例文字', style='List Number')
```

读者可以把上述代码依次放到 Python 中看看效果，然后打开生成的 Word 文档，在其中右击，在弹出的快捷菜单中选择"段落"进行查看。完整代码如下：

```
import docx # 下面的 import 代码其实都可以写到这个 import 下面
file = docx.Document()

# ① 设置中文字体
from docx.oxml.ns import qn
file.styles['Normal'].font.name = u'微软雅黑' # 可换成 Word 里面的任意字体
file.styles['Normal']._element.rPr.rFonts.set(qn('w:eastAsia'), u'微软雅黑') # 记得
填字体名称

# 写入若干段落
# ② 设置字体颜色和大小
p = file.add_paragraph()
run = p.add_run('螃蟹在剥我的壳，笔记本在写我')
font = run.font
from docx.shared import Pt
font.size = Pt(26)
from docx.shared import RGBColor
font.color.rgb = RGBColor(54,95,145)

# ③ 设置字体粗体、斜体和下画线
p = file.add_paragraph()
run = p.add_run('漫天的我落在枫叶上雪花上')
font = run.font
font.bold = True # 粗体
font.italic = True # 斜体
font.underline = True # 下画线

# ④ 设置两端对齐
from docx.enum.text import WD_ALIGN_PARAGRAPH
p = file.add_paragraph()
p.paragraph_format.alignment = WD_ALIGN_PARAGRAPH.JUSTIFY
p.add_run('而你在想我')

# ⑤ 设置首行缩进
from docx.shared import Inches
p = file.add_paragraph()
p.paragraph_format.first_line_indent = Inches(0.32)
p.add_run('设置首行缩进示例文字')

# ⑥ 设置行间距
from docx.shared import Pt
p = file.add_paragraph()
p.paragraph_format.line_spacing = Pt(16) # 行间距，16 磅对应三号字体
p.add_run('设置行间距示例文字')

# ⑦ 设置段前距和段后距
```

```
from docx.shared import Pt
p = file.add_paragraph()
p.paragraph_format.space_before = Pt(14)   # 段前距，14磅对应四号字体
p.paragraph_format.space_after = Pt(14)   # 段后距
p.add_run('设置段前段后距示例文字')

# ⑧ 设置段落序号
file.add_paragraph('点序号', style='List Bullet')
file.add_paragraph('数字序号', style='List Number')

# 保存，得先创建保存文件夹，且Word文档不要打开
file.save("三行情书.docx")
print('Word生成完毕！')
```

效果如图6-6所示。

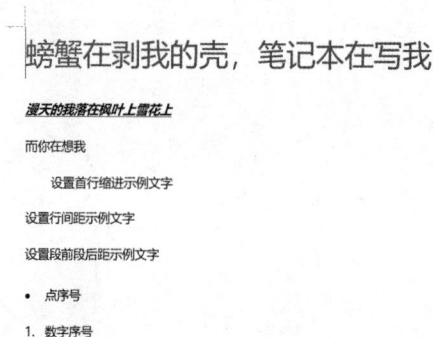

图6-6

关于段落样式的更多内容，也可以访问python-docx官网进行学习。

6.2.5　设置表格样式

通过表格样式可以使设置表格边框的代码相对而言简单一些，只需要在创建表格的时候加上 style="表格样式"，代码如下：

```
table = file.add_table(rows=2, cols=3, style='Light Shading Accent 1')
table.cell(0, 0).text = '第一句'   # 第1行第1列
table.cell(0, 1).text = '第二句'   # 第1行第2列
table.cell(0, 2).text = '第三句'   # 第1行第3列
table.cell(1, 0).text = '克制'   # 第2行第1列
table.cell(1, 1).text = '再克制'   # 第2行第2列
table.cell(1, 2).text = '"在吗"'   # 第3行第3列
```

以上代码创建了一个两行三列的表格，其中表格样式选择的是Light Shading Accent 1，效果如图6-7所示。

图6-7

除了 Light Shading Accent 1 这一表格样式外，还有许多别的表格样式可供选择，在 python-docx 官网可以查看其他表格样式，下面介绍一些常用的表格样式。

表格样式 1：Table Grid。这个样式采用很常见的黑白边框。

第一列内容	第二列内容	第三列内容

表格样式 2：Light Shading。它每隔一行有一个阴影行。

第一列内容	第二列内容	第三列内容

表格样式 3：Light Shading Accent 1。这个样式就是案例使用的蓝色表格，可以把这个数字 1 换成 2、3、4、5、6 从而把颜色变成红、绿、紫、青、橙。

第一列内容	第二列内容	第三列内容

表格样式 4：Light List。这个样式的黑色标题框显得比较简洁。若写成 Light List Accent 1，则黑色标题框变为蓝色，同样可以把这个数字 1 换成 2、3、4、5、6 把颜色变成红、绿、紫、青、橙。

第一列内容	第二列内容	第三列内容

表格样式 5：Medium Shading 1 Accent 1。它的标题框是深蓝色的，下面的文本框为淡蓝色的。同样可以把第二个数字 1 换成 2、3、4、5、6 从而把颜色变成红、绿、紫、青、橙。如果把第一个数字 1 换成 2，那么第一列都是深色背景了。

第一列内容	第二列内容	第三列内容

6.2.6　设置图片样式

图片样式的设置就相对比较容易了，主要就是设置图片的宽和高，分别使用 width（宽）和 height（高）来进行设置，代码如下：

```
from docx.shared import Inches
file.add_picture('三行情书.jpg', width=Inches(3), height=Inches(3))
```

同样，首先要从 python-docx 库里导入 Inches（英寸）这个功能，如果之前已经导入了则不需要重复导入；然后通过 width 来设置宽度、height 来设置高度，其中 1 英寸等于 2.54 厘米，约等于 Word 文档中 5 个四号字的长度。

这个时候图片默认放在最左边，如果想让它居中，可以按如下代码设置。

```
last_paragraph = file.paragraphs[-1]
last_paragraph.alignment = WD_ALIGN_PARAGRAPH.CENTER
```

完整代码如下：

```
from docx.shared import Inches
file.add_picture('三行情书.jpg', width=Inches(3), height=Inches(3))
last_paragraph = file.paragraphs[-1]
last_paragraph.alignment = WD_ALIGN_PARAGRAPH.CENTER
```

将上述代码汇总运行后，最终效果如图 6-8 所示。

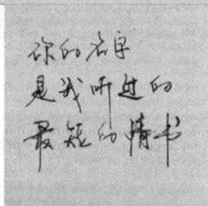

图 6-8

6.3 Python + Word 补充知识点

这一节主要讲解 Python + Word 的一些不太常用，但如果用到又比较重要的 3 个知识点：自动添加页眉页脚、在 Word 文档中自动添加超链接和自动标红 Word 文档中的关键词。因此本节内容主要用于给需要的读者翻阅查看。

在正式讲解之前，首先补充关于节（section）的相关知识，Word 文档对象中有一个节的概念，一个 Word 文档如果不人为添加节，则默认整个文档为一节。在节范围内可以统一设置格式，如页眉页脚等。在 Word 文档中人为添加节的方式如下。假设原始文档中有两个页面，如图 6-9 所示。

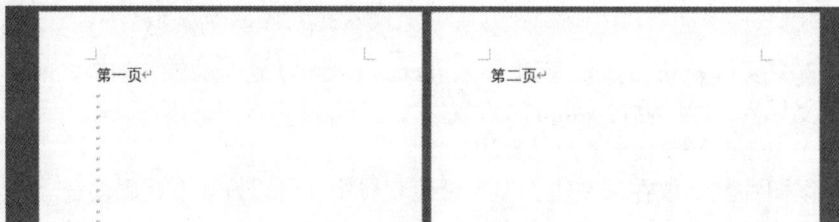

图 6-9

这两个页面都属于第一个节，如果想添加第二个节，首先将光标移动到文档内容的最后，执行"布局" > "分隔符" > "下一页"命令，如图 6-10 所示。

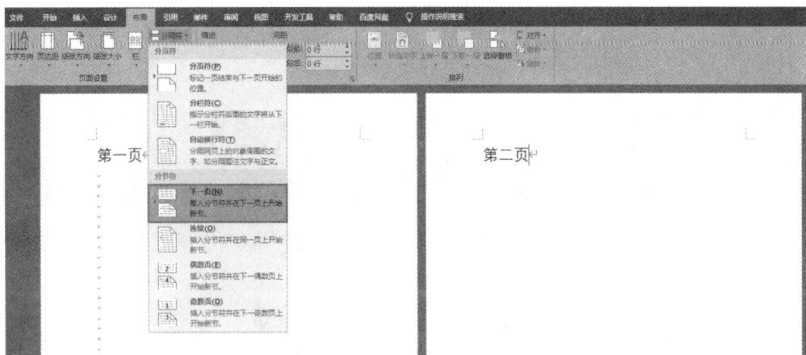

图 6-10

当我们选择了以下一页作为新一个节的开始，就可以看到文档生成了新的一页，这个时候，第一个节的范围是第一页和第二页，而第二个节的范围就是第三页及以后的页，如图 6-11 所示。

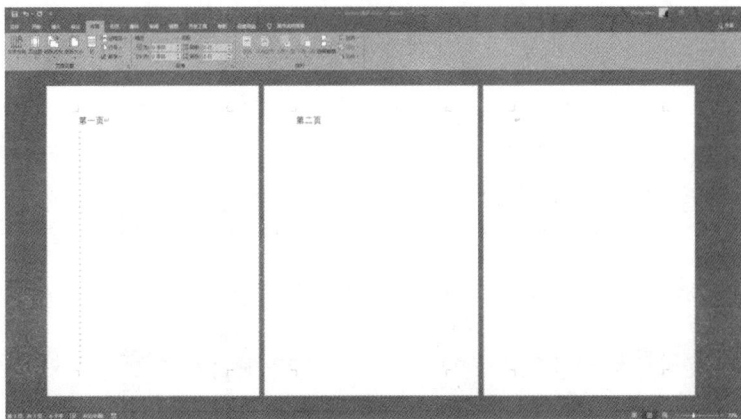

图 6-11

添加节是否就只是为了添加一个新的空白页？如果只是这样，未免画蛇添足。多个节的设置有助于根据文档每一部分的内容或者需求，设置不同的页面格式，如页眉页脚，具体的演示如下。

首先，假设想让文档的第一个节的部分页眉内容为"这里是第一个 section"，而让文档的第二个节的部分页眉内容为"这里是第二个 section"。下面先按照想法添加第一个节的页眉，如图 6-12 所示。

图 6-12

此时发现，第二个节的页眉也被修改了，和第一个节的内容完全相同，当我们尝试对第二个节的页眉进行修改时，假设删掉 section 这个单词，发现第一个节的页眉又被修改了，这就有点儿奇怪了，按照前文的讲解，两个节中的格式不应该是相互独立的吗？现在两个节的格式内容却同步了，如图 6-13 所示，这是怎么回事？

图 6-13

别急，回到编辑第二个节的状态查看，如图 6-14 所示。

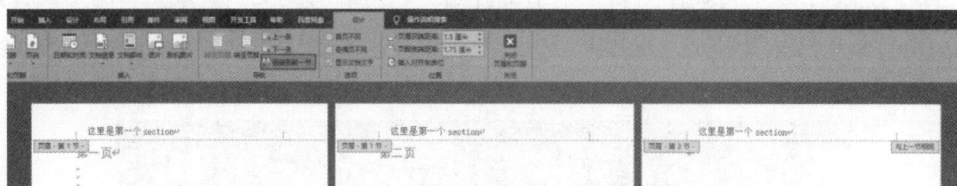

图 6-14

当我们把光标移动到第二个节的页眉，会发现上方的工具栏中有一个"链接到前一节"按钮，它默认是被选中的，单击这个按钮，取消其选中状态后，再编辑第二个节的页眉，此时能够正确地单独编辑第二个节的页眉，而不影响前面的节，如图 6-15 所示。

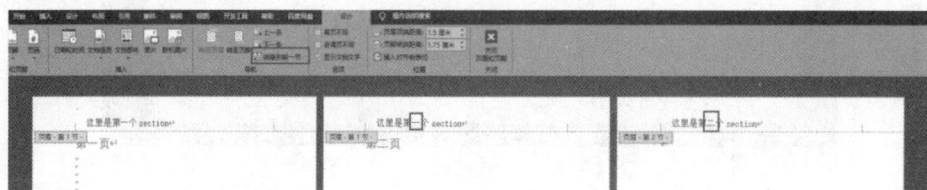

图 6-15

到这里，根据演示案例可以得出结论，使用多个节，确实可以实现我们想要的不同的页面格式设置，页面的页眉和页脚可以填写不同的信息，但是前提是要关闭后面创建的节的"链接到前一节"功能，该功能是默认开启的。

6.3.1 添加页眉页脚

如果页眉页脚是固定的内容，可以不用通过 Python 生成，可以创建一个 Word 模板，提前设置好页眉页脚。

```python
from docx import Document
from docx.enum.text import WD_ALIGN_PARAGRAPH
document = Document()

# 设置页眉页脚距离
document.sections[0].header_distance = Cm(4)  # 设置页眉长度为 4 厘米
document.sections[0].footer_distance = Cm(3)   # 设置页脚长度为 3 厘米

# 添加页眉
header = document.sections[0].header  # 获取第一个节的页眉
```

```
print('页眉中默认段落数: ', len(header.paragraphs))
paragraph = header.paragraphs[0]  # 获取页眉的第一个段落
paragraph.add_run('这是第一节的页眉')  # 添加页眉内容
paragraph.alignment = WD_ALIGN_PARAGRAPH.CENTER # 设置页眉居中对齐
```

第 6 行代码用于设置页眉长度为 4 厘米；第 7 行代码用于设置页脚长度为 3 厘米；第 10 行代码用于获取第一个节（没有人为添加，全文档默认只有一个节）的页眉；通过节的 header 属性，第 12 行代码用于获取页眉中的第一个段落；第 13 行代码用于向这个段落中添加内容"这是第一节的页眉"；第 14 行代码用于设置页眉居中对齐。

```
# 添加页脚
footer = document.sections[0].footer  # 获取第一个节的页脚
paragraph = footer.paragraphs[0]  # 获取页脚的第一个段落
paragraph.add_run('这是第一节的页脚')  # 添加页脚内容
paragraph.alignment = WD_ALIGN_PARAGRAPH.RIGHT # 设置页脚右对齐
# 保存文档
document.save('页眉页脚.docx')
```

第 2 行代码的逻辑与前文获取页眉的逻辑一样，只不过此处通过节的 footer 属性，第 3 行和第 4 行代码用于向页脚添加内容"这是第一节的页脚"，第 5 行代码用于设置页脚右对齐，第 7 行代码保存文件。

```
from docx import Document
from docx.enum.text import WD_ALIGN_PARAGRAPH
from docx.shared import Cm  # 导入单位转换

# 新建文档（如果需要设置字体，可以翻看 6.2 节设置字体的相关知识点）
document = Document()

# 第一个节 + 添加页眉 + 居中对齐
header = document.sections[0].header  # 获取第一个节的页眉
paragraph = header.paragraphs[0]  # 获取页眉的第一个段落
paragraph.add_run('这是第一节的页眉')  # 添加页眉内容
paragraph.alignment = WD_ALIGN_PARAGRAPH.CENTER  # 设置页眉居中对齐

# 添加第二个节
document.add_section(start_type=2)

# 第二个节 + 添加页眉 + 居中对齐
header = document.sections[1].header  # 获取第二个节的页眉
header.is_linked_to_previous = False  # 不使用上一节的内容和样式，关闭第二个节的"链接到前一节"功能
paragraph = header.paragraphs[0]  # 获取页眉的第一个段落
paragraph.add_run('这是第二节的页眉')  # 添加页眉内容
paragraph.alignment = WD_ALIGN_PARAGRAPH.CENTER  # 设置页眉居中对齐

# 保存文档
document.save('页眉页脚+对齐+多节.docx')
```

这里主要运用了本节一开始讲的多节的概念。创建页眉页脚的代码与之前的完全相同，这里不赘述，主要讲解在 Word 程序中手动添加多节以及取消与前一个节的链接的操作，从而实现在一个文档中设置多种样式的页眉页脚。

第 15 行代码表示在当前页面的下一页创建一个新的节，就相当于在 Word 文档中将光

标移动到文章的最后，通过执行"布局">"分隔符">"下一页"命令实现的操作。第 18 行代码通过下标 1 选择第二个节的页眉。最重要的一步就是第 19 行代码，通过 is_linked_to_previous 属性，取消与前一个节的链接，否则就会出现示例中两个节的内容被同步修改的问题。之后的代码与之前的完全相同。

注：start_type 中，0 表示连续分节符，1 表示节的结尾符号，2 表示下一页分节符，3 表示偶数页分节符，4 表示奇数页分节符，分别对应手动添加节时"布局"菜单"分隔符"下拉列表中的添加新节的选项。

6.3.2　在 Word 文档中添加超链接

本小节将添加超链接的代码整理成一个函数，方便读者使用，有兴趣的读者可以查看函数中的具体实现代码。使用方法：直接复制代码，然后改最后的几行代码即可。

代码结构如下。

```
import docx
from docx.oxml.ns import qn

# 这个函数不用改，直接看最下面的几行示例代码即可
def add_hyperlink(paragraph, url, text, color):
    # 以下是固定的一些写法
    # 这样可以访问 document.xml.rels 文件，并获取新的关系 ID 值
    part = paragraph.part
    r_id = part.relate_to(url, docx.opc.constants.RELATIONSHIP_TYPE.HYPERLINK,
is_external=True)

    # 创建 w:hyperlink 标记并添加所需的值
    hyperlink = docx.oxml.shared.OxmlElement('w:hyperlink')
    hyperlink.set(docx.oxml.shared.qn('r:id'), r_id, )

    # 创建 w:r 元素
    new_run = docx.oxml.shared.OxmlElement('w:r')

    # 创建一个新的 w:rPr 元素
    rPr = docx.oxml.shared.OxmlElement('w:rPr')

    # 添加颜色，如果 color 参数没有设置成 None
    if not color is None:
        c = docx.oxml.shared.OxmlElement('w:color')
        c.set(docx.oxml.shared.qn('w:val'), color)
        rPr.append(c)

    # 将所有 xml 元素连接在一起，将所需的文本添加到 w:r 元素中
    new_run.append(rPr)
    new_run.text = text
    hyperlink.append(new_run)
    paragraph._p.append(hyperlink)
    return hyperlink

document = docx.Document()   # 创建空白文档

# 测试1: 加入超链接，这个没加颜色
p = document.add_paragraph()   # 添加段落
hyperlink = add_hyperlink(p, 'http://www.baidu.com', '添加了超链接的文字内容并且不加颜色', None)
```

```
# 测试 2：加入超链接，这个加了颜色（蓝色）
p = document.add_paragraph()  # 添加段落
hyperlink = add_hyperlink(p, 'http://www.baidu.com', '添加了超链接的文字内容并且设置成
蓝色', 'blue')

document.save('test.docx')
```

最后几行代码中，代码"p = document.add_paragraph()"添加了一个新的段落；代码"hyperlink = add_hyperlink(p, 'http://www.baidu.com', '添加了超链接的文字内容并且不加颜色', None)"调用添加超链接的函数，参数分别是新建的段落，链接的 URL 是百度，URL 绑定的文字内容为"添加了超链接的文字内容并且不加颜色"，不设置文字颜色；后面几行代码是第二个超链接的添加方式，区别就是设置了文字颜色。

结果如图 6-16 所示，如果需要设置字体也可以在代码最前面用本章第 2 节讲过的知识设置字体。

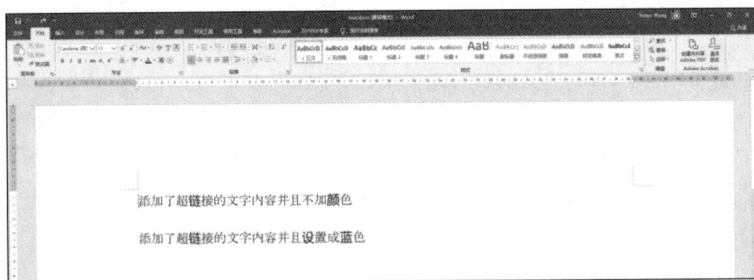

图 6-16

6.3.3 自动标红 Word 文档中的关键词

有时我们需要将 Word 文档中的指定关键字或者关键词标红，原始文档"测试.docx"的内容如图 6-17 所示，我们希望将其中的关键词，例如"桂林""风景""中国"等词自动标红，该如何实现呢？

桂林山水是对桂林旅游资源的总称。[1]国家 AAAAA 级旅游景区，中国十大风景名胜之一，桂林山水是中国山水的代表，千百年来享有"桂林山水甲天下"的美誉。
桂林市是中华陶器之源 [18]，是世界著名的风景游览城市和中国历史文化名城，是"万年智慧圣地" [2]，是世界上具有三处万年古陶遗址（甑皮岩、大岩、庙岩）的城市。桂林市甑皮岩发现的"陶雏器"填补世界陶器起源空白点。 [3]
"万年智慧"是桂林重量级文化名片，甑皮岩国家考古遗址公园是桂林向世界展现中华民族"万年智慧"的历史文化名片。 [4]
桂林拥有世界自然遗产桂林山水、世界灌溉工程遗产灵渠两大世界遗产。 [5]
2014 年 6 月，第 38 届世界遗产大会上以桂林为首的中国南方喀斯特第二期 [6]项目申遗成功，成为世界自然遗产，桂林山水荣登世界自然遗产名录 [6]。
桂林是中国洞穴遗址最丰富、最集中的历史文化名城之一。桂林甑皮岩国家考古遗址公园已成为中国首批 23 个国家考古遗址公园之一。 [7]
2016 年 9 月，中国社会科学院考古研究所、广西文物保护与考古研究所等考古机构认为：桂林甑皮岩先民是具有高智商的智慧人，双料混炼技术是万年前人类的发明，桂林是万年人类智慧圣地。
2017 年 6 月，中国社会科学院考古研究所为桂林举行"万年智慧圣地"揭牌仪式。 [7]
2018 年 8 月，桂林市兴安灵渠列入世界灌溉工程遗产名录，成为"世界灌溉工程遗产"。 [5]
2022 年 9 月，"中华陶器与当代经济学术研讨会"形成《中华陶器与当代经济学术研讨桂林共识》，认为桂林是"中华陶器之源"重要组成部分。 [17]

图 6-17

首先尝试标红一个关键词"桂林"，完整代码如下：

```
import docx
from docx.shared import RGBColor,Pt
from docx.oxml.ns import qn

file = docx.Document('测试.docx')
file.styles['Normal'].font.name = u'宋体'  # 可换成 Word 里面的任意字体
file.styles['Normal']._element.rPr.rFonts.set(qn('w:eastAsia'), u'宋体')  # 记得填字
体名称

for p in file.paragraphs:
    for r in p.runs:
        # ①获取段落中每个 run 的字体大小、加粗情况、颜色和字体名称
        font_size = r.font.size  # 字体大小，默认是五号
        bold = r.bold  # 字体是否加粗，有两个属性，True 或 False
        color = r.font.color.rgb  # 获取字体颜色
        name = r.font.name  # 获取字体名称，不过因为最上面已经统一设置了字体，所以这里可以不
获取

        # ②根据关键词分隔正文内容
        rest = r.text.split('桂林')
        print(rest)  # 此时这个 rest 是根据关键词分隔得到的列表
        r.text = ''  # 原有文本清空

        # ③填入根据关键词分隔得到的新文本，包括关键词之前的内容、关键词，以及关键词之后的内容
        for text in rest[:-1]:  # 遍历处理最后一个关键词前的内容
            # a.处理关键词之前的内容
            run = p.add_run(text=text)
            run.bold = bold
            run.font.size = font_size
            run.font.color.rgb = color
            # run.font.name = name  # 这里因为之前已经统一设置了文档的字体，所以把这两行代
码注释掉了
            # run.font.element.rPr.rFonts.set(qn('w:eastAsia'),name)

            # b.处理关键词，将关键词标红
            run = p.add_run('桂林')
            run.font.size = font_size
            run.bold = True
            run.font.color.rgb = RGBColor(255, 0, 0)  # 红色

        # c.处理关键词之后的内容（注意不要写到上面的 for 循环里）
        run = p.add_run(rest[-1])
        run.bold = bold
        run.font.size = font_size
        run.font.color.rgb = color

file.save('结果.docx')   # 将 Word 文档保存为 result.docx
```

第 1～3 行代码用于引入相关库。

第 5～7 行代码用于读取 Word 文档"测试.docx"，并设置整篇文档的字体为宋体。

第 10～45 行代码为核心代码，其核心原理是遍历每个段落（for p in file.paragraphs 中的 p 表示文章中的每一个段落）中的每个 run（for r in p.runs 中的 r 表示每个段落中的 run 内容），关于段落和 run 的相关知识点可以参考 6.2.2 小节的补充知识点。

其中，第 13～17 行代码用于获取段落中每个 run 的字体大小、加粗情况、颜色和字体

名称。

第 20～23 行代码根据关键词分隔正文内容,其实就是检查每个 run 中是否含有关键词,然后根据关键词分隔原始文档。

第 25～45 行代码根据关键词分隔的情况，将关键词标红（run.font.color.rgb = RGBColor(255, 0, 0)中的(255,0,0)表示红色，以及关键词前的内容保留原始文字格式，最后的第 41～45 行代码把最后一个关键词后的内容设置成原来的文字格式。

第 47 行代码用于保存文件为 "结果.docx"。

最终结果如图 6-18 所示，可以看到成功将 "桂林" 2 个字标成红色了。

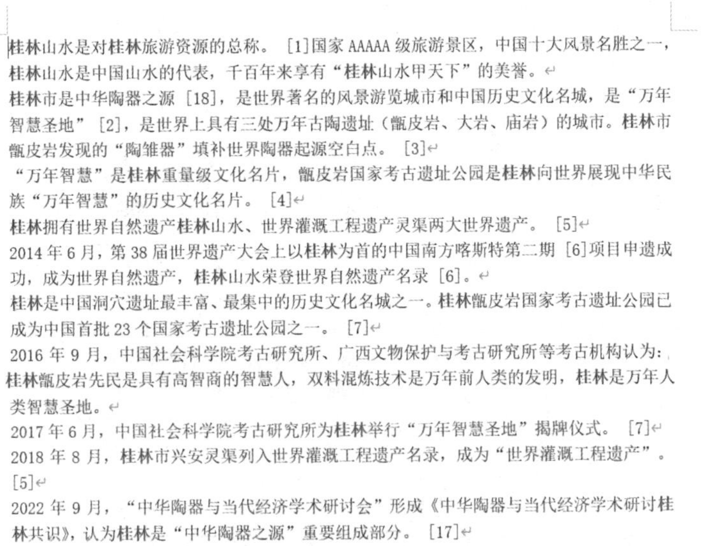

桂林山水是对桂林旅游资源的总称。 [1]国家 AAAAA 级旅游景区，中国十大风景名胜之一，桂林山水是中国山水的代表，千百年来享有 "桂林山水甲天下" 的美誉。
桂林是中华陶器之源 [18]，是世界著名的风景游览城市和中国历史文化名城，是 "万年智慧圣地" [2]，是世界上具有三处万年古陶遗址（甑皮岩、大岩、庙岩）的城市。桂林市甑皮岩发现的 "陶雏器" 填补世界陶器起源空白点。 [3]
"万年智慧" 是桂林重量级文化名片，甑皮岩国家考古遗址公园是桂林向世界展现中华民族 "万年智慧" 的历史文化名片。 [4]
桂林拥有世界自然遗产桂林山水、世界灌溉工程遗产灵渠两大世界遗产。 [5]
2014 年 6 月，第 38 届世界遗产大会上以桂林为首的中国南方喀斯特第二期 [6]项目申遗成功，成为世界自然遗产，桂林山水荣登世界自然遗产名录 [6]。
桂林是中国洞穴遗址最丰富、最集中的历史文化名城之一。桂林甑皮岩国家考古遗址公园已成为中国首批 23 个国家考古遗址公园之一。 [7]
2016 年 9 月，中国社会科学院考古研究所、广西文物保护与考古研究所等考古机构认为：桂林甑皮岩先民是具有高智商的智慧人，双料混炼技术是万年前人类的发明，桂林是万年人类智慧圣地。
2017 年 6 月，中国社会科学院考古研究所为桂林举行 "万年智慧圣地" 揭牌仪式。 [7]
2018 年 8 月，桂林市兴安灵渠列入世界灌溉工程遗产名录，成为 "世界灌溉工程遗产"。 [5]
2022 年 9 月，"中华陶器与当代经济学术研讨会" 形成《中华陶器与当代经济学术研讨桂林共识》，认为桂林是 "中华陶器之源" 重要组成部分。 [17]

图 6-18

那么如果想要批量标红多个关键词，例如 "桂林" "风景" "中国"，则可以通过设置函数的方式来进行批量处理，核心代码如下。主要就是把前文中的 "桂林" 关键词换成定义的函数 piliang(keyword)中的 keyword 参数，此外在下面代码中还新增了一行 if keyword in p.text:代码，其中 p.text 表示段落的文本内容，因此这行代码就是先判断这个段落里是否有关键词，如果有才执行下面的寻找关键词及标红的操作，如果没有则不浪费时间，这样对于长文本会有较好的效果。

```
# 引入库和读取文档的相关代码
def piliang(keyword):
    for p in file.paragraphs:
        if keyword in p.text:  # 多加了这么一行内容，可以加快处理速度
            for r in p.runs:
                # ①获取段落中每个 run 的字体大小、加粗情况、颜色和字体名称
                # ②根据关键词分隔正文内容，这里把原关键词换成 keyword
                rest = r.text.split(keyword)
                print(rest)  # 此时这个 rest 是根据关键词分隔得到的列表
                r.text = ''  # 原有文本清空

                # ③填入根据关键词分隔得到的新文本
                for text in rest[:-1]:  # 遍历处理最后一个关键词前的内容
                    # a.处理关键词之前的内容
```

```
        # b.处理关键词，将关键词标红，这里把原关键词换成 keyword
        run = p.add_run(keyword)
        run.font.size = font_size
        run.bold = True
        run.font.color.rgb = RGBColor(255, 0, 0)
    # c.处理关键词之后的相关内容
```

了解了核心代码的基本原理后，完整代码如下：

```
import docx
from docx.shared import RGBColor,Pt
from docx.oxml.ns import qn

file = docx.Document('测试.docx')
file.styles['Normal'].font.name = u'宋体'  # 可换成 Word 里面的任意字体
file.styles['Normal']._element.rPr.rFonts.set(qn('w:eastAsia'), u'宋体')  # 记得填字
体名称

def piliang(keyword):
    for p in file.paragraphs:
        if keyword in p.text:  # 多加了这么一行内容，可以加快处理速度
            for r in p.runs:
                # ①获取段落中每个 run 的字体大小、加粗情况、颜色和字体名称
                font_size = r.font.size  # 字体大小，默认是五号
                bold = r.bold  # 字体是否加粗，有两个属性，True 或 False
                color = r.font.color.rgb  # 获取字体颜色
                name = r.font.name  # 获取字体名称

                # ②根据关键词分隔正文内容
                rest = r.text.split(keyword)
                print(rest)  # 此时这个 rest 是根据关键词分隔得到的列表
                r.text = ''  # 原有文本清空

                # ③填入根据关键词分隔得到的新文本
                for text in rest[:-1]:  # 遍历处理最后一个关键词前的内容
                    # a.处理关键词之前的内容
                    run = p.add_run(text=text)
                    run.bold = bold
                    run.font.size = font_size
                    run.font.color.rgb = color

                    # b.处理关键词，将关键词标红
                    run = p.add_run(keyword)
                    run.font.size = font_size
                    run.bold = True
                    run.font.color.rgb = RGBColor(255, 0, 0)

                # c.处理关键词之后的内容（注意不要写到上面的 for 循环里）
                run = p.add_run(rest[-1])
                run.bold = bold
                run.font.size = font_size
                run.font.color.rgb = color

keywords = ['桂林', '风景', '中国']

for i in keywords:
    piliang(i)
```

```
file.save('结果2.docx')  # 将 Word 文档另存为 result2.docx
```

结果如图 6-19 所示，成功批量对多个关键词进行了标红处理。

桂林山水是对桂林旅游资源的总称。[1]国家 AAAAA 级旅游景区，中国十大风景名胜之一，桂林山水是中国山水的代表，千百年来享有"桂林山水甲天下"的美誉。

桂林市是中华陶器之源 [18]，是世界著名的风景游览城市和中国历史文化名城，是"万年智慧圣地" [2]，是世界上具有三处万年古陶遗址（甑皮岩、大岩、庙岩）的城市。桂林市甑皮岩发现的"陶雏器"填补世界陶器起源空白点。[3]

"万年智慧"是桂林重量级文化名片，甑皮岩国家考古遗址公园是桂林向世界展现中华民族"万年智慧"的历史文化名片。[4]

桂林拥有世界自然遗产桂林山水、世界灌溉工程遗产灵渠两大世界遗产。[5]

2014 年 6 月，第 38 届世界遗产大会上以桂林为首的中国南方喀斯特第二期 [6]项目申遗成功，成为世界自然遗产，桂林山水荣登世界自然遗产名录 [6]。

桂林是中国洞穴遗址最丰富、最集中的历史文化名城之一。桂林甑皮岩国家考古遗址公园已成为中国首批 23 个国家考古遗址公园之一。[7]

2016 年 9 月，中国社会科学院考古研究所、广西文物保护与考古研究所等考古机构认为：桂林甑皮岩先民是具有高智商的智慧人，双料混炼技术是万年前人类的发明，桂林是万年人类智慧圣地。

2017 年 6 月，中国社会科学院考古研究所为桂林举行"万年智慧圣地"揭牌仪式。[7]

2018 年 8 月，桂林市兴安灵渠列入世界灌溉工程遗产名录，成为"世界灌溉工程遗产"。[5]

2022 年 9 月，"中华陶器与当代经济学术研讨会"形成《中华陶器与当代经济学术研讨桂林共识》，认为桂林是"中华陶器之源"重要组成部分。[17]

图 6-19

至此，Python 操作 Word 基础的相关内容就讲解完毕了，之后我们会通过多个案例实战来巩固相关知识点。

6.4 Python 操作 Word 案例实战——批量生成请柬

在公司日常经营中可能需要批量生成公司研究报告，每次都需要向受邀人员发出请柬，而我们都知道请柬的模板都是固定的，只是在主办方、与会嘉宾以及受邀人员的姓名等字段上需要进行修改，如果根据名单手动修改这些内容，不仅费时费力，而且可能出现错误，这个时候可以借助 Python 保存所有的嘉宾信息，然后批量生成请柬。

图 6-20 所示是本例请柬模板，框出的部分就是需要替换的内容。

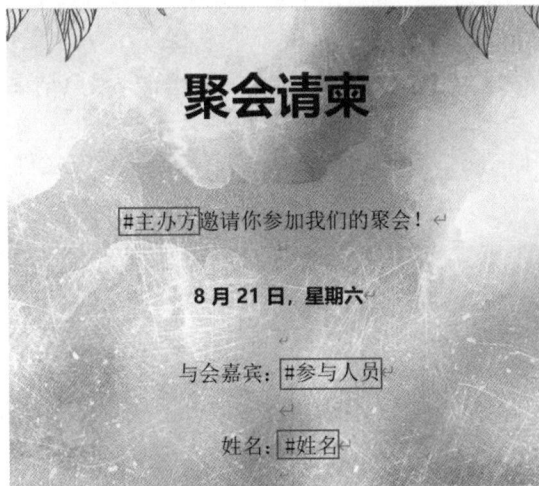

聚会请柬

#主办方 邀请你参加我们的聚会！

8 月 21 日，星期六

与会嘉宾：#参与人员

姓名：#姓名

图 6-20

（1）准备数据

导入操作 Word 和设置字体大小的库。

```
import docx
from docx.shared import Pt
```

将数据保存到数组中，每个数组的第 i 个数据就是对应的要填入第 i 个生成文档的数据字段。

```
name = ['张三','李四','王五']
company = ['测试甲公司','测试乙公司','测试丙公司']
peoples = ['一号人物,二号人物,三号人物','四号人物,五号人物,六号人物','七号人物,八号人物,九号人物']
```

第 1～3 行代码分别使用数组保存受邀人员的姓名、举办聚会的公司名称，以及每场聚会都有哪些嘉宾到场。

（2）替换关键字

一切信息准备好之后就开始进行关键字的替换。

```
for i in range(len(name)):
    doc = docx.Document('请柬模板.docx')
    for para in doc.paragraphs:                    #遍历 Word 文档的每一个段落
        if ('#姓名' in para.text): # 匹配每一个关键字
            para.text = para.text.replace('#姓名', name[i])
            para.runs[0].font.size = Pt(22)
        if ('#主办方' in para.text):
            para.text = para.text.replace('#主办方', company[i])
            para.runs[0].font.size = Pt(22)
        if ('#参与人员' in para.text):
            para.text = para.text.replace('#参与人员', peoples[i])
            para.runs[0].font.size = Pt(22)
    savepath = "请柬结果/请柬-" + name[i] + ".docx"
    doc.save(savepath)
```

第 2 行代码用于打开请柬模板文件。

第 3 行代码用于遍历请柬模板的每一个自然段。

第 4～12 行代码用于比较所有自然段中是否有要替换的关键字，如果有就用 replace() 方法将关键字标志字段替换成保存的信息，第 6、9、12 行代码用于将替换后的字体设置为 22 号，否则默认的字体过小。

第 13 行代码生成请柬保存路径，在代码所在路径的"请柬结果"文件夹中，命名格式为"请柬-受邀人姓名"。

程序运行后的效果如图 6-21 所示，在对应的"请柬结果"文件夹中生成了对应名称的请柬文件。

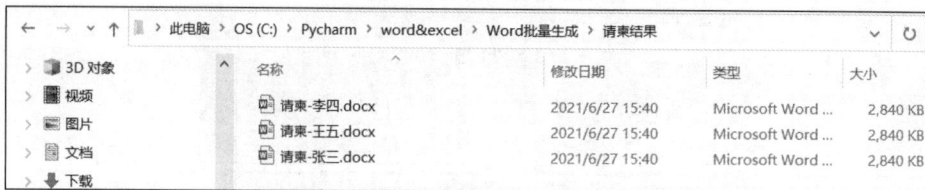

图 6-21

打开其中一个文件查看，效果如图 6-22 所示。

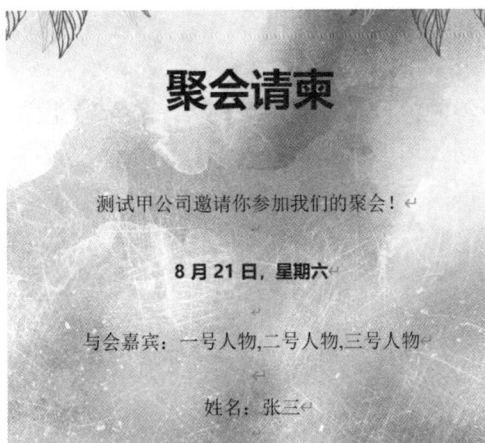

图 6-22

对应的字段都被替换为对应的信息。

（3）代码汇总

完整代码如下所示。

```python
import docx
from docx.shared import Pt
# ① 保存数据
name = ['张三','李四','王五']
company = ['测试甲公司','测试乙公司','测试丙公司']
peoples = ['一号人物,二号人物,三号人物','四号人物,五号人物,六号人物','七号人物,八号人物,九号
人物']

# ② 批量生成文件
for i in range(len(name)):
    doc = docx.Document('请柬模板.docx')
    for para in doc.paragraphs:                        #遍历 Word 文档的每一个段落
        if ('#主办方' in para.text):
            para.text = para.text.replace('#主办方', company[i])
            para.runs[0].font.size = Pt(22)
        if ('#参与人员' in para.text):
            para.text = para.text.replace('#参与人员', peoples[i])
            para.runs[0].font.size = Pt(22)
if ('#姓名' in para.text): # 匹配每一个关键字
            para.text = para.text.replace('#姓名', name[i])
            para.runs[0].font.size = Pt(22)

    savepath = "请柬结果/请柬-" + name[i] + ".docx"
    doc.save(savepath)
```

6.5 Python 操作 Word 案例实战——自动生成上市公司研究报告

学习了 6.4 节关于批量替换 Word 关键词并批量生成文档的案例后，本节将在 6.4 节的基础上实现自动生成上市公司的研究报告，该项目也是编者在中国人民大学商学院教授"Python 金融"课程布置的一个课程项目。通过 Python，我们只需要获取相应上市公司的基本数据，即可通过模板 Word 文档，将数据填入模板的对应位置，从而实现批量生成报告的操作。

6.5.1　Word 生成研究报告的流程

生成上市公司研究报告的流程如图 6-23 所示，首先需要设置一个通用的模板，之后的工作中只需要将获取的不同公司的信息都填入模板的相应位置即可。

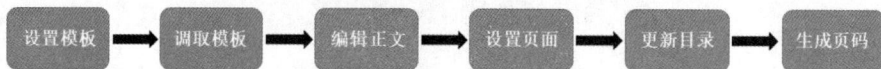

设置模板 ➡ 调取模板 ➡ 编辑正文 ➡ 设置页面 ➡ 更新目录 ➡ 生成页码

图 6-23

然后利用已有信息，编辑正文内容，再对页面、目录进行设置使其更加美观，最后根据内容的长短再生成相应的页码。

6.5.2　自动生成模板

（1）设置模板

本例分两步实现设置模板的操作，首先借助 Python 自动生成封面内容，之后手动设置文档域和自动目录页，添加分节符，并空出正文内容。

注：中间采用手动的原因是目录页的生成在 Python 里比较复杂，而且手动生成的模板之后可以循环使用，这样效率是比较高的。

实现的预期样式如图 6-24 所示。

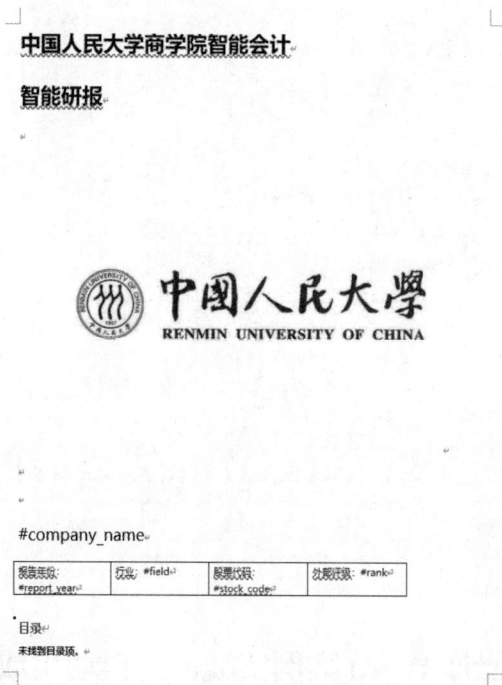

中国人民大学商学院智能会计

智能研报

中国人民大学
RENMIN UNIVERSITY OF CHINA

#company_name

报告年份：#report_year	行业：#field	股票代码：#stock_code	处理状态：#rank

目录
未找到目录项。

图 6-24

实现代码如下。

```
from docx.enum.text import WD_PARAGRAPH_ALIGNMENT #导入段落对齐的库
from docx import Document
from docx.shared import Cm,Pt, RGBColor #厘米计量，字号，颜色 (245,130,32)
```

```
from docx.oxml.ns import qn #中文字体

$ sudo chmod -R  777

doc_new=Document()

# 设置文档的基础字体（正文）
doc_new.styles['Normal'].font.name = u'微软雅黑'  # 可换成 Word 里面的任意字体
# 设置文档的基础中文字体（正文）
doc_new.styles['Normal']._element.rPr.rFonts.set(qn('w:eastAsia'), u'微软雅黑')
#记得填字体名称
```

第 1～4 行代码用于导入相关的库，包括后面要用到的设置段落对齐、字体字号、颜色等的库，以及设置中文字体的库。

第 6 行代码用于创建一个 Word 文档。

最后几行代码是设置正文字体与中文字体的固定代码。

```
#页面操作
sec=doc_new.sections[0]
#设置上下左右页边距
sec.top_margin=Cm(1.27)
sec.bottom_margin=Cm(1.27)
sec.left_margin=Cm(1.27)
sec.right_margin=Cm(1.27)
```

第 2 行代码用于获取第一页章节（也就是封面页）的对象。

第 4 行代码使用 section 对象的 top_margin 属性设置页面上边距为 1.27 厘米，

第 5 行代码使用 bottom_margin 属性设置页面底部边距为 1.27 厘米，

第 6 行代码使用 left_margin 属性设置左边距为 1.27 厘米，

第 7 行代码使用 right_margin 属性设置右边距为 1.27 厘米。

```
#封面内容设计
text1=doc_new.add_paragraph('中国人民大学商学院智能会计')
text1.runs[0].font.size=Pt(24)
text1.runs[0].font.bold=True
text2=doc_new.add_paragraph('智能研报')
text2.runs[0].font.size=Pt(24)
text2.runs[0].font.bold=True
#将段落隔开
doc_new.add_paragraph()
```

第 2 行代码用于添加段落"中国人民大学商学院智能会计"作为标题的第 1 行。

第 3 行代码用于设置字体为 24 磅。

第 4 行代码用于设置字体为粗体。

第 5 行代码用于添加标题的第 2 行"智能研报"。

第 6～7 行代码用于将新自然段的格式设置为与上一个自然段的格式相同。

第 9 行代码用于添加一个空白自然段将标题与 Logo 隔开一定的间隔，使其更美观。

```
#加 Logo
logo=doc_new.add_picture('中国人民大学 logo.jpg',width=Cm(15.46),height=Cm(11.59))
#Logo 居中
doc_new.paragraphs[3].alignment=WD_PARAGRAPH_ALIGNMENT.CENTER
```

第 2 行代码通过 add_picture()方法向文档中插入一张图片，通过 width 参数设置图片的宽度为 15.46 厘米、图片的高度为 11.59 厘米。

第 4 行代码用于设置图片的对齐方式为居中对齐。

```
#加 3 个段落，与图片隔开
for i in range(3):
    doc_new.add_paragraph()
text3=doc_new.add_paragraph('#company_name')
text3.runs[0].font.size=Pt(18)
```

第 2~3 行代码通过 for 循环，添加 3 个空白自然段，将后面的文本内容与图片隔开。

第 4 行代码用于添加 "××公司" 内容，用于在后面将这里替换成关键字。

第 5 行代码用于将字体大小设置为 18 磅。

```
#加表格
#插入表格函数
table=doc_new.add_table(rows=1, cols=4,style='Table Grid')
#确定列宽
for column in table.columns:
    for cell in column.cells:
        cell.width=Cm(4)  #单式表格
#输入内容
table.cell(0,0).paragraphs[0].text='报告年份: #report_year'
table.cell(0,1).paragraphs[0].text='行业: #field'
table.cell(0,2).paragraphs[0].text='股票代码: #stock_code'
table.cell(0,3).paragraphs[0].text='外部评级: #rank'
doc_new.save("template.docx")
```

第 3 行代码使用 add_table()方法添加一张表格，并通过 rows 参数设置行数为 1 行，通过 cols 参数设置列数为 4 列，并通过 style 参数设置表格样式为 Table Grid。

第 5 行代码通过 for 循环遍历每一行表格。

第 6 行代码通过 for 循环遍历每一行中的每一个单元格。

第 7 行代码用于修改单元格的宽度为 4 厘米。

第 9~12 行代码用于向单元格中输入内容。

第 13 行代码用于保存模板文件。

手动添加域、自动目录页、分节符，效果如图 6-25 所示。

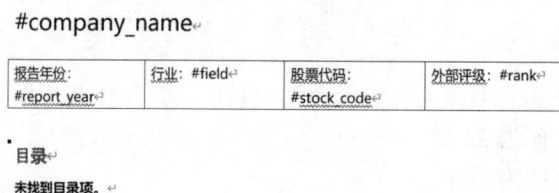

图 6-25

保存模板文件后，还要在需要填写数据的位置使用关键字段进行标记，使用的方法就是'#+英文关键字段名称'，以便在后期通过查找这些关键字标记将实际的数据替换到对应的位置。

（2）代码汇总

完整代码如下。

```
from docx.enum.text import WD_PARAGRAPH_ALIGNMENT #导入段落对齐的库
from docx import Document
from docx.shared import Cm,Pt, RGBColor #厘米计量，字号，颜色 (245,130,32)
from docx.oxml.ns import qn #中文字体

$ sudo chmod -R 777

doc_new=Document()

# 设置文档的基础字体（正文）
doc_new.styles['Normal'].font.name = u'微软雅黑'   # 可换成 Word 里面的任意字体
# 设置文档的基础中文字体（正文）
doc_new.styles['Normal']._element.rPr.rFonts.set(qn('w:eastAsia'), u'微软雅黑')
#记得填字体名称

#页面操作
sec=doc_new.sections[0]
#设置上下左右页边距
sec.top_margin=Cm(1.27)
sec.bottom_margin=Cm(1.27)
sec.left_margin=Cm(1.27)
sec.right_margin=Cm(1.27)

#封面内容设计
text1=doc_new.add_paragraph('中国人民大学商学院智能会计')
text1.runs[0].font.size=Pt(24)
text1.runs[0].font.bold=True
text2=doc_new.add_paragraph('智能研报')
text2.runs[0].font.size=Pt(24)
text2.runs[0].font.bold=True
#将段落隔开
doc_new.add_paragraph()

#加 Logo
logo=doc_new.add_picture('中国人民大学 logo.jpg',width=Cm(15.46),height=Cm(11.59))
#Logo 居中
doc_new.paragraphs[3].alignment=WD_PARAGRAPH_ALIGNMENT.CENTER

#加 3 个段落，与图片隔开
for i in range(3):
    doc_new.add_paragraph()
text3=doc_new.add_paragraph('#company_name')
text3.runs[0].font.size=Pt(18)

#加表格
#插入表格函数
table=doc_new.add_table(rows=1, cols=4,style='Table Grid')
#确定列宽
for column in table.columns:
    for cell in column.cells:
        cell.width=Cm(4) #单式表格
#输入内容
table.cell(0,0).paragraphs[0].text='报告年份: #report_year'
table.cell(0,1).paragraphs[0].text='行业: #field'
table.cell(0,2).paragraphs[0].text='股票代码: #stock_code'
table.cell(0,3).paragraphs[0].text='外部评级: #rank'
```

```
doc_new.save("template.docx")
```

6.5.3　替换关键字

（1）保存数据

假设使用的数据都保存在相应的数组中，保存的格式如图 6-26 所示，每个数组的名称正好对应了要替换的关键字的名称，而每个数组的第 i 个信息就对应了第 i 个模板中的字段，例如，每个数组的第一个元素分别是公司名称（公司 1）、报告年份（2020）、酒品种类（酒类）、股票代码（60001）、等级（AAA），这 5 个字段构成一个模板的信息。

```
company_name = ['公司1','公司2','公司3','公司4','公司5']
report_year = ['2020','2020','2020','2020','2020']
field = ['酒类','啤酒类','白酒类','红酒类','黄酒类']
stock_code = ['60001','60002','60003','60004','60005']
rank = ['AAA','BBB','AAA','BBB','AAA']
```

图 6-26

代码如下。

```
import docx

company_name = ['公司1', '公司2', '公司3', '公司4', '公司5']
report_year = ['2020', '2020', '2020', '2020', '2020']
field = ['酒类', '啤酒类', '白酒类', '红酒类', '黄酒类']
stock_code = ['60001', '60002', '60003', '60004', '60005']
rank = ['AAA', 'BBB', 'AAA', 'BBB', 'AAA']
```

第 3~7 行代码用数组保存每个字段的信息。

（2）替换关键字

替换关键字的代码如下。

```
for i in range(len(company_name)):  # 遍历表格每一行
    doc = docx.Document('template.docx')
    for para in doc.paragraphs:  # 遍历 Word 文档的每一个段落
        if '#company_name' in para.text:
            para.text = para.text.replace('#company_name', company_name[i])
        if '#report_year' in para.text:
            para.text = para.text.replace('#report_year', report_year[i])
        if '#field' in para.text:
            para.text = para.text.replace('#field', field[i])
        if '#stock_code' in para.text:
            para.text = para.text.replace('#stock_code', stock_code[i])
        if '#rank' in para.text:
            para.text = para.text.replace('#rank', rank[i])

    for table in doc.tables:  # 遍历所有表格，这个模板里有 3 张表格
        for row in table.rows:  # 遍历表格的行
            for cell in row.cells:  # 遍历每一行的列
                if '#company_name' in cell.text:
                    cell.text = cell.text.replace('#company_name', company_name[i])
                if '#report_year' in cell.text:
                    cell.text = cell.text.replace('#report_year', report_year[i])
                if '#field' in cell.text:
                    cell.text = cell.text.replace('#field', field[i])
                if '#stock_code' in cell.text:
                    cell.text = cell.text.replace('#stock_code', stock_code[i])
```

```
            if '#rank' in cell.text:
                cell.text = cell.text.replace('#rank', rank[i])
    savepath = "test" + str(i) + ".docx"
    doc.save(savepath)
```

第 1 行代码通过 len(company_name)获取公司的数量,而这个行数正好对应了要批量生成的文件数量。

第 2 行代码用于打开生成的模板文件。

第 3 行代码使用 for 循环遍历模板文件中的每一个自然段。

第 4~13 行代码用于判断自然段的内容中是否有关键字,如果有,进行相应的文字替换。

第 15 行代码用于遍历文件中的每一张表格。

第 16~17 行代码用于遍历表格的每一行中的每一个单元格。

第 18~27 行代码与替换自然段中关键字的逻辑一样,对单元格中的关键字进行替换。

第 28~29 行代码用于生成文件保存路径并保存文件,如图 6-27 所示。

图 6-27

打开其中的 test1.docx 文件,检查相应的关键字段是否都被替换,以及相应的数据是否正确,效果如图 6-28 所示。

图 6-28

（3）代码汇总

完整代码如下。

```
import docx

# ① 保存数据
company_name = ['公司1', '公司2', '公司3', '公司4', '公司5']
report_year = ['2020', '2020', '2020', '2020', '2020']
field = ['酒类', '啤酒类', '白酒类', '红酒类', '黄酒类']
stock_code = ['60001', '60002', '60003', '60004', '60005']
rank = ['AAA', 'BBB', 'AAA', 'BBB', 'AAA']

# ② 批量替换关键字
for i in range(len(company_name)):  # 遍历表格每一行
    doc = docx.Document('template.docx')
    for para in doc.paragraphs:  # 遍历 Word 文档的每一个段落
        if '#company_name' in para.text:
            para.text = para.text.replace('#company_name', company_name[i])
        if '#report_year' in para.text:
            para.text = para.text.replace('#report_year', report_year[i])
        if '#field' in para.text:
            para.text = para.text.replace('#field', field[i])
        if '#stock_code' in para.text:
            para.text = para.text.replace('#stock_code', stock_code[i])
        if '#rank' in para.text:
            para.text = para.text.replace('#rank', rank[i])

    for table in doc.tables:  # 遍历所有表格，这个模板里有3张表格
        for row in table.rows:  # 遍历表格的行
            for cell in row.cells:  # 遍历每一行的列
                if '#company_name' in cell.text:
                    cell.text = cell.text.replace('#company_name', company_name[i])
                if '#report_year' in cell.text:
                    cell.text = cell.text.replace('#report_year', report_year[i])
                if '#field' in cell.text:
                    cell.text = cell.text.replace('#field', field[i])
                if '#stock_code' in cell.text:
                    cell.text = cell.text.replace('#stock_code', stock_code[i])
                if '#rank' in cell.text:
                    cell.text = cell.text.replace('#rank', rank[i])
    savepath = "test" + str(i) + ".docx"
    doc.save(savepath)
```

6.5.4 编辑正文并插入图片

（1）编辑正文

```
from docx import Document
from docx.shared import Cm,Pt, RGBColor #厘米计量，字号，颜色 (245,130,32)
from docx.oxml.ns import qn #中文字体
from docx.enum.table import WD_TABLE_ALIGNMENT #表格对齐方式
from docx.enum.text import WD_PARAGRAPH_ALIGNMENT #导入段落对齐的库
#导入文件
doc=Document('test0.docx')

# 设置文档的基础字体（正文）
doc.styles['Normal'].font.name = u'微软雅黑'
```

```
doc.styles['Normal']._element.rPr.rFonts.set(qn('w:eastAsia'), u'微软雅黑')
```

这部分代码主要用于相关库的导入以及导入 6.5.3 小节生成的填写好数据的模板封面文件，以批量生成的 test0.docx 为例进行操作，并设置中文字体格式。

```
#导入
doc.add_heading('2.行业：总量平稳上升、格局分化，结构性红利待释放', level=1)

doc.add_heading('2.1 宏观分析：白酒市场规模大，增速放缓但总量稳定', level=2)
text='白酒市场规模大，增速放缓但总量稳定。基于中国酒文化的背景，白酒消费是社零消费中不可或缺的重要部分。中国的白酒市场规模大，2019 年白酒市场规模为 5618 亿元，同比增长 4.7%，市场总量稳定，保持较低速增长。受"限酒令"的影响，2011 年后，白酒行业规模增速减缓，但近年白酒市场总量仍十分稳定。'
doc.add_paragraph(text)
```

第 2 行代码通过 add_heading()方法添加一个标题行，内容为"2.行业：总量平稳上升、格局分化，结构性红利待释放"，并通过 level 参数设置该标题行为一级标题。第 4 行代码以同样的方式添加一个二级标题行。

第 5～7 行代码用于保存要填入正文的内容。

末行代码用于将正文内容添加到新的自然段中。

```
#调整标题颜色
for p in doc.paragraphs:
    if p.style.name == 'Heading 1':
        for run in p.runs:
            run.font.color.rgb = RGBColor(0, 112, 192)
            run.font.name = u'微软雅黑'
            run._element.rPr.rFonts.set(qn('w:eastAsia'), u'微软雅黑')

for p in doc.paragraphs:
    if p.style.name == 'Heading 2':
        for run in p.runs:
            run.font.color.rgb = RGBColor(0, 112, 192)
            run.font.name = u'微软雅黑'
            run._element.rPr.rFonts.set(qn('w:eastAsia'), u'微软雅黑')

for p in doc.paragraphs:
    if p.style.name == 'Heading 3':
        for run in p.runs:
            run.font.color.rgb = RGBColor(0, 112, 192)
            run.font.name = u'微软雅黑'
            run._element.rPr.rFonts.set(qn('w:eastAsia'), u'微软雅黑')
```

这 3 部分代码区块用于分别设置文档中一、二、三级标题的颜色和字体样式，此例只详细讲解第一个代码区块中的代码，后面两个代码区块的逻辑与之完全相同。

第 2 行代码通过 for 循环遍历所有的自然段。

第 3 行代码用于判断自然段是否属于一级标题，如果是，通过第 5 行代码修改一级标题颜色，通过第 6 行和第 7 行代码设置字体为微软雅黑。

插入正文内容后的效果如图 6-29 所示。

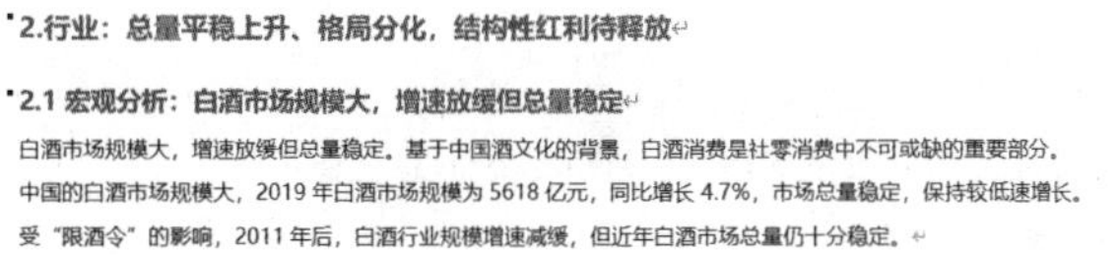

2.行业：总量平稳上升、格局分化，结构性红利待释放

2.1 宏观分析：白酒市场规模大，增速放缓但总量稳定

白酒市场规模大，增速放缓但总量稳定。基于中国酒文化的背景，白酒消费是社零消费中不可或缺的重要部分。中国的白酒市场规模大，2019 年白酒市场规模为 5618 亿元，同比增长 4.7%，市场总量稳定，保持较低速增长。受"限酒令"的影响，2011 年后，白酒行业规模增速减缓，但近年白酒市场总量仍十分稳定。

图 6-29

（2）插入图片

编辑完正文内容以后，在正文之后插入相关的图片。实现的一种插入图片的效果如图 6-30 所示。

图 6-30

实现该效果的步骤如下。

① 插入表格定位，设置样式参数。

② 让表格居中。

③ 调节列宽。

④ 将介绍文本插入单元格。

⑤ 将图片插入单元格。

⑥ 将资料来源插入单元格。

注：导入图片时，先把图片存储在本地再导入。

具体的代码如下。

```
# 新建自然段
doc.add_paragraph()
# 插入表格函数
table = doc.add_table(rows=3, cols=1, style='Light Shading Accent 1')
# 让表格居中
table.alignment = WD_TABLE_ALIGNMENT.CENTER
```

第 2 行代码用于在文档中创建一个新的自然段。

第 4 行代码用于插入一张新的表格，表格为 3 行 1 列，设置样式为 Light Shading Accent 1。

第 6 行代码用于设置表格居中。

```
# 确定列宽
for column in table.columns:
    for cell in column.cells:
        cell.width=Cm(17.6)  # 单式表格
```

第 2 行代码通过循环遍历每一列单元格。

第 3 行代码用于循环遍历每一列中的每一个单元格。

第 4 行代码用于将单元格宽度设置为 17.6 厘米。

```
# 图片介绍文本
p_des=table.cell(0,0).paragraphs
p_des[0].text='图片1: 白酒市场规模大，增速放缓但总量稳定'
for run in p_des[0].runs:
    run.font.color.rgb=RGBColor(77,77,79)
    run.font.size=Pt(8)
```

```
run.font.bold=True
```

这部分代码用于在表格的第 1 行插入图片的介绍内容。

第 2 行代码用于获取第 1 行单元格中的自然段对象。

第 3 行代码用于将自然段的内容修改为传入的介绍内容。

第 4~6 行代码用于修改介绍内容的格式。

```
# 图片资料来源
p_source=table.cell(2,0).paragraphs
p_source[0].text='资料来源: '
for run in p_source[0].runs:
    run.font.color.rgb=RGBColor(77,77,79)
    run.font.size=Pt(8)
```

这部分代码用于在表格第 3 行单元格中插入图片的资料来源相关内容,逻辑与上一段代码相同,这里不赘述。

```
# 插入图片
p_pic=table.cell(1,0).paragraphs
run=p_pic[0].add_run()
run.add_picture('白酒市场规模变化.png',width=Cm(13),height=Cm(6))
p_pic[0].alignment=WD_TABLE_ALIGNMENT.CENTER

# 新起两段, 防止图片与表格粘连
doc.add_paragraph()
doc.add_paragraph()
```

这部分代码用于在表格第 2 行单元格插入图片。

第 2 行代码用于获取单元格中的自然段对象。

第 3 行代码用于添加一个 run 对象。

第 4 行代码通过 run 对象的 add_picture()方法,根据传入的图片路径插入对应的图片,并设置图片宽度为 13 厘米、图片高度为 6 厘米。

第 5 行代码用于设置图片居中对齐。

第 8 行和第 9 行代码用于新增两个空白自然段,用于将表格和表格后面的内容分隔开。

还定义了第二种图片的插入方式,效果如图 6-31 所示。

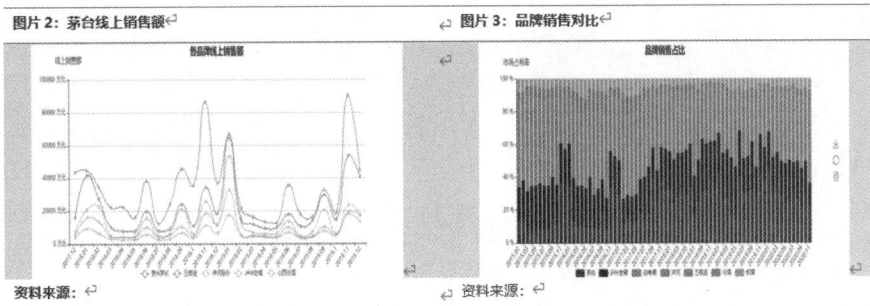

图 6-31

具体的代码如下。

```
# 下面是两张图并列排放
# 新建自然段
```

```
doc.add_paragraph()
# 插入表格函数
table=doc.add_table(rows=3, cols=3, style='Light Shading Accent 1')
# 让表格居中
table.alignment=WD_TABLE_ALIGNMENT.CENTER
```

第 3 行代码用于在文档中创建一个新的自然段。

第 5 行代码用于插入一张新的表格，表格为 3 行 3 列，设置样式为 Light Shading Accent 1。

第 7 行代码用于设置表格居中。

```
# 确定列宽
for i in range(len(table.rows)):
    for cell in table.columns[i].cells:
        if i == 1:
            cell.width=Cm(0.42)
        else:
            cell.width=Cm(8.6)
```

第 2 行代码通过 for 循环遍历表格的每一列单元格。

第 3 行代码用于遍历每一列的每一个单元格。

第 4~7 行代码通过判断条件，将第 2 列单元格的宽度调整为 0.42 厘米，其余列，即第 1 列和第 3 列宽度设置为 8.6 厘米。

```
# 第一张图片
# 介绍文本
p_des=table.cell(0,0).paragraphs
p_des[0].text='图片2：茅台线上销售额'
for run in p_des[0].runs:
    run.font.color.rgb=RGBColor(77,77,79)
    run.font.size=Pt(8)
    run.font.bold=True


# 图片
p_pic= table.cell(1,0).paragraphs
run=p_pic[0].add_run()
run.add_picture('线上销售额.png',width=Cm(7.5),height=Cm(4.6))
p_pic[0].alignment=WD_TABLE_ALIGNMENT.CENTER


# 资料来源
# 图片资料来源
p_source= table.cell(2,0).paragraphs
p_source[0].text='资料来源：'
for run in p_source[0].runs:
    run.font.color.rgb=RGBColor(77,77,79)
    run.font.size=Pt(8)
```

首先实现第一张图片的插入。

第 3~4 行代码用于将第一张图片介绍文本插入第 1 行第一个单元格。

第 5~8 行代码用于修改介绍文本的格式。

第 11~14 行代码用于将图片插入第 2 行第一个单元格，并设置图片居中。

第 18~22 行代码用于将图片的资料来源内容插入第 3 行第一个单元格，并修改格式。

```
# 第二张图片
# 介绍文本
p_des = table.cell(0, 2).paragraphs
p_des[0].text = '图片3：品牌销售对比'
```

```
for run in p_des[0].runs:
    run.font.color.rgb = RGBColor(77, 77, 79)
    run.font.size = Pt(8)
    run.font.bold = True
# 图片
p_pic = table.cell(1, 2).paragraphs
run = p_pic[0].add_run()
run.add_picture('品牌销售占比.png', width=Cm(7.5), height=Cm(4.6))
p_pic[0].alignment = WD_TABLE_ALIGNMENT.CENTER

# 资料来源
# 图片资料来源
p_source = table.cell(2, 2).paragraphs
p_source[0].text = '资料来源：'
for run in p_source[0].runs:
    run.font.color.rgb = RGBColor(77, 77, 79)
    run.font.size = Pt(8)
    run.font.bold = True

# 新起两段，防止图片表格与粘连
doc.add_paragraph()
doc.add_paragraph()
```

这里实现第二张图片的插入，方式与第一张图片的插入以及相关文本的插入完全相同，这里不做过多介绍。第 25～26 行代码插入两个空白自然段用于将表格与后面的内容分隔开。

（3）补充知识点——借助 pandas 快速插入表格

可以将一些数据表格插入 Word 文档中，效果如图 6-32 所示。

科目	本期（亿元）	上期（亿元）	变动	占资产比重	分析提示
货币资金	120	110	10	0.009746588693957114	
存货	154	111	43	0.04191033138401559	
应收账款	120	112	8	0.007797270955165692	
其他应收款	120	113	7	0.00682261208576998	
流动资产合计	514	446	68	0.06627680311890838	
固定资产	134	115	19	0.018518518518518517	
在建工程	178	116	62	0.06042884990253411	
商誉	200	117	83	0.08089668615984405	
资产总计	1026	794	232	0.22612085769980506	
短期借款	109	119	-10	-0.009746588693957114	
其他应付款	120	120	0	0	
流动负债	111	121	-10	-0.009746588693957114	
带息债务	123	122	1	0.0009746588693957114	
负债合计	463	482	-19	-0.018518518518518517	
归属母公司股东权益	114	124	-10	-0.009746588693957114	

图 6-32

注：输入表格内容时，把表格先存为本地 Excel 文档，再在其中输入内容后导入。具体的代码如下。

```
#填写内容
#读取 Excel 表格内容
import pandas as pd

data = pd.read_excel('资产负债表.xlsx')
# 调整数据格式，将数字格式的 25.55% 转换成文本格式的 25.55%，这里通过 round() 函数保留了两位小数
```

```
data['占资产比重'] = data['占资产比重'].apply(lambda x: str(round(x * 100, 2)) + '%')
data = data.fillna('')  # 将空值替换为空字符串
```

第 3 行代码用于读取资产负债表数据。

第 8 行代码用于将数据表格中的空数据全部替换成空字符串。

```
# 插入表格
r = data.shape[0] + 1  # 新加一行，作为表头
c = data.shape[1]
table = doc.add_table(rows=r, cols=c, style='Light Shading Accent 1')
# 让表格居中
table.alignment = WD_TABLE_ALIGNMENT.CENTER

# 下面设置表头的文本内容，因为 pandas 读取的 data 的正文内容不含表头，这里手动添加
table.cell(0, 0).paragraphs[0].text = '科目'
table.cell(0, 1).paragraphs[0].text = '本期（亿元）'
table.cell(0, 2).paragraphs[0].text = '上期（亿元）'
table.cell(0, 3).paragraphs[0].text = '变动'
table.cell(0, 4).paragraphs[0].text = '占资产比重'
table.cell(0, 5).paragraphs[0].text = '分析提示'
```

第 2 行代码用于获取数据表格的行数。

第 3 行代码用于获取数据表格的列数。

第 4 行代码根据获取的行数和列数创建数据表格，并设置样式为 Light Shading Accent 1。

第 6 行代码用于设置表格居中。

第 9～14 行代码用于设置表头的文本内容。

```
# 将 data 内容插入表格
for r_num in range(r - 1):  # 这个 r 是含表头的行数，所以这里减少了 1
    cell = table.rows[r_num + 1].cells  # 从 Word 表格的第 2 行开始写内容
    for c_num in range(c):
        cell[c_num].text = str(data.iloc[r_num][c_num])
        # 调整字体、颜色等
        p_cell = cell[c_num]
        for p in p_cell.paragraphs:
            for run in p.runs:
                run.font.color.rgb = RGBColor(51, 51, 51)
doc.save("test0.docx")
```

第 2 行代码用于遍历所有行。

第 4 行代码用于遍历所有列。

第 5～10 行代码用于将数据表格中的数据逐一填写到创建的表格中。

（4）代码汇总

完整代码如下。

```
from docx import Document
from docx.shared import Cm, Pt, RGBColor  #厘米计量，字号，颜色 (245,130,32)
from docx.oxml.ns import qn  # 中文字体
from docx.enum.table import WD_TABLE_ALIGNMENT  #表格对齐方式
from docx.enum.text import WD_PARAGRAPH_ALIGNMENT  # 导入段落对齐的库

#导入文件
doc = Document('test0.docx')
```

```
# 设置文档的基础字体（正文）
doc.styles['Normal'].font.name = u'微软雅黑'  # 可换成 Word 里面的任意字体
# 设置文档的基础中文字体（正文）
doc.styles['Normal']._element.rPr.rFonts.set(qn('w:eastAsia'), u'微软雅黑')  # 记得
填字体名称

#导入
doc.add_heading('2.行业：总量平稳上升、格局分化，结构性红利待释放', level=1)

doc.add_heading('2.1 宏观分析：白酒市场规模大，增速放缓但总量稳定', level=2)
text = '白酒市场规模大，增速放缓但总量稳定。基于中国酒文化的背景，白酒消费是社零消费中不可或缺的
重要部分。中国的白酒市场规模大，2019 年白酒市场规模为 5618 亿元，同比增长 4.7%，市场总量稳定，保持较低
速增长。受"限酒令"的影响，2011 年后，白酒行业规模增速减缓，但近年白酒市场总量仍十分稳定。'
doc.add_paragraph(text)

#调整标题颜色
for p in doc.paragraphs:
    if p.style.name == 'Heading 1':
        for run in p.runs:
            run.font.color.rgb = RGBColor(0, 112, 192)
            run.font.name = u'微软雅黑'
            run._element.rPr.rFonts.set(qn('w:eastAsia'), u'微软雅黑')

for p in doc.paragraphs:
    if p.style.name == 'Heading 2':
        for run in p.runs:
            run.font.color.rgb = RGBColor(0, 112, 192)
            run.font.name = u'微软雅黑'
            run._element.rPr.rFonts.set(qn('w:eastAsia'), u'微软雅黑')

for p in doc.paragraphs:
    if p.style.name == 'Heading 3':
        for run in p.runs:
            run.font.color.rgb = RGBColor(0, 112, 192)
            run.font.name = u'微软雅黑'
            run._element.rPr.rFonts.set(qn('w:eastAsia'), u'微软雅黑')

# 新建自然段
doc.add_paragraph()
# 插入表格函数
table = doc.add_table(rows=3, cols=1, style='Light Shading Accent 1')
# 让表格居中
table.alignment = WD_TABLE_ALIGNMENT.CENTER

#确定列宽
for column in table.columns:
    for cell in column.cells:
        cell.width = Cm(17.6)  # 单式表格

# 图片介绍文本
p_des = table.cell(0, 0).paragraphs
p_des[0].text = '图片 1：白酒市场规模大，增速放缓但总量稳定'
for run in p_des[0].runs:
    run.font.color.rgb = RGBColor(77, 77, 79)
    run.font.size = Pt(8)
    run.font.bold = True
```

```python
# 图片资料来源
p_source = table.cell(2, 0).paragraphs
p_source[0].text = '资料来源: '
for run in p_source[0].runs:
    run.font.color.rgb = RGBColor(77, 77, 79)
    run.font.size = Pt(8)

# 插入图片
p_pic = table.cell(1, 0).paragraphs
run = p_pic[0].add_run()
run.add_picture('白酒市场规模变化.png', width=Cm(13), height=Cm(6))
p_pic[0].alignment = WD_TABLE_ALIGNMENT.CENTER

# 新起两段，防止图片与表格粘连
doc.add_paragraph()
doc.add_paragraph()

# 下面是两张图并列排放
# 新建自然段
doc.add_paragraph()
# 插入表格函数
table = doc.add_table(rows=3, cols=3, style='Light Shading Accent 1')
# 让表格居中
table.alignment = WD_TABLE_ALIGNMENT.CENTER

# 确定列宽
for i in range(len(table.rows)):
    for cell in table.columns[i].cells:
        if i == 1:
            cell.width = Cm(0.42)
        else:
            cell.width = Cm(8.6)

# 第一张图片
# 介绍文本
p_des = table.cell(0, 0).paragraphs
p_des[0].text = '图片2: 茅台线上销售额'
for run in p_des[0].runs:
    run.font.color.rgb = RGBColor(77, 77, 79)
    run.font.size = Pt(8)
    run.font.bold = True

# 图片
p_pic = table.cell(1, 0).paragraphs
run = p_pic[0].add_run()
run.add_picture('线上销售额.png', width=Cm(7.5), height=Cm(4.6))
p_pic[0].alignment = WD_TABLE_ALIGNMENT.CENTER

# 资料来源
# 图片资料来源
p_source = table.cell(2, 0).paragraphs
p_source[0].text = '资料来源: '
for run in p_source[0].runs:
    run.font.color.rgb = RGBColor(77, 77, 79)
    run.font.size = Pt(8)

# 第二张图片
```

```python
# 介绍文本
p_des = table.cell(0, 2).paragraphs
p_des[0].text = '图片3：品牌销售对比'
for run in p_des[0].runs:
    run.font.color.rgb = RGBColor(77, 77, 79)
    run.font.size = Pt(8)
    run.font.bold = True
# 图片
p_pic = table.cell(1, 2).paragraphs
run = p_pic[0].add_run()
run.add_picture('品牌销售占比.png', width=Cm(7.5), height=Cm(4.6))
p_pic[0].alignment = WD_TABLE_ALIGNMENT.CENTER

# 资料来源
# 图片资料来源
p_source = table.cell(2, 2).paragraphs
p_source[0].text = '资料来源：'
for run in p_source[0].runs:
    run.font.color.rgb = RGBColor(77, 77, 79)
    run.font.size = Pt(8)
    run.font.bold = True

# 新起两段，防止图片与表格粘连
doc.add_paragraph()
doc.add_paragraph()

#填写内容
#读取Excel表格内容
import pandas as pd

data = pd.read_excel('资产负债表.xlsx')
# 调整数据格式，将数字格式的25.55%转换成文本格式的25.55%，这里通过round()函数保留了两位小数
data['占资产比重'] = data['占资产比重'].apply(lambda x: str(round(x * 100, 2)) + '%')
data = data.fillna('')    # 将空值替换为空字符串

# 插入表格
r = data.shape[0] + 1    # 新加一行，作为表头
c = data.shape[1]
table = doc.add_table(rows=r, cols=c, style='Light Shading Accent 1')
# 让表格居中
table.alignment = WD_TABLE_ALIGNMENT.CENTER

# 下面设置表头的文本内容，因为pandas读取的data的正文内容不含表头，这里手动添加
table.cell(0, 0).paragraphs[0].text = '科目'
table.cell(0, 1).paragraphs[0].text = '本期（亿元）'
table.cell(0, 2).paragraphs[0].text = '上期（亿元）'
table.cell(0, 3).paragraphs[0].text = '变动'
table.cell(0, 4).paragraphs[0].text = '占资产比重'
table.cell(0, 5).paragraphs[0].text = '分析提示'

# 将data内容插入表格
for r_num in range(r - 1):    # 这个r是含表头的行数，所以这里减了1
    cell = table.rows[r_num + 1].cells    # 从Word表格的第2行开始写内容
    for c_num in range(c):
        cell[c_num].text = str(data.iloc[r_num][c_num])
```

```
        # 调整字体、颜色等
        p_cell = cell[c_num]
        for p in p_cell.paragraphs:
            for run in p.runs:
                run.font.color.rgb = RGBColor(51, 51, 51)
doc.save("test0.docx")
```

6.5.5 插入页眉页脚

本例在开头设置模板的时候设置了一个分节符，把正文部分和目录页、封面分成了两节，这里可以在这两节设置不同的页眉、页脚。

```
from docx import Document
from docx.shared import Cm  # 导入单位转换库
doc=Document('test0.docx')
#加页眉、页脚
header=doc.sections[0].header
paragraph = header.paragraphs[0].add_run('中国人民大学商学院智能会计')
doc.sections[0].header_distance = Cm(0.1)
#设置页脚
footer=doc.sections[0].footer
doc.sections[0].footer_distance = Cm(0.1)
footer.is_linked_to_previous= False
paragraph = footer.paragraphs[0].add_run('请务必阅读正文之后的信息披露和免责声明')
doc.save("test0.docx")
```

第 5 行代码用于获取第一节的页眉。

第 6 行代码用于向页眉添加内容"中国人民大学商学院智能会计"。

第 7 行代码用于设置文档中第一节的页眉距离页面顶部的距离为 0.1 厘米。

第 9～12 行代码用于设置页脚内容，其中第 11 行设置了页脚不与文档中前一节的页脚链接，意味着本节的页脚是独立的。

第 13 行代码用于保存文件。

运行代码后，页眉的效果如图 6-33 所示。

A 股公司报告|首次覆盖报告↵

图 6-33

页脚的效果如图 6-34 所示。

请务必阅读正文之后的信息披露和免责声明↵

图 6-34

课后习题

一、单选题

1. 使用 python-docx 库设置段落样式时，WD_ALIGN_PARAGRAPH.CENTER 代表的

对齐方式是（　　　）。

    A.　居中对齐　　　　　　　　　B.　左对齐

    C.　右对齐　　　　　　　　　　D.　两端对齐

    2.　在设置 Word 文字样式时，font.italic 代表的设置为（　　　）。

    A.　设置字体颜色　　　　　　　B.　设置字体斜体

    C.　设置字体下画线　　　　　　D.　设置字体粗体

    3.　table = file.add_table(参数 1,参数 2,参数 3)的参数分别代表（　　　）。

    A.　行数，格式，列数　　　　　B.　列数，行数，格式

    C.　行数，列数，格式　　　　　D.　格式，列数，行数

二、多选题

以下说法错误的是（　　　）。

    A.　document.sections[0].header_distance 用于设置页脚

    B.　file.add_picture 用于添加照片

    C.　p.add_run 用于添加段落

    D.　table.cell(0, 0).text 用于填写表格第 1 行第 1 列的内容

三、判断题

add_hyperlink 默认插入字体颜色为蓝色的超链接。（　　　）

第 7 章 应用程序自动化——自动定时下载网银流水

在财务数据采集过程中，有时候需要登录应用程序下载相关文件，例如需要每天定时登录网银系统，下载网银流水，这时候就可以通过 RPA 技术来实现，RPA 技术，是以软件机器人及人工智能为基础的业务过程自动化科技。RPA 技术可以替代软件的人工操作，大幅提高重复性工作的效率。

在 Python 中，通过 PyAutoGUI 库可以方便地控制鼠标和键盘，以及可以自动与其他应用程序交互，从而实现 RPA 相关功能。使用者可以用这个库来记录键盘和鼠标操作，从而使得计算机能像人一样去使用那些应用程序，使人们从烦琐的重复性工作中抽离出来。

本章主要讲解 PyAutoGUI 库的基础及进阶使用技巧，并通过所讲内容实现自动定时下载网银流水的案例实战，帮助读者更好地理解如何通过 RPA 技术实现财务应用程序自动化。

7.1 PyAutoGUI 库基础知识

这一节将讲解 PyAutoGUI 库的基础知识，包括 PyAutoGUI 库的安装、自动控制鼠标、自动控制键盘等相关操作，方便读者快速入门 PyAutoGUI 库。

7.1.1 PyAutoGUI 库的安装

首先对 PyAutoGUI 库的安装方法做简要介绍。

（1）安装方法 1：使用 pip 安装法进行安装

建议使用 pip 安装法安装 PyAutoGUI 库：通过 Win + R 快捷键调出运行框，输入 cmd 后单击"确定"按钮，在弹出的窗口中输入如下命令，按 Enter 键即可进行安装。

```
pip install pyautogui
```

安装过程中，会同时安装很多 PyAutoGUI 的依赖库，出现图 7-1 所示字样即表示安装成功。

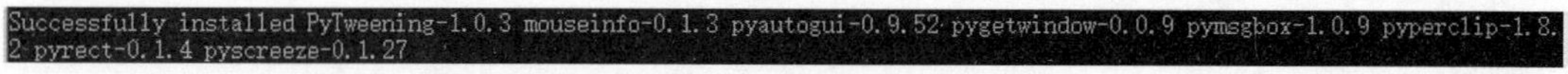

```
Successfully installed PyTweening-1.0.3 mouseinfo-0.1.3 pyautogui-0.9.52 pygetwindow-0.0.9 pymsgbox-1.0.9 pyperclip-1.8.2 pyrect-0.1.4 pyscreeze-0.1.27
```

图 7-1

（2）安装方法 2：下载后安装

如果采用 pip 安装法因为网络问题一直安装不了，也可以手动下载并安装。

进入官网，单击 Download files，下载右侧的 PyAutoGUI-0.9.XX.tar.gz 文件（单击即可下载，其中××是版本号），如图 7-2 所示。

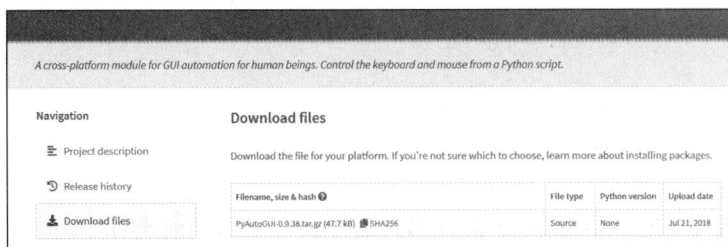

图 7-2

下载完成后,在下载的 tar.gz 文件所在文件夹的文件路径框里输入 cmd 后按 Enter 键进入文件夹终端(也可以在文件夹中按住 Shift 键并右击,在弹出的快捷菜单中执行"在此处打开 Powershell 窗口"命令,进入命令行窗口),进入命令行窗口后通过执行"pip install 文件名"命令进行安装。

```
pip install PyAutoGUI-0.9.XX.tar.gz
```

(3)检测安装是否成功

进入 Python,执行如下命令。

```
import pyautogui
```

若未出现错误提示,就说明已经成功安装 PyAutoGUI。

7.1.2 自动控制鼠标

我们日常生活中经常使用的鼠标动作,都可以用 PyAutoGUI 库中的函数来模拟,这一小节将介绍鼠标指针坐标的定义及一些鼠标控制函数。

(1)屏幕分辨率和鼠标指针坐标

在介绍如何使用 PyAutoGUI 库控制鼠标动作之前,先来了解鼠标指针坐标的定义,如图 7-3 所示。

图 7-3

利用 PyAutoGUI 库能够获取屏幕大小信息,之后以屏幕的左上角为坐标原点,从坐标原点向右为 x 轴,从 0 开始递增;从坐标原点向下为 y 轴,从 0 开始递增。左上角的像素坐标为(0, 0)。如果屏幕分辨率为 1920 像素 × 1080 像素,右下角的像素坐标将为(1919, 1079)(因为坐标从 0 开始,而不是 1)。

可以用函数获取屏幕分辨率以及鼠标指针的当前坐标。

```
# 屏幕分辨率由 size()函数返回
pyautogui.size()

# 鼠标指针的当前 x 和 y 坐标由 position()函数返回
pyautogui.position()
```

也可以通过一些外部软件获取鼠标指针坐标，如微信的截图功能：登录微信后按 Alt + A 快捷键，鼠标指针右侧就会显示当前坐标，如图 7-4 所示。

此外，向大家推荐一个截图软件——Snipaste，用这个软件可以方便地获取屏幕坐标及颜色信息。

（2）控制鼠标指针移动

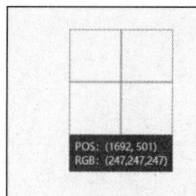

图 7-4

```
pyautogui.moveTo([1392,47],duration = 1)
```

此种方式无论鼠标指针的当前位置在哪儿，都能控制鼠标指针移动到(x,y)=(1392,47)的位置上。

```
pyautogui.moveRel([20,30],duration = 1)
```

此种方式要先获取鼠标指针的当前位置，然后在此位置的基础上向右移动 20 个像素，向下移动 30 个像素。

参数 duration 规定鼠标指针移动到目标位置所需要的时间，我们会看到鼠标指针在规定时间内逐渐移动到目标位置，就像手动移动鼠标指针一样。

（3）控制鼠标单击

可以简单地调用 click()函数来完成单击，这样会直接在当前位置单击。

```
pyautogui.click()
```

如果要在特定坐标点单击，可以用下面的方式，这样就不用先移动鼠标指针。

```
pyautogui.click([566,193])
```

在单击中，有一些值得注意的参数，如表 7-1 所示。

表 7-1

参数	可选值	简介
button	left、right、middle	决定由鼠标左键、右键还是中键来执行单击操作
clicks	整数	决定单击次数
interval	数字	与 clicks 参数搭配使用，决定每次单击事件的间隔时间

也可以对单击动作进行分解，mouseDown 表示按下键的动作，而 mouseUp 表示松开键的动作。

```
pyautogui.mouseDown(button='right', x=100, y=200)
pyautogui.mouseUp(button='left', x=100, y=200)
```

另外，其他单击事件的控制代码如下，可以直接调用这些函数，以减少大量操作。

```
pyautogui.doubleClick()          #控制双击
pyautogui.rightClick()           #控制右击
pyautogui.middleClick()          #控制鼠标中键单击
```

（4）控制鼠标滚轮滚动

通过 scroll()函数，可以模仿鼠标滚轮的滚动。

```
pyautogui.scroll(num)
```

其中 num 的取值范围是任意整数，num 取正数表示鼠标滚轮向前滚动，而取负数表示鼠标滚轮向后滚动。

此外，可以传入参数，用来在执行滚动之前移动鼠标指针。

```
pyautogui.scroll(10, x=100, y=100)
```

（5）控制鼠标拖动

生活中还常常需要用鼠标选中一片区域，这时就需要用到控制鼠标拖动的功能。

```
pyautogui.dragTo([1392,47],duration = 1)
pyautogui.dragRel([20,30],duration = 1)
```

此种方式和前面控制鼠标指针移动的原理相同，共有两种控制拖动的方式：第一种是控制拖动到(1392,47)坐标位置；第二种是以当前鼠标指针位置为起点，向右拖动 20 个像素的距离，向下拖动 30 个像素的距离。duration 参数依然用于控制鼠标指针移动的时间。button 等参数在这里仍然适用。

7.1.3 自动控制键盘

类似地，也可以用 PyAutoGUI 库来模拟键盘输入。

（1）控制键盘按键

```
pyautogui.press('space')
```

上述代码输入的参数表示要控制键盘按哪个键，单独输入字母，如'a'，就相当于按键盘上的 A 键，一些常用的快捷键如表 7-2 所示。

表 7-2

按键	说明
enter(或 return 或 \n)	Enter 键
esc	Esc 键
shiftleft、shiftright	左、右 Shift 键
altleft、altright	左、右 Alt 键
ctrlleft、ctrlright	左、右 Ctrl 键
tab (\t)	Tab 键
backspace、delete	BackSpace、Delete 键
pageup、pagedown	Page Up、Page Down 键
home、end	Home、End 键
up、down、left、right	箭头键
f1、f2、f3……	F1……F12 键
pause	Pause 键
capslock、numlock、scrolllock	Caps Lock、Num Lock、Scroll Lock 键
insert	Insert 键
printscreen	Print Screen 键
winleft、winright	左、右 Win 键

（2）控制键盘输入

```
pyautogui.typewrite(string)
```

上述代码表示用键盘输入字符串内容，如当 string 的值为'I love pyautogui'，就表示通过键盘输入一串字符串内容。

示例代码如下。

```
pyautogui.typewrite('I love pyautogui',interval=0.25)
```

interval 参数可以用来控制每个按键按下的间隔时间，单位为秒。

给参数添加一个中括号[]，参数 string 表示键盘上按键的名称，就取代了前面的 press() 方法，同样可以实现控制键盘按键的功能。

```
pyautogui.typewrite([string])
```

要注意的是：采用此方法可以输入英文和数字，但是不能输入中文，后文会对如何输入中文做具体讲解。

（3）键盘快捷键

为了方便地按热键或键盘快捷键，可以用 hotkey()方法传递几个键串，这些键串将按顺序按下，然后按相反顺序释放。通过 hotkey()方法可以实现对键盘快捷键的控制，如复制功能的 Ctrl+C、粘贴功能的 Ctrl+V 等。

```
pyautogui.hotkey('ctrl','c')
```

一些简单的示例如下所示。

```
pyautogui.click([564,450], duration=1)
pyautogui.hotkey('ctrl','a')
pyautogui.hotkey('ctrl','c')
pyautogui.click([440,894])
pyautogui.hotkey('ctrl','v')
```

（4）解决不能输入中文的问题

按照正常的输入逻辑，输入中文需要使用输入法输入拼音，再选中需要的正确字符，这样的操作显然太过烦琐。可以使用一些库向系统剪贴板中写入中文，再调用热键进行粘贴。

操作剪贴板的常见库有 win32clipboard 和 pyperclip 两种，都很方便。唯一的区别是 pyperclip 库在打包为 EXE 文件时文件体积会更大。

pyperclip 库的应用。

```
import pyperclip
import pyautogui

#  Python 2 的 pyperclip 库提供中文复制

# 可以把 pyperclip 库的写入与粘贴快捷键封装为一个函数
def paste(foo):
    pyperclip.copy(foo)
    pyautogui.hotkey('ctrl', 'v')

# 写入一行文字
foo = u'学而时习之'

#  移动到文本框
pyautogui.click(442, 348)

# 进行粘贴
paste(foo)
win32clipboard :
import win32clipboard as w
import win32con
```

```
# 获取剪贴板内容
def gettext():
    w.OpenClipboard()
    t = w.GetClipboardData(win32con.CF_TEXT)
    w.CloseClipboard()
    return t

# 写入剪贴板内容
def settext(aString):
    w.OpenClipboard()
    w.EmptyClipboard()
    w.SetClipboardData(win32con.CF_TEXT, aString)
    w.CloseClipboard()

# 写入中文字符
a = "华能信托"

# 对中文进行转码, 否则会出现乱码
settext(a.encode('gbk'))   # 这里得转码, 否则复制的内容是乱码

#  移动到文本框
pyautogui.click(442, 348)

# 进行粘贴
pyautogui.hotkey('ctrl', 'v')
```

值得注意的是，用 win32clipboard 库将中文写入剪贴板，需要先进行转码，否则会有乱码出现。

7.2 PyAutoGUI 库进阶知识

本节主要讲解 PyAutoGUI 库进阶知识，包括消息框的设置、图像识别、截图及像素颜色获取等相关知识，并在最后通过一个简单应用示例巩固相关知识。

7.2.1 消息框的设置

PyAutoGUI 库利用 PyMsgBox 中的消息框函数，可以显示 JavaScript 样式的消息框。

（1）alert()消息框

显示一个带有文本提示和单个确认按钮的简单消息框，如图 7-5 所示。

```
pyautogui.alert(text='alert!', title='alert', button='确定')
```

（2）confirm()消息框

显示带有多个按钮的消息框，如图 7-6 所示。可以自定义按钮的数量和对应文本。

```
pyautogui.confirm(text='confirm_text', title='confirm_title', buttons=['确定', '取消'])
```

图 7-5

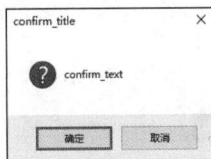

图 7-6

（3）prompt()消息框

显示一个带有确定和取消按钮的输入框，如图 7-7 所示，单击确认（OK）按钮后，会返回输入的文本，若没有输入，则返回空值，单击取消（Cancel）按钮，则返回 None。

可以通过 default 参数设置输入框中的初始内容。

```
pyautogui.prompt(text='prompt_text', title='prompt_title' , default='请输入')
```

（4）password()消息框

显示一个带有确定和取消按钮的密码输入框，如图 7-8 所示，可以将密码设置为非明文显示，输入的字符会显示为 mask 参数设置的字符，该参数只有第一个字符有效。单击确认（OK）按钮后，会返回输入的文本，若没有输入，则返回空值，单击取消（Cancel）按钮，则返回 None。

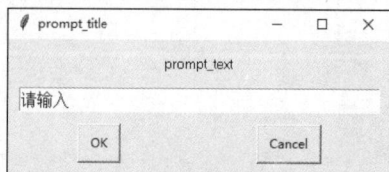

图 7-7

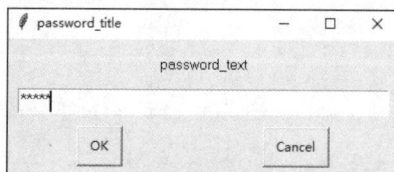

图 7-8

可以通过 default 参数设置输入框中的初始内容。

```
pyautogui.password(text='password_text', title='password_title', default='', mask='*')
```

7.2.2　图像识别

我们总能够通过设定坐标来决定程序的工作流程，但当应用程序图标被移动，网页结构有所改变时，需要重新设置坐标来使程序正确工作。

PyAutoGUI 库还具有图像捕捉与识别的功能，用户可根据自己的需要，预先保存需要单击位置的截图，对于那些位置经常发生改变而图标区域变化不大的单击点来说，这样显然更加灵活。

（1）图像定位

可以用 locateOnScreen()方法来进行图像的匹配。

```
pyautogui.locateOnScreen('截图.png')
```

这里以 Windows 图标为例，来看一看该方法的工作结果。

首先，截取屏幕左下方 Windows 图标，如图 7-9 所示。

图 7-9

截取的图标如图 7-10 所示。

开始进行图像匹配。

图 7-10

```python
import pyautogui

position = pyautogui.locateOnScreen('Win.jpg')
print(position)
```

输出值如下。

```
Box(left=2, top=864, width=42, height=34)
```

该方法是从屏幕的左上角开始找图像，从左至右遍历，然后从上到下遍历，一旦找到就停止。返回的值描述了该区域所在位置及大小，该值是一个 Box 类实例，可以看成一个 4 整数元组，即（左、上、宽、高）。可以用数组的形式或 left、top、width、height 属性来访问单独的值。

```python
print(position)
print(position[0])
print(position.left)

'''
输出值为：
Box(left=2, top=864, width=42, height=34)
2
2
'''
```

此外，可以用 PyAutoGUI 库的 center()方法来返回该区域的中心点坐标，通常来讲，进行图像匹配的目的就是单击其中心点。该方法的返回值是一个 Point 类实例，可以用数组形式或（x、y）属性来访问单独的值。

```python
center_position = pyautogui.center(position)
print(center_position)
print(center_position[0])
print(center_position.x)

'''
输出值为：
Point(x=23, y=881)
23
23
'''
```

（2）直接定位中心点

locateCenterOnScreen()方法相当于结合了 locateOnScreen()和 center()方法的功能，可以直接返回一个中心点的 Point 类实例。

```python
import pyautogui

position = pyautogui.locateCenterOnScreen('Win.jpg')

print(position)
print(position[0])
print(position.y)

'''
输出值为：
Point(x=23, y=881)
23
```

```
881
'''
```

（3）加速图像定位

① 限定区域。

本书所用的定位方法，是从屏幕的左上角开始找图像，从左至右遍历，然后从上到下遍历，一旦找到就停止。可以想象的是，这样做的成本是高昂的，可能需要一秒或更长的时间来进行定位。

加速这一过程的良好方法是使用 region 参数为图像定位限定一个大致区域，区域越小，匹配就越快。

```
    a, b = pyautogui.locateCenterOnScreen('截图.png', region=(500, 0, 400, 250))
# region 就是区域的意思，4 个值分别对应 x、y、w、h
```

4 个值分别对应 x、y、w、h，分别指左上角的 x 轴、y 轴坐标，以及宽度（width）和高度（height）。

下面通过实验来对比匹配速度。

```
import pyautogui
import time

start_time = time.time()
position = pyautogui.locateCenterOnScreen('Win.jpg')
end_time = time.time()
print(end_time-start_time)

start_time = time.time()
position = pyautogui.locateCenterOnScreen('Win.jpg',region=(0,720, 400, 400))
end_time = time.time()
print(end_time-start_time)


'''
输出值为
0498366355895996
0.09  747099876403809
'''
```

可以看到，加速效果十分明显。

② 灰度匹配。

还可以通过将参数 grayscale 设置为 True，来为 locate()函数加速，根据官方文档，加速比例在 30%左右。这是牺牲准确率换取速度的做法，会降低图像和屏幕截图的颜色饱和度加快定位速度，但可能会导致误匹配。

```
import pyautogui
import time

start_time = time.time()
position = pyautogui.locateCenterOnScreen('Win.jpg')
end_time = time.time()
print(position,end_time-start_time)

start_time = time.time()
position = pyautogui.locateCenterOnScreen('Win.jpg',grayscale=True)
end_time = time.time()
print(position,end_time-start_time)
```

```
'''
输出值为
Point(x=23, y=881) 0382530689239502
Point(x=23, y=881) 0.7915823459625244
'''
```

（4）降低查找精度

PyAutoGUI 库对图像匹配的要求较高，有时可能因为图像的放大、缩小造成了像素上的差异，导致匹配失败。可以通过设置 confidence 参数来降低查找精度，从而更方便地使用图像定位功能。

要使用 confidence 参数，首先要安装 OpenCV，打开命令行窗口，用 pip 命令安装即可。

```
pip install opencv-python
```

成功安装后，即可根据实际情况，将 confidence 设为小于 1 的数。

```
import pyautogui
import time

position = pyautogui.locateCenterOnScreen('Win.jpg',confidence=0.9)
print(position)
```

7.2.3　截图及像素颜色获取

（1）像素颜色获取

可以用 pixel(x,y) 函数来获取(x,y)点的像素颜色，返回对象是一个三元组，分别对应RGB值的(red,green,blue)。

```
import pyautogui
py_image = pyautogui.pixel(500, 500)
print(pix)

'''
输出为三元组:
(0, 59, 108)
'''
```

还可以用 pixelMatchesColor(x,y,(red,green,blue)) 验证某一像素是否为某颜色，颜色仍然用 RGB 值来表示，返回值为 True 或 False。

```
import pyautogui
pyautogui.pixelMatchesColor(500, 500, (0, 59, 108))
```

还可以在该函数中加入 tolerance 参数，来达到模糊匹配的效果，设置 RGB 的每个值偏离 tolerance 值的范围。

```
# 自定义截图范围
pyautogui.pixelMatchesColor(100, 200, (140, 125, 134), tolerance=10)
```

（2）截图功能

可以用 screenshot() 函数来获取当前屏幕截图，返回对象是一个 Image 类实例。

```
import pyautogui
# 截图
py_image = pyautogui.screenshot()
print(py_image)
```

运行这段代码，输出如图 7-11 所示。

```
PS C:\puautogui> & D:/software/python3.7/python.exe c:/puautogui/test.py
<PIL.Image.Image image mode=RGB size=1920x1080 at 0x212670B6DA0>
```

图 7-11

可以将该截图保存到自定义路径中。

```python
# 保存
py_image2 = pyautogui.screenshot('my_screenshot.png')
```

由于使用的是相对路径，运行后，会在代码文件同路径下生成截图文件，这里也可以换成绝对路径，结果如图 7-12 所示。

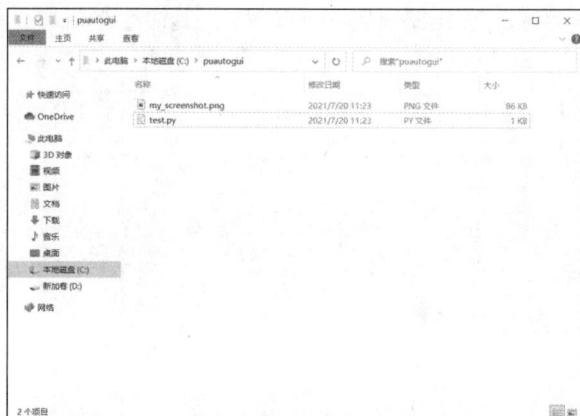

图 7-12

打开该截图文件，就可以看到运行时桌面的截图，如图 7-13 所示。

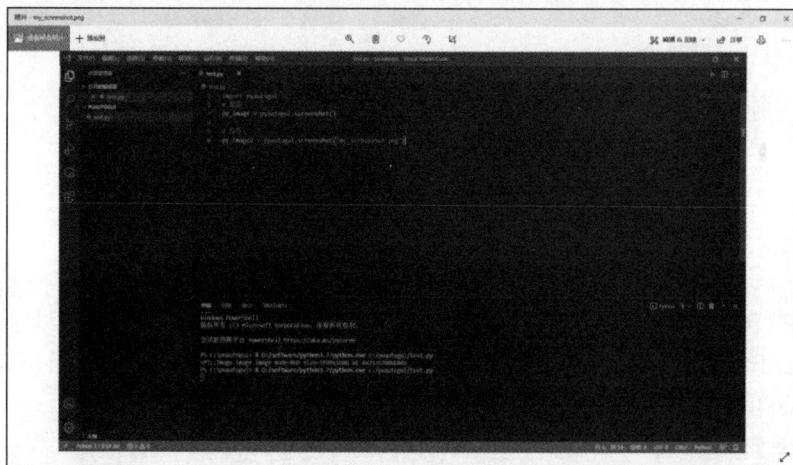

图 7-13

还可以用 region=(左,上,宽,高)来自定义截图范围。

```python
# 自定义截图范围
py_image3 = pyautogui.screenshot('my_screenshot1.png',region=(0, 0, 300, 400))
```

打开新的截图文件，如图 7-14 所示。

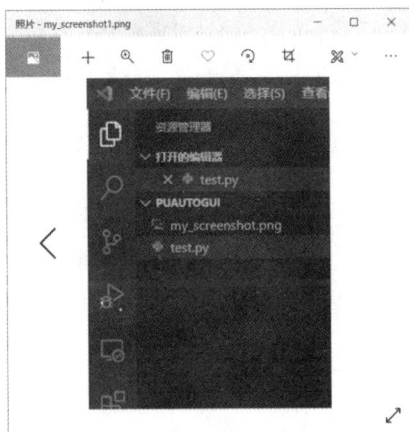

图 7-14

可以用 getpixel() 来查看截图某一像素的 RGB 值。

```
py_image = pyautogui.screenshot()
py_image.getpixel((500, 500))

print(py_image.getpixel((500, 500)))
```

7.2.4 简单应用示例

用前文讲过的基本方法实现模拟登录百度查询 python 的功能。先初始化 PyAutoGUI 库的一系列参数，并启动自动防故障功能。

```
import pyautogui            #导入 PyAutoGUI 库

pyautogui.PAUSE = 1         #设置操作间隔，防止单击过快页面延迟产生错误
pyautogui.FAILSAFE = True   #启用自动防故障功能，将鼠标指针移到屏幕的左上角，抛出异常
```

获取浏览器网址输入框的坐标，如图 7-15 所示。

图 7-15

输入网址，代码如下（注意其中的坐标位置需要根据显示器大小调节）。

```
pyautogui.moveTo([895,67],duration = 1)    #将鼠标指针移动到浏览器网址输入框位置
pyautogui.click()                          #选中
pyautogui.typewrite('https://www.baidu.com')   #在输入框中输入网址
```

```
pyautogui.typewrite(['enter'])                        #按 Enter 键
```

获取到百度搜索界面输入框的坐标，如图 7-16 所示。

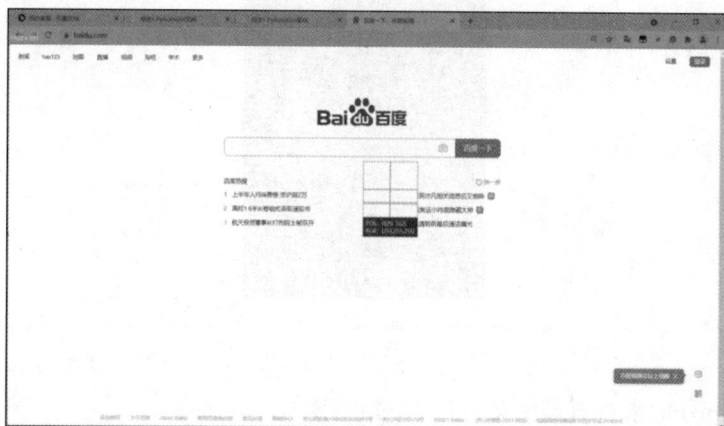

图 7-16

输入搜索内容，开始搜索。

```
pyautogui.moveTo([929,362],duration = 1)    #将鼠标指针移动到百度搜索界面的输入框
pyautogui.click()                           #选中输入框
pyautogui.typewrite('python')               #输入 python 关键字
pyautogui.typewrite(['enter'])              #按 Enter 键搜索
```

正确出现搜索结果，如图 7-17 所示。

图 7-17

到这里，就完成了对于 PyAutoGUI 库基础和进阶知识的讲解，7.3 节将通过综合案例实战来演示如何通过这个库实现自动定时下载网银流水。

7.3 综合案例实战——自动定时下载网银流水

在做财务相关的工作时，时常需要批量、定时地进行网银流水的下载。各银行下载网银流水的方式有所不同，且许多银行都使用了自主开发的程序，没有提供相关接口。在这一案例实战中，我们选取一个简单的网银模拟程序，基于 PyAutoGUI 库完成对网银流水的定时下载。

7.3.1 模拟程序介绍

因为实际的网银程序登录要求比较严格，例如通常需要一些类似网银盾的辅助设备，不利于学习和练习，所以编者使用 PyQT5 库，写了一个简单的网银模拟程序 main.exe，方便模拟网银流水下载的全流程，在本章源代码文件夹的 main 文件夹中，双击其中的 main.exe 应用程序，可以进入网银模拟程序，如图 7-18 所示。

该程序功能较为简单，首先，用户打开程序，输入账号、密码进行登录，登录后，出现网银流水界面，展示了当前网银流水信息，可以通过单击"导出"按钮进行导出，并可以选择要保存到的路径。导出成功后，程序会给出提示。

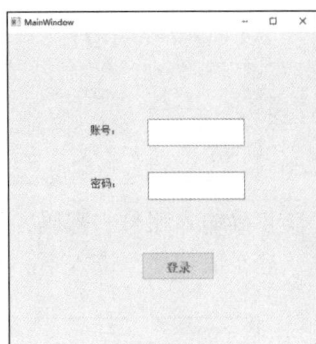

图 7-18

7.3.2 思路分析

下载一次网银流水，需要依次做到：双击程序—输入账号、密码—单击登录—单击导出—在弹出的窗口中找到地址输入栏—粘贴想要保存到的路径—关闭程序。

本例采取坐标定位来完成这一流程，先手动完成一次导出，用截图或之前提到的 PyAutoGUI 库自带的输出坐标方法记录各个点的坐标，再加入定时，就可以完成定时自动下载网银流水的任务。

7.3.3 具体代码实现

首先，根据程序所在坐标，双击以打开程序（注意本节涉及的坐标位置需要根据显示器大小调节）。

```
import time
import pyautogui

# 暂停一段时间，返回桌面或网银程序所在文件夹
time.sleep(3)
pyautogui.doubleClick([810,136])
# 暂停以等待程序打开
time.sleep(1)
```

接下来粘贴账号及密码，并单击登录，仍然用之前的操作剪贴板的方式来粘贴。账号、密码也可以仿照之前的案例实战从 Excel 文件中读取。可以在每步后暂停，防止程序执行过快导致一些步骤被跳过。

```
import win32con
import win32clipboard

# 写入剪贴板
def set_text(string):
    win32clipboard.OpenClipboard()
    win32clipboard.EmptyClipboard()
    win32clipboard.SetClipboardData(win32con.CF_UNICODETEXT, string)
    win32clipboard.CloseClipboard()

# 输入账号
pyautogui.click([997,455])
set_text('huaxiaozhi')
```

```
pyautogui.hotkey("Ctrl","v")
time.sleep(0.25)
# 输入密码
pyautogui.click([1015,530])
set_text('admin')
pyautogui.hotkey("Ctrl","v")
time.sleep(0.25)
# 单击登录
pyautogui.click([972,648])
time.sleep(0.5)
```

正确输入账号、密码，如图 7-19 所示。

登录成功后，进入下一界面，如图 7-20 所示。

图 7-19　　　　　　　　　　　　　　　　图 7-20

单击"导出"按钮，根据记录好的坐标，在地址栏中粘贴想要保存网银流水的路径，并选定文件夹。

```
# 单击导出
pyautogui.click([1236,659])
time.sleep(0.5)

# 单击地址栏
pyautogui.click([981,394])

# 粘贴保存路径
set_text("C:\\Users\\HM\\Desktop\\export")
pyautogui.hotkey("Ctrl","v")
pyautogui.keyDown('Enter')

# 单击选择文件夹
pyautogui.click([1148,888])
time.sleep(1)
```

成功保存后，先关闭提示框，最后关闭程序。

```
# 关闭提示框
pyautogui.keyDown('esc')
# 关闭程序
pyautogui.click([1309,320])
```

选择保存文件夹，如图 7-21 所示。

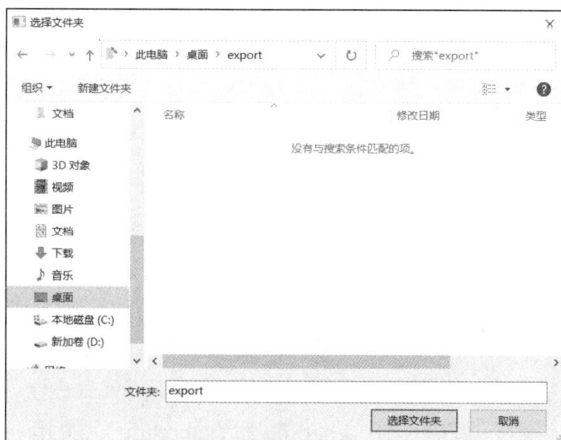

图 7-21

导出成功的提示如图 7-22 所示。

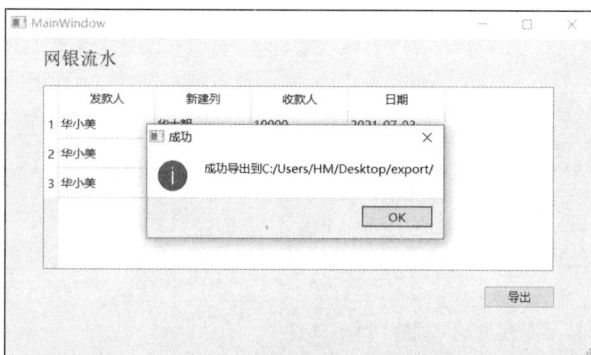

图 7-22

最后，将其封装为函数。

```
def export():
    # 暂停一段时间，返回桌面或网银程序所在文件夹
    time.sleep(3)
    pyautogui.doubleClick([810,136])
    time.sleep(1)
    # 输入账号
    pyautogui.click([997,455])
    set_text('huaxiaozhi')
    pyautogui.hotkey("Ctrl","v")
    time.sleep(0.25)
    # 输入密码
    pyautogui.click([1015,530])
    set_text('admin')
    pyautogui.hotkey("Ctrl","v")
    time.sleep(0.25)
    # 单击登录
    pyautogui.click([972,648])
    time.sleep(0.5)

    # 单击导出
    pyautogui.click([1236,659])
    time.sleep(0.5)
```

```
# 单击地址栏
pyautogui.click([981,394])

# 粘贴保存路径
set_text("C:\\Users\\HM\\Desktop\\export")
pyautogui.hotkey("Ctrl","v")
pyautogui.keyDown('Enter')

# 单击选择文件夹
pyautogui.click([1148,888])
time.sleep(1)
# 单击选择文件夹
pyautogui.keyDown('esc')
pyautogui.click([1309,320])
```

如果想使程序定时执行，可以使用 schedule 库，schedule 库的相关知识点可以参考 7.3.4 小节补充知识点：通过 schedule 库实现定时任务。最终代码汇总如下：

```
import time
import pyautogui

import win32con
import win32clipboard

# 写入剪贴板
def set_text(string):
    win32clipboard.OpenClipboard()
    win32clipboard.EmptyClipboard()
    win32clipboard.SetClipboardData(win32con.CF_UNICODETEXT, string)
    win32clipboard.CloseClipboard()


def export():
    # 暂停一段时间，返回桌面或网银程序所在文件夹
    time.sleep(3)
    pyautogui.doubleClick([810,136])
    time.sleep(1)
    # 输入账号
    pyautogui.click([997,455])
    set_text('huaxiaozhi')
    pyautogui.hotkey("Ctrl","v")
    time.sleep(0.25)
    # 输入密码
    pyautogui.click([1015,530])
    set_text('admin')
    pyautogui.hotkey("Ctrl","v")
    time.sleep(0.25)
    # 单击登录
    pyautogui.click([972,648])
    time.sleep(0.5)

    # 单击导出
    pyautogui.click([1236,659])
    time.sleep(0.5)

    # 单击地址栏
    pyautogui.click([981,394])

    # 粘贴保存路径
    set_text("C:\\Users\\HM\\Desktop\\export")
    pyautogui.hotkey("Ctrl","v")
```

```
pyautogui.keyDown('Enter')

# 单击选择文件夹
pyautogui.click([1148,888])
time.sleep(1)
# 单击选择文件夹
pyautogui.keyDown('esc')
pyautogui.click([1309,320])


import schedule

schedule.every().day.at("12:00").do(export)

while True:
    schedule.run_pending()
    time.sleep(10)
```

7.3.4 补充知识点：通过 schedule 库实现定时任务

想要准确地实现每天的定时任务，可以使用 Python 的 schedule 库，schedule 的中文翻译是时刻表。首先需要安装 schedule 库，其安装办法推荐使用 pip 安装法：按 Win+R 快捷键调出运行框，输入 cmd 后单击"确定"按钮，在弹出的对话框内输入 pip install schedule 后按 Enter 键安装。

使用 schedule 库的方法并不复杂，只需要和一个定义好的函数相配合即可，下面以每天中午 12 点输出"该吃饭啦"为例演示 schedule 库的用法，代码如下：

```
import schedule
import time

def eatting():
    print("该吃饭啦")

schedule.every().day.at("12:00").do(eatting)

while True:
    schedule.run_pending()
    time.sleep(10)
```

首先引入 schedule 和 time 库，然后定义一个函数，函数名为 eatting，该函数没有设置参数，函数内容为输出"该吃饭啦"。然后通过如下核心代码告诉程序每天中午 12:00 执行 eatting()这个函数。

```
schedule.every().day.at("12:00").do(eatting)
```

at 后的括号里是具体的时间，do 后的括号里是需要执行的函数。

定义了执行时间和要执行的函数后，还需要通过 while True 来让程序一直运行，schedule.run_pending()的含义为运行所有可以运行的 schedule 任务，time.sleep(10)是让 schedule 任务运行完休息 10 秒再检测是否有可以运行的任务，这里也可以直接写成 time.sleep(1)。在上述代码中，当到了每天 12:00 的时候，就会检测到可执行的 schedule 任务（运行 eatting()函数），并执行该 schedule 任务。

除每天定时执行任务外，schedule 还可以执行别的定时任务，比如每隔 10 分钟执行一次任务、每隔一个小时执行一次任务、每周在一定时间执行任务等。示例代码如下。

```
import schedule
import time
```

```
def eatting():
    print("该吃饭啦")

# ① 每隔10分钟执行一次任务
schedule.every(10).minutes.do(eatting)
# ② 每隔一小时执行一次任务
schedule.every().hour.do(eatting)
# ③ 每周一12:00执行一次任务
schedule.every().monday.at("12:00").do(eatting)

while True:
    schedule.run_pending()
    time.sleep(10)
```

如果函数里还有参数，那么可以将参数写到 do 后面的括号里的函数名称后面，代码如下。

```
import schedule
import time

def eatting(name):
    print(name + "该吃饭啦")

name = "华小智"
schedule.every().day.at("12:00").do(eatting, name)

while True:
    schedule.run_pending()
    time.sleep(10)
```

课后习题

一、单选题

1. 无论鼠标指针的当前位置在哪，都能控制鼠标指针移动到屏幕的某一位置上的函数为（　　）。

A. pyautogui.moveTo()
B. pyautogui.moveRel()
C. pyautogui. click()
D. pyautogui. scroll()

2. 若想显示一个带有确定和取消按钮的输入框，其中单击确认（OK）按钮后，会返回输入的文本，若没有输入，则返回空值，单击取消（Cancel）按钮，则返回 None，可使用的函数为（　　）。

A. alert()
B. confirm()
C. prompt()
D. password()

二、多选题

通过 PyAutoGUI 库可以实现的操作有（　　）。

A. 自动控制鼠标
B. 图片识别
C. 自动控制键盘
D. 截图

三、判断题

在自动定时下载网银流水的过程中，可以在每步后暂停，防止程序执行过快导致一些步骤被跳过。（　　）

第8章 财务报告自然语言处理——Python 中文大数据分词与可视化

上市公司财报 PDF 文件中的数据是典型的非结构化数据，区别于财务报表那种结构化数据，这种非结构化数据往往更加重要，本章首先讲解如何实现 PDF 文件文本解析，并通过对上市公司的年报（经营报告）PDF 文件解析来巩固相关知识点，掌握了 PDF 文件解析后，本章还将讲解如何对文本数据进行大数据分词与可视化。

8.1 PDF 文件文本解析

8.1.1 PDF 文件文本解析基础——提取文本与表格

想要深入对 PDF 文件正文内容进行分析，就需要用到 PDF 文件文本解析技术。Python 中有多个可以用于解析 PDF 文件文本的库，如 pdfplumber 库、pdfminer 库、tabula 库等，经编者测试，pdfplumber 库是目前使用比较方便的库，而且 pdfplumber 库不仅可以用于解析文字，还可以用于方便地解析 PDF 文件中的表格。

（1）pdfplumber 库的安装

这里推荐使用 pip 安装法安装 pdfplumber 库：按 Win + R 快捷键调出运行框，输入 cmd 后单击"确定"按钮，在弹出的窗口里输入 pip install pdfplumber 后按 Enter 键，等待安装结束即可。

如果一直安装不成功，可以使用清华镜像 pip 安装法，代码如下：

```
pip install pdfplumber -i https://pypi.tuna.tsinghua.edu.cn/simple
```

或者用下面的写法，效果是一样的。

```
pip install -i https://pypi.tuna.tsinghua.edu.cn/simple pdfplumber
```

操作如图 8-1 所示。

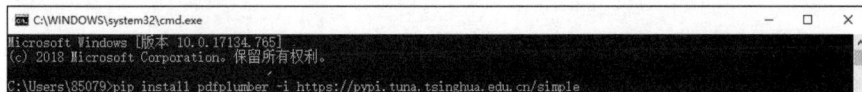

图 8-1

（2）用 pdfplumber 库提取文本内容

pdfplumber 库的使用方法非常简单，通过 pdfplumber 库的 extract_text()方法就可以解析 PDF 文件第一页的文本内容了，代码如下：

```
import pdfplumber
pdf = pdfplumber.open('公司 A 理财公告.PDF')  # 打开 PDF 文件
pages = pdf.pages  # 通过 pages 属性获取所有页的信息，此时 pages 是一个列表
page = pages[0]  # 获取第一页内容
text = page.extract_text()  # 通过 extract_text()方法获取文本内容
print(text)  # 输出第一页内容
pdf.close()  # 关闭 PDF 文件
```

其中通过 open()方法打开文件，这里用的是相对路径，即代码所在文件夹，如果需要可以改成绝对路径。之后通过 pages 属性获取所有页的信息，此时获取的 pages 是一个列表。然后通过 pages[0]提取第一页的信息并利用 extract_text()方法获取文本内容，最后将内容输出并关闭的 PDF 文件。运行效果如图 8-2 所示。

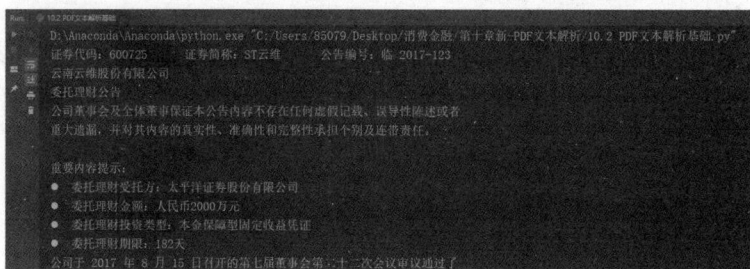

图 8-2

如果想解析每一页的内容，那么通过 for 循环语句即可实现，代码如下：

```
import pdfplumber
pdf = pdfplumber.open('公司 A 理财公告.PDF')
pages = pdf.pages
text_all = []
for page in pages:  # 遍历 pages 中每一页的信息
    text = page.extract_text()  # 提取当页的文本内容
    text_all.append(text)  # 通过列表名.append()方法汇总每一页内容
text_all = ''.join(text_all)  # 把列表转换成字符串
print(text_all)  # 输出全部文本内容
pdf.close()
```

其中有一个小技巧就是先创建一个空列表 text_all，然后通过列表名.append()方法将每一页的文本内容存储到列表中，最后通过'连接符'.join(列表名)的方法将列表转换成字符串。在商业实战中，通常就只需要更改第 2 行的文件名称。

或者通过如下代码实现。

```
import pdfplumber
pdf = pdfplumber.open('公司 A 理财公告.PDF')  # 打开 PDF 文件
pages = pdf.pages  # 通过 pages 属性获取所有页的信息，此时 pages 是一个列表

for i in range(len(pages)):
    page = pages[i]  # 获取第 i+1 页内容
    text = page.extract_text()  # 通过 extract_text()方法获取文本内容
    print(text)  # 输出第一页内容

pdf.close()  # 关闭 PDF 文件，这行代码其实这里不写也没事
```

（3）用 pdfplumber 库提取表格内容

除了可以解析普通文本内容外，pdfplumber 库还可以解析文档中的表格，在演示文档

"公司A理财公告.PDF"第4页有图8-3所示的表格内容。

产品序号	产品名称	委托理财金额（亿元）	受托人类型	资金来源	是否保本	预计年化收益率（%）	产品期限	产品资金投向	备注
ZH070417009102D61	"乾元—特享型"2017年第107期理财产品	0.1	银行	自有资金	否	4.65%	102天（不含产品到期日）	银行理财资金池	详见公司临2017-098号公告
SAA937	荣耀专享14号（已于2017年12月20日清盘）	0.2	证券公司	自有资金	是	4.9%	96天	补充营运资金	详见公司临2017-099号公告
GGHJ035	中国工商银行法人挂钩黄金人民币	0.3	银行	自有资金	否	4.3%~4.5%	105天	银行理财资金	详见公司临2017-102号公告

图 8-3

通过 pdfplumber 库的 extract_tables()方法就可以提取页面中的表格，代码如下：

```
import pdfplumber
pdf = pdfplumber.open('公司A理财公告.PDF')
pages = pdf.pages
page = pages[3]      # 因为表格在第4页，所以提取第4页，即pages[3]
tables = page.extract_tables()  # 通过extract_tables()方法获取该页所有表格
table = tables[0]  # 因为第4页只有一张表格，所以通过tables[0]提取
print(table)
```

注意通过 extract_tables()返回的 tables 是该页的全部表格，它是一个列表。因为第4页只有一张表格，所以可以通过 tables[0]来提取第一张也是唯一的表格，运行效果如图 8-4 所示。

[['产品序号', '产品名称', '委托理财\n金额（亿\n元）', '受托人\n类型', '资金来源', '是否\n保本', '预计年化\n收益率（%）', '产品\n期限', '产品\n资金\n投向', '备注'], ['ZH070417009102D61', '"乾元—特享\n型"2017年第\n107期理财产\n品', '0.1', '银行', '自有资金', '否', '4.65%', '10\n2天\n（不\n含产\n品到\n期日）', '银行\n理财\n资金\n池', '详见公司\n临\n2017-098\n号公告'], ['SAA937', '荣耀专享14\n号（已于\n2017年12\n月20\n日清\n盘）', '0.2', '证券公\n司', '自有资金', '是', '4.9%', '96天', '补充\n营运\n资金', '详见公司\n临\n2017-099\n号公告'], ['GGHJ035', '中国\n工商银\n行法人挂钩\n黄金人民币', '0.3', '银行', '自有资金', '否', '4.3%~4.5%', '105天', '银行\n理财\n资金', '详见公司\n临\n2017-102']]

图 8-4

此时获得的 table 是一个嵌套列表结构，大列表里包含多个小列表，每个小列表的内容即表格中每一行的内容，可以通过第4章讲过的 pandas 库使得最终的展现效果更加好看一些，代码如下，其中 table[0]即表头信息，table[1:]为第2行及其以下的内容。

```
import pandas as pd
df = pd.DataFrame(table[1:], columns=table[0])
```

获得的表格 df 如图 8-5 所示。

	产品序号	产品名称	委托理财 金额（亿元）	受托人类型	资金来源	是否保本	预计年化 收益率（%）	产品 期限	产品 资金 投向	备注
0	ZH070417009102D61	"乾元—特享\n型"2017年第\n107期理财产\n品	0.1	银行	自有资金	否	4.65%	102天\n(不含产\n品到\n期日)	银行\n理财\n资金	详见公司\n临2017-098\n号公告
1	SAA937	荣耀专享14\n号（已于\n2017年\n12月20日清盘）	0.2	证券公\n司	自有资金	是	4.9%	96天	补充\n营运\n资金	详见公司\n临2017-099\n号公告
2	GGHJ035	中国工商银\n行法人挂钩\n黄金人民币	0.3	银行	自有资金	否	4.3%~4.5%	105天	银行\n理财\n资金	详见公司\n临2017-102

图 8-5

此时获得的表格存在一些换行符\n，这是因为在原表格中部分字符之间是存在换行的，如果想把这些换行符去掉，可以采用 replace()函数将换行符替换掉，代码如下：

```
for i in range(len(table)):  # 遍历大列表中的每一个子列表
    for j in range(len(table[i])):  # 遍历子列表中的每一个元素
        table[i][j] = table[i][j].replace('\n', '')  # 替换换行符
```

之前讲过获得的 table 是一个嵌套列表结构，所以需要通过两层循环来定位具体的文本内容，其中 table[i]表示的是子列表，table[i][j]表示的是子列表中的元素。然后通过 replace()函数替换换行符，注意这里还需要将替换后的内容重新赋值给 table[i][j]才能真正完成替换，此时通过 df = pd.DataFrame(table[1:], columns=table[0])可以获得图 8-6 所示表格，换行符已经被替换掉了。

	产品序号	产品名称	委托理财金额（亿元）	受托人类型	资金来源	是否保本	预计年化收益率（%）	产品期限	产品资金投向	备注
0	ZH070417009102D61	"乾元—特享型"2017年第107期理财产品	0.1	银行	自有资金	否	4.65%	102天（不含产品到期日）	银行理财资金池	详见公司临2017-098号公告
1	SAA937	荣耀专享14号（已于2017年12月20日清盘）	0.2	证券公司	自有资金	是	4.9%	96天	补充营运资金	详见公司临2017-099号公告
2	GGHJ035	中国工商银行法人挂钩黄金人民币	0.3	银行	自有资金	否	4.3%-4.5%	105天	银行理财资金	详见公司临2017-102

图 8-6

这里再补充一个知识点，在有的编译器中，比如 PyCharm 中，展示 DataFrame 的时候可能只展示一部分列而不展示全部列，如图 8-7 所示。

```
                产品序号   ...                   备注
0  ZH070417009102D61   ...  详见公司临2017-098号公告
1             SAA937   ...  详见公司临2017-099号公告
2            GGHJ035   ...      详见公司临2017-102

[3 rows x 10 columns]
```

图 8-7

这里可以在查看 df 前多写如下一行代码解决该问题。

```
pd.set_option('display.max_columns', None)  # 显示全部列
```

输出效果如图 8-8 所示。

```
                产品序号                          产品名称  委托理财金额（亿元） 受托人类型  资金来源 是否保本  \
0  ZH070417009102D61    "乾元—特享型"2017年第107期理财产品        0.1    银行  自有资金    否
1             SAA937  荣耀专享14号（已于2017年12月20日清盘）        0.2  证券公司  自有资金    是
2            GGHJ035            中国工商银行法人挂钩黄金人民币        0.3    银行  自有资金    否

  预计年化收益率（%）          产品期限    产品资金投向                备注
0       4.65%  102天（不含产品到期日）   银行理财资金池  详见公司临2017-098号公告
1        4.9%             96天    补充营运资金  详见公司临2017-099号公告
2   4.3%-4.5%            105天    银行理财资金      详见公司临2017-102
```

图 8-8

完整代码如下所示。

```
import pdfplumber
import pandas as pd
pdf = pdfplumber.open('公司 A 理财公告.PDF')
pages = pdf.pages
page = pages[3]
tables = page.extract_tables()
table = tables[0]
# 替换原来 table 中的换行符
for i in range(len(table)):  # 遍历大列表中的每一个子列表
    for j in range(len(table[i])):  # 遍历子列表中的每一个元素
        table[i][j] = table[i][j].replace('\n', '')  # 替换换行符
```

```
pd.set_option('display.max_columns', None)  # 显示全部列
df = pd.DataFrame(table[1:], columns=table[0])
print(df)
pdf.close()
```

8.1.2 PDF 文件文本解析实战——上市公司年报 PDF 文件解析

了解了如何进行 PDF 文件文本解析之后，下面就来讲解如何解析上市公司的年度报告 PDF（简称年报 PDF）文件，上市公司的年报 PDF 文件里通常包含很多有价值的内容，本章更关心其中的非结构化数据，也就是一些文字性描述内容，包括年报中的核心竞争力披露、公司的未来发展展望等。

（1）解析单个上市公司年报中的核心竞争力披露

首先关注的是公司在年报中披露的有关核心竞争力的信息，这部分信息是上市公司与其他公司有显著区别的内容，因此是值得关注的重点内容。

要解析该部分内容，需要先定位这部分内容的位置，不妨随便打开一份年报，如图 8-9 所示。

三、报告期内核心竞争力分析
√适用 □不适用
　　公司拥有著名的品牌、卓越的品质、悠久的文化、厚重的历史积淀、独特的环境、特殊的工艺等优势所组成的核心竞争力。报告期内公司核心竞争力未发生重大变化。

图 8-9

贵州茅台核心竞争力分析部分，在整篇年报中位于第三节"公司业务概要"的最后，如何把它提取出来呢？

```
import pdfplumber
pdf = pdfplumber.open('贵州茅台.PDF')
pages = pdf.pages
text_all = []
for page in pages:  # 遍历 pages 中每一页的信息
    text = page.extract_text()  # 提取当页的文本内容
    text_all.append(text)  # 通过列表名.append()方法汇总每一页内容
text_all = ''.join(text_all)  # 把列表转换成字符串
print(text_all)  # 输出全部文本内容
pdf.close()
```

首先利用 pdfplumber 库把贵州茅台年报 PDF 文件中的文本解析为字符串，操作方法在前文已经详细介绍过了，这里不赘述。

```
import re
res = re.findall('核心竞争力分析(.*?)第四节',text_all,re.S)
res = res[0]
res = res.replace('\n','')
#res = res.replace('2020 年年度报告','')
res = res.strip()
```

接下来的提取工作其实也很简单，主要用到了 re 库。

首先需要确定的是，要提取的内容的前面是以"核心竞争力分析"几个字开头，之后就是第四节的内容（前文提到过此内容在第三节的最后一部分），所以第 2 行代码就用这个匹配规则把想要的内容提取出来了。

但是此时得到的是一个列表结果，要先取第一个元素，即结果字符串。

接下来需要做一些数据的清洗工作，比如把'\n'和'2020 年年度报告'这种夹杂在结果字符串中的字符去掉（此处不存在翻页，所以不存在'2020 年年度报告'这样的字符，在实际操作中，若存在翻页则用相应代码进行删除），这里用的是 replace()方法，也可以用 re 库自带的 sub()方法。

最后，用 strip()方法去掉前后的空格，就初步得到了一个核心竞争力信息字符串，如图 8-10 所示。

> '√适用□不适用公司拥有著名的品牌、卓越的品质、悠久的文化、厚重的历史积淀、独特的环境、特殊的工艺等优势所组成的核心竞争力。报告期内公司核心竞争力未发生重大变化。'

图 8-10

（2）解析单个上市公司年报中的未来发展展望

类似地，公司年报中上市公司关于自己未来发展的展望部分也有较高的信息价值，同样也是关注重点，下面把这部分解析出来，先观察这部分内容在年报中的位置，如图 8-11 所示。

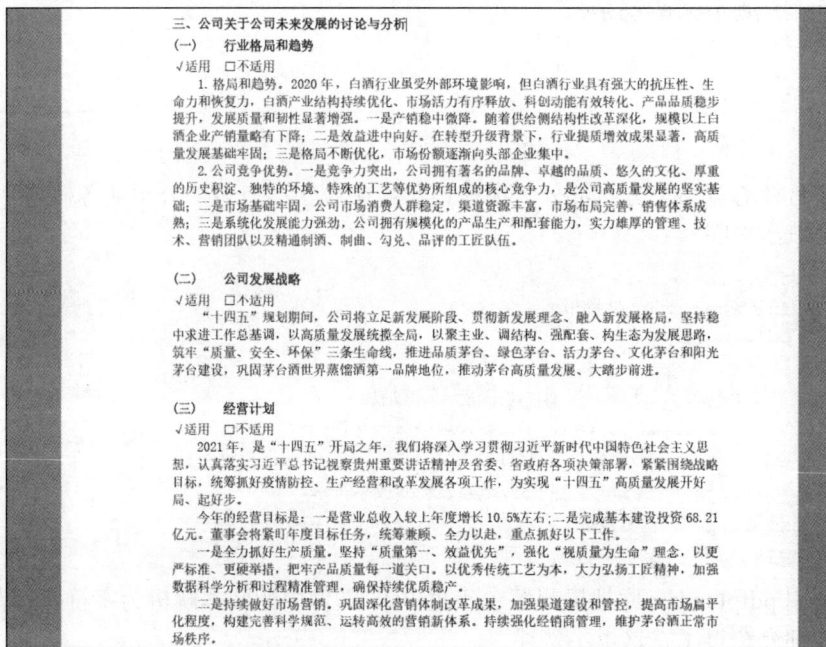

图 8-11

以上是贵州茅台 2020 年报中未来发展展望的大体位置，与核心竞争力披露的解析过程相似，首先也是解析该 PDF 文件。

```python
import pdfplumber
pdf = pdfplumber.open('贵州茅台.PDF')
pages = pdf.pages
text_all = []
for page in pages:  # 遍历 pages 中每一页的信息
    text = page.extract_text()  # 提取当页的文本内容
    text_all.append(text)  # 通过列表名.append()方法汇总每一页内容
text_all = ''.join(text_all)  # 把列表转换成字符串
```

```
print(text_all)  # 输出全部文本内容
pdf.close()
```

然后根据前后文的特点提取该部分内容。

```
import re
res = re.findall('公司关于公司未来发展的讨论与分析(.*?)第五节',text_all,re.S)
res = res[1]
res = res.replace('\n','')
res = res.replace('','')
res = res.strip()
```

可以看到，这里的代码与上一部分的不同在于第 3 行代码取了结果列表中的第二个元素，这是为什么呢？这是因为在年报中符合第 2 行正则表达式匹配规则的内容有两个，其中第一个是详细版目录中出现的，而真正想要的是第二个元素，所以这里是 res[1]，最后可以获得图 8-12 所示结果。

```
'(一)  行业格局和趋势 √适用  □不适用  1.格局和趋势。2020年，白酒行业虽受外部环境影响，但白酒行业具有强大的抗压性、生命力和恢复
力，白酒产业结构持续优化、市场活力有序释放、科创动能有效转化、产品品质稳步提升，发展质量和韧性显著增强。一是产销稳中微降，随着供给
侧结构性改革深化，规模以上白酒企业产销量略有下降；二是效益进中向好，在转型升级背景下，行业提质增效成果显著，高质量发展基础牢固；三
是格局不断优化，市场份额逐渐向头部企业集中。 2.公司竞争优势。一是竞争力突出，公司拥有著名的品牌、卓越的品质、悠久的文化、厚重的历史
积淀、独特的环境、特殊的工艺等优势所组成的核心竞争力，是公司高质量发展的坚实基础；二是市场基础牢固。公司市场消费人群稳定，渠道资源
丰富，市场布局完善，销售体系成熟；三是系统化发展能力强劲。公司拥有规模化的产品生产和配套能力，实力雄厚的管理、技术、营销团队以及精
通制酒、制曲、勾兑、品评的工匠队伍。  (二)  公司发展战略 √适用  □不适用  “十四五”规划期间，公司将立足新发展阶段、贯彻新发展理
念、融入新发展格局，坚持稳中求进工作总基调，以高质量发展统揽全局，以聚主业、调结构、强配套、构生态为发展思路，筑牢“质量、安全、环
保”三条生命线，推进品质茅台、绿色茅台、活力茅台、文化茅台和阳光茅台建设，巩固茅台酒世界蒸馏酒第一品牌地位，推动茅台高质量发展、大
踏步前进。  (三)  经营计划 √适用  □不适用  2021年，是“十四五”开局之年，我们将深入学习贯彻习近平新时代中国特色社会主义思想，认真
落实习近平总书记视察贵州重要讲话精神及省委、省政府各项决策部署，紧紧围绕战略目标，统筹抓好疫情防控、生产经营和改革发展各项工作，为
实现“十四五”高质量发展开好局、起好步。 今年的经营目标是：一是营业总收入较上年度增长10.5%左右;二是完成基本建设投资68.21亿元。董事
会将紧盯年度目标任务，统筹兼顾、全力以赴，重点抓好以下工作。 一是全力抓好生产质量。坚持“质量第一、效益优先”，强化“视质量为生命”
理念，以更严标准、更硬举措，把牢产品质量每一道关口。以优秀传统工艺为本，大力弘扬工匠精神，加强数据科学分析和过程精准管理，确保持续
优质稳产。 二是持续做好市场营销。巩固深化营销体制改革成果，加强渠道建设和管控，提高市场扁平化程度，构建完善科学规范、运转高效的营销
新体系。持续强化经销商管理，维护茅台酒正常市场秩序。 三是做优做强品牌文化。聚焦战略定位和市场需求，加强品牌顶层设计，扎实推进产品结
构优化升级。围绕河谷文化、传统文化、匠心文化、红色文化，统筹推进品牌文化建设，挖掘文化内涵，打造更多文化展示平台，讲好“品牌故
事”，不断提高产品竞争力和品牌影响力。 四是大力夯实主业基础。稳步推进3万吨酱香系列酒及配套项目建设；建好管好茅台酒用高粱种植基地，
加强茅台酒用小麦采购管理，确保原料供给和质量。开工建设“十三五”中华片区酒库续建工程建设等项目。 五是加快推动绿色发展。持续推进“绿
色交通”，严控机动车辆污染排放；实施生产区域绿化修复，改善厂区空气质量，切实保护酿造生态环境。持续加大生态环境承载力研究，积极推进
“酱香酒生产保护区”建设，全力保护赤水河流域生态环境。 16 / 120  2020年年度报告 六是提升安全管理水平。全面开展“安全攻坚年”行动，
持续推进酒库、电气设备等重点领域和环节的隐患排查治理，切实防范重大安全风险。加快推进“安消一体化”，提升应急保障能力。 七是加强治理
能力建设。积极稳妥推进组织机构改革，优化功能定位和职能职责，提高组织运转效率；开展“对标世界一流企业管理提升行动”，健全完善法人治
理，大力推进现代企业制度建设，提高依法治企水平，全方位提升企业治理能力。 八是坚持创新驱动发展。扎实推进“智慧茅台”建设，实施产供销
协同、智慧安防等重点项目。加强与知名高校院所联合联动，加快专业领域研究，完善科研成果转化机制，形成更多有意义、高价值的科研成果，为
公司高质量发展提供技术支撑。 九是始终彰显茅台担当。坚持开展公益助学活动，不断扩大公益品牌影响力；继续出资保护赤水河生态环境。发挥茅
台领航优势，全力推动打造世界级酱香型白酒产业基地核心区。 (四)  可能面对的风险 √适用  □不适用  一是宏观经济不确定性风险；二是生态
环境保护风险；三是知识产权保护风险。 (五)  其他 □适用  √不适用   四、公司因不适用准则规定或国家秘密、商业秘密等特殊原因，未按准则
披露的情况和原因说明 □适用  √不适用'
```

图 8-12

（3）批量解析多个上市公司年报中的未来发展展望

现在已经掌握了单家公司未来发展展望的解析方法，那么如果我们想一次性解析多家公司年报的对应内容（比如白酒行业某一年的所有公司的年报），这是否可行呢？

首先来看另一份年报，如图 8-13 所示。

九、公司未来发展的展望

（一）行业格局和趋势

2021 年，疫情变化和外部环境仍存在诸多不确定性，国内经济下行压力较大，但我国经济稳中向好、长期向好的基本面和基本趋势没有改变。白酒行业产能仍然过剩，挤压式增长的竞争格局将长期存在。白酒行业仍处于以结构性繁荣为特征的新一轮增长的长周期，高端白酒将继续引领行业结构性增长，行业进一步向优势品牌、优势企业、优势产区集中。

图 8-13

这是五粮液 2020 年年报的相应内容，可以看到，与贵州茅台年报不同的是，五粮液年报中公司未来发展展望部分的标题是“公司未来发展的展望”，而非“公司关于公司未来发展的讨论与分析”，那么在这种情况下，如果还用前文的方法去提取，肯定是无法得到相应结果的。

这其实是上市公司年报结构化规范较低导致的，虽然现在证监会已经对上市公司年报披露的时间、方式以及哪些内容必须披露都做出了相对规范、统一的规定，但是在上市公司年报的一些非数据信息的披露上，尤其是这些非结构化的文本信息的披露上，可以说基本没有统一的要求，虽然大部分公司都会披露相应的内容，但是披露的方式、标题等都有一定差异，这就为我们的解析工作带来了一些困难，那么如何克服这一困难呢？我们可以增加匹配规则的数量，以增加匹配成功的概率。

```python
import re
import os
begin1 = '公司未来发展的展望'    #皇台，舍得，古井贡酒，酒鬼，泸州老窖，顺鑫，五粮液，洋河
begin2 = '公司关于公司未来发展的讨论与分析'    #茅台，金种子，老白干，汾酒，水井坊，伊力特
end1 = '十、接待调研、沟通、采访等活动'    #皇台，古井贡酒，酒鬼，泸州老窖，顺鑫，五粮液，洋河
end2 = '第五节'    #舍得，茅台，金种子，汾酒，水井坊，伊力特

rules = []
rule1 = begin1 + '(.*?)' + end1
rule2 = begin1 + '(.*?)' + end2
rule3 = begin2 + '(.*?)' + end1
rule4 = begin2 + '(.*?)' + end2

rules.append(rule1)
rules.append(rule2)
rules.append(rule3)
rules.append(rule4)
```

经过编者的仔细观察和一一比对，白酒行业各公司进行相应信息披露的内容格式和位置逃不出这 4 种组合方式，即两种开始方式和两种结束方式的组合，只要找到这两种开始方式和结束方式，再用（.*?）把它们拼接起来，就能比较全面地包括所有情况了，最后把它们都放进一个列表中待用。

接下来进行解析。

```python
import os
import pdfplumber
file_dir = r'白酒行业年报'
for files in os.listdir(file_dir):
    name = files.replace('.PDF','')
    pdf = pdfplumber.open('白酒行业年报/'+files)
    pages = pdf.pages
    text_all = []
    for page in pages:  # 遍历 pages 中每一页的信息
        text = page.extract_text()  # 提取当页的文本内容
        text_all.append(text)  # 通过列表名.append()方法汇总每一页内容
    text_all = ''.join(text_all)  # 把列表转换成字符串
    print(text_all)  # 输出全部文本内容
    pdf.close()
```

由于是批量处理多份 PDF 文件，所以还需要借助 os 库，利用 listdir()方法获取目标文件夹"白酒行业年报"下的所有文件，并遍历得到的结果列表（注意，利用 listdir()方法得到的结果的第三个元素为文件名列表）。

首先，用 replace()方法获取公司名称，后续保存时会用到。

然后进行 PDF 文件的解析，这一流程我们已经相当熟悉了（第 14 行也可以选择不输出），接下来对得到的 text_all 进行正则匹配。

```python
    for rule in rules:
```

```
res = re.findall(rule,text all,re.S)
if len(res) == 0:
    pass
else:
    break
```

因为需要一个个尝试匹配规则，所以对于创建好的匹配规则列表进行遍历，正则提取之后做一个 if 判断，只要得到的结果为空（返回结果长度为 0），就继续尝试下一个匹配规则；否则视为找到结果，跳出循环。

```
result = res[-1]
result_path = '展望段/'
with open(result_path + name + '.txt' , 'w',encoding = 'utf8') as f:
    f.write(result)
```

第 1 行代码的意思是有可能遇到前文一样的目录重复问题，所以只取结果列表的最后一个元素作为最终结果。

第 2 行代码用于设置保存文件夹名称（需要提前建好）。

第 3 行代码用于创建一个新的 TXT 文件，以该公司名称命名，并写入字符串。

最后就得到了图 8-14 所示的文件夹。

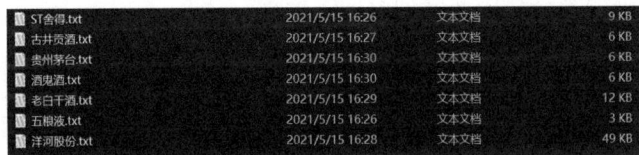

图 8-14

每份文件的内容与图 8-15 所示的类似。

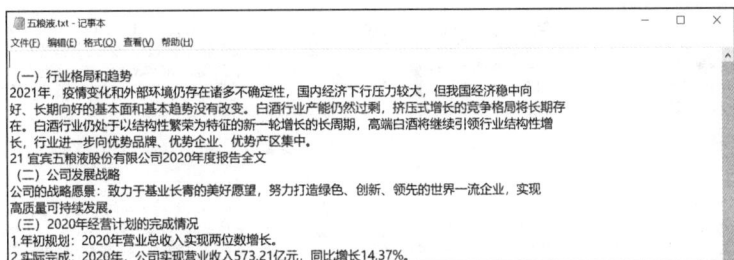

图 8-15

8.2 中文大数据分词

中文分词（Chinese word segmentation）指的是将一个汉字序列切分成一个个单独的词，我们知道，在英文的行文中，单词之间是以空格作为分界符的，而中文的词语则没有一个形式上的分界符，因此在分词这一层面，中文比英文要复杂一些。

8.2.1 中文大数据分词技巧

（1）jieba 库的安装

在进行文本大数据分词前需要先安装一个中文分词库 jieba 库，可以通过 pip 安装法来安装，以 Windows 系统为例：按 Win + R 快捷键调出运行框，输入 cmd 后单击"确定"按钮，然后在弹出的窗口中输入 pip install jieba 后按 Enter 键来进行安装，如果安装失败可以尝试使用清华镜像 pip 安装法。

安装完 jieba 库之后就可以利用它进行分词操作了。首先来看一个简单案例，然后进行更深入的讲解，示例代码如下。

```
import jieba
word = jieba.cut('我爱北京天安门')
for i in word:
    print(i)
```

其中第 1 行代码用于引入 jieba 库；第 2 行代码通过 cut()函数对里面的文本内容进行分词，将分词后的结果赋给变量 word；第 3 和 4 行代码通过 for 循环输出分词后的结果，结果如下所示。

```
我
爱
北京
天安门
```

中文分词的核心就是利用 jieba 库的 cut()函数来进行分词，上面的案例较为简单，下面以一个较长的文本内容来进行中文分词及词频统计。

（2）读取文本内容并进行分词

图 8-16 所示为 2017 年信托行业年度报告，共有约 20 万字，对于业务分析人员来说，他其实关心的是这约 20 万字的报告中哪些内容更重要，一个简单实现手段就是看哪些词出现的频率最高，那么其对应内容的重要程度可能就越高，如果要实现这么一个功能，就需要先进行中文大数据分词然后进行词频统计。

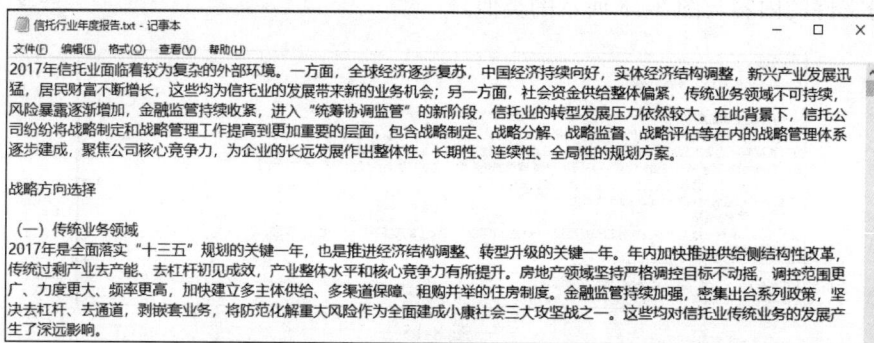

图 8-16

对该 TXT 文件中的文本内容进行分词的代码如下：

```
import jieba
report = open('信托行业年度报告.txt', 'r').read()
words = jieba.cut(report)
```

第 1 行代码用于引入 jieba 库；第 2 行代码通过 open()函数打开 TXT 文件，参数'r'表示以读取方式打开 TXT 文件，并通过 read()函数读取其中的文本内容；第 3 行代码通过 cut()函数对读取到的文本进行分词操作。

注意这里得到的 words 并不是一个列表，而是一个迭代器，迭代器其实和列表很相似，为方便理解，可以把它理解成一个"隐身的列表"。想要获取迭代器里的元素，不能够直接通过 print(words)来获取结果，而需要通过 for 循环来查看迭代器里的元素，如下所示。

```
    for word in words:
        print(word)
```

运行代码，结果如图 8-17 所示。

```
2017
年
信托业
面临
着
较为
复杂
的
外部环境
。
一方面
，
全球
经济
逐步
复苏
```

图 8-17

这样就能把分完的词一一输出了，但现实生活中我们可能只需要其中的 3 字词汇或者 4 字词汇，那么这时候就需要用到下面的处理手段了。到这里，其实分词这一关键步骤已经做完了，下面就是把结果更好地呈现出来了。

（3）提取分词后的 4 字词

有的时候我们并不关心所有长度的词汇，因为有的两字词汇虽然出现的频率高，但其实可能没有什么特别的含义。这里以提取大于等于 4 个字的词汇为例讲解如何按特定的要求来获取词汇，代码如下：

```
words = jieba.cut(report)
report_words = []
for word in words:  # 将大于等于 4 个字的词语放入列表
    if len(word) >= 4:
        report_words.append(word)
print(report_words)
```

首先创建一个 report_words 列表，然后遍历 words 中的每一个元素，如果该词汇的长度大于等于 4 则把它放到 report_words 列表中并输出，结果如图 8-18 所示。

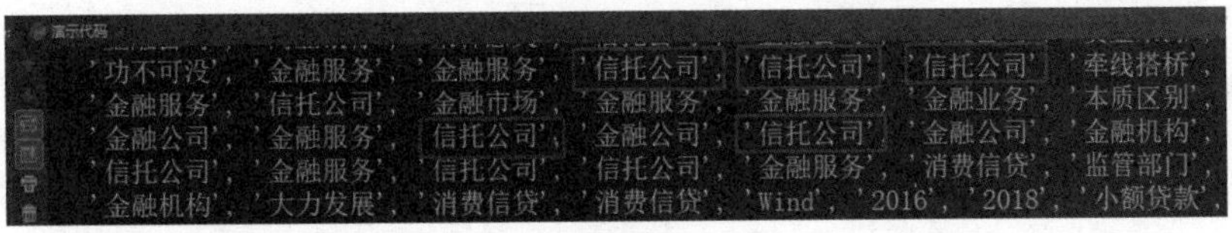

图 8-18

可以看到里面有的词重复出现了很多次，比如图 8-18 中圈出来的“信托公司”。这个 report_words 列表还可以再深度挖掘，比如希望能够统计出这个列表里的高频词汇，那么就需要用到后文的小技巧了。感兴趣的读者也可以将代码中的数字 4 改成 3 或者 2，看看短词的提取效果。

8.2.2 词频统计技巧

统计词频相对而言并不复杂，需要用到一个小技巧，引入 collections 库中的 Counter() 函数就可以统计列表中每个词语的频次了，代码如下。

```
from collections import Counter
result = Counter(report_words)
print(result)
```

这样便可以输出每个词出现的频次，如果想看出现频次最多的前 50 名，那么可以利用 most_common()函数来获取高频词及其出现的次数，代码如下：

```
result = Counter(report_words).most_common(50)  # 取最多的 50 组
```

输出 result 就可以看到运行效果，如图 8-19 所示。

```
[('信托公司', 1391), ('2017', 577), ('2016', 184), ('金融机构', 148), ('投资信托', 108), ('基础产业', 91),
('2018', 87), ('风险管理', 82), ('工商企业', 77), ('QDII', 70), ('金融服务', 69), ('信息系统', 63), ('2015',
59), ('基础设施', 56), ('金融公司', 47), ('另一方面', 45), ('信托投资公司', 45), ('中国人民银行', 44), ('REITs',
39), ('金融业务', 38), ('监管部门', 35), ('客户服务', 33), ('2013', 32), ('新兴产业', 31), ('资金来源', 31),
('商业银行', 30), ('信息技术', 29), ('金融市场', 29), ('2014', 28), ('有限公司', 24), ('债券市场', 24),
('管理体系', 23), ('发展趋势', 22), ('法律法规', 22), ('金融监管', 21), ('宏观经济', 20), ('产品设计', 19),
('对外开放', 19), ('管理系统', 18), ('人工智能', 18), ('事务管理', 17), ('金融风险', 17), ('上市公司', 16),
('积极探索', 15), ('充分发挥', 15), ('与此同时', 15), ('战略规划', 15), ('从业人员', 15), ('消费信贷', 15),
('组成部分', 14)]
```

图 8-19

可以看到里面的一些高频词还是能体现整个信托行业的情况的，比如最近几年的信托行业年度报告里便频繁提到信息技术与人工智能这类词，那这可能是行业未来发展的一个趋势。

完整代码如下：

```
import jieba  # 分词库，需要单独用 pip 安装法安装
from collections import Counter  # 自带的库，无须安装

# ① 读取文本内容，并利用 jieba.cut()函数来进行自动分词
report = open('信托行业年度报告.txt', 'r').read()  # 可以自己输出 report 看一下，就是文本内容
words = jieba.cut(report)  # 分隔全文，获取到的是一个迭代器，需要通过 for 循环才能获取到里面的内容

# ② 通过 for 循环来提取 words 列表中大于等于 4 个字的词语
report_words = []
for word in words:
    if len(word) >= 4:  # 将大于等于 4 个字的词语放入列表
        report_words.append(word)
print(report_words)

# ③ 输出高频词出现的次数
result = Counter(report_words).most_common(50)  # 取最多的 50 组
print(result)
```

8.2.3　绘制词云图

在进行词云图绘制前需要先安装 wordcloud 库，可以通过 pip 安装法来安装，以 Windows 系统为例：按 Win + R 快捷键调出运行框，输入 cmd 后单击“确定”按钮，然后在弹出的窗口中输入 pip install wordcloud 并按 Enter 键来进行安装，如果安装失败可以尝试采用清华镜像 pip 安装法。

（1）初步绘制词云图

在 8.2.1 小节已经获取到了分词后的结果 report_words，其中获取的都是 4 字以上的词语，也可以将代码中的数字 4 改成自定义的数字。在绘制词云图前，先引入相关的库。

```
from wordcloud import WordCloud  # 这个库需要单独用 pip 安装法安装
```

引入相关的库后，就可以通过如下代码绘制词云图了。

```
content = ' '.join(report_words)  # 把列表转换成字符串
wc = WordCloud(font_path='simhei.ttf',  # 字体
            background_color='white',  # 背景颜色
            width=1000,  # 宽度
            height=600,  # 高度
            ).generate(content)  # 生成词云图
wc.to_file('词云图.png')  # 导出成 PNG 图片
```

第 1 行代码通过 2.2.3 小节提到的 join()函数（用法：'连接符'.join(列表名)），将列表转换为字符串，并通过一个空格连接列表中的元素，这样处理后的内容才符合词云图生成函数的数据要求。

第 2～6 行代码通过 WordCloud()函数生成词云图，其中也可以把括号里的内容写为一行，这里为了方便阅读，每行写一个参数。其中 simhei 是黑体的意思，计算机默认都有该字体，simhei.ttf 则是黑体字体文件。设置完参数后，便可以通过 generate()函数生成词云图。

第 7 行代码通过 to_file()函数将图片导出，这里使用的是相对路径，即代码所在文件夹，结果如图 8-20 所示。

图 8-20

（2）绘制特定形状的词云图

图 8-20 所示的图片不是特别好看，这里来讲解如何生成特定形状的词云图，首先引入相关的库。

```
from PIL import Image
import numpy as np
```

PIL 库是专门处理图片的库，如果计算机没有这个库，安装命令为：pip install pillow。NumPy 库是用来处理数据的库，如果安装的是 Anaconda，则默认已经安装好了这个库。

引入相关库后，就可以绘制指定形状的词云图了，代码如下：

```
blackgroud_pic = '微博.jpg'  # 图片路径
images = Image.open(blackgroud_pic)  # 打开图片
maskImages = np.array(images)  # 将图片转为数组格式

content = ' '.join(report_words)
wc = WordCloud(font_path='simhei.ttf',  # 字体
```

```
            background_color='white',  # 背景颜色
            width=1000,  # width是宽度
            height=600,  # height是高度
            mask=maskImages  # 设置图片形状
            ).generate(content)
wc.to_file('词云图+自定义形状.png')
```

第 1 行代码用于导入需要绘制的形状图片，例如这里要绘制的形状就是微博的 Logo，这里就传入"微博.jpg"，这里采用的是相对路径，即代码所在文件夹下的图片。

第 2 行代码通过 PIL 库的 Image 库打开图片。

第 3 行代码通过 np.array()将图片转换为数组格式，其实就是将图片每一个像素的 RGB 值生成一个多维数组，感兴趣的读者可以将其输出，结果如下，其中"255 255 255"就是白色的 RGB 值。这 3 行代码了解即可，本质就是将图片转换为数组格式，实际操作过程中直接使用就行。

```
[[[255 255 255]
  [255 255 255]
  [255 255 255]…
```

第 10 行代码用于设置 mask 形状参数，传入的就是第 3 行代码转换为数组格式的 maskImages。

最终结果如图 8-21 所示，此时已经有了微博 Logo 的形状，不过颜色还是默认的颜色。

图 8-21

（3）绘制特定形状与特定颜色的词云图

这一部分讲解如何在生成特定形状的基础上，再设置特定颜色，首先引入相关的库。

```
from wordcloud import WordCloud, ImageColorGenerator
from imageio import imread  # 这个库是自带的，用来读取图像
```

其中第 1 行代码从 wordcloud 库中再额外引入 ImageColorGenerator 库，用来获取颜色；第 2 行代码用于引入 imageio 库的 imread 库，用来读取图像，如果没有该库可以用 pip 安装法安装。

引入相关库后，就可以绘制指定颜色的词云图了，在之前代码的最下面加上如下代码。

```
back_color = imread(blackgroud_pic)  # 读取图片
image_colors = ImageColorGenerator(back_color)  # 获取颜色
```

```
wc.recolor(color_func=image_colors)  # 为词云图设置颜色

wc.to_file('词云图+自定义形状+颜色.png')
```

第 1 行代码通过 imread()函数读取图片，其中 blackgroud_pic 就是前文的"微博.jpg"；
第 2 行代码通过 ImageColorGenerator()函数获取图片颜色；第 3 行代码通过 recolor()函数给
图片设置指定颜色，最终导出的图片如图 8-22 所示，可以看到除了形状外，也加上了微博
Logo 的特定颜色。

图 8-22

完整代码如下。

```
import jieba  # 这个库需要单独用 pip 安装法安装
from collections import Counter  # 这个库是自带的
from wordcloud import WordCloud, ImageColorGenerator  # 需要单独安装
from PIL import Image  # 没有则通过 pip install pillow 安装
import numpy as np  # 这个库是自带的
from imageio import imread  # 这个库是自带的，用来读取图像

# ① 读取文本内容，并利用 jieba.cut()函数进行自动分词
report = open('信托行业报告.txt', 'r').read()
words = jieba.cut(report)

# ② 通过 for 循环来提取 words 列表中大于等于 4 个字的词语
report_words = []
for word in words:
    if len(word) >= 4:
        report_words.append(word)
print(report_words)

# ③ 绘制词云图（加上形状和颜色参数）
# a. 获取词云图形状参数 mask
blackgroud_pic = '微博.jpg'
images = Image.open(blackgroud_pic)
maskImages = np.array(images)

# b. 绘制词云图
content = ' '.join(report_words)
wc = WordCloud(font_path='simhei.ttf',  # 字体
            background_color='white',  # 背景颜色
```

```
                    width=1000,  # width 是宽度
                    height=600,  # height 是高度
                    mask=maskImages  # 设置图片形状
                    ).generate(content)

# c. 修改词云图的底层颜色, 这个 blackgroud_pic 就是之前的背景图片
back_color = imread(blackgroud_pic)  # 读取图片
image_colors = ImageColorGenerator(back_color)  # 获取颜色
wc.recolor(color_func=image_colors)  # 为词云图设置颜色

wc.to_file('词云图+自定义形状+颜色.png')  # 导出图片到代码所在文件夹
```

8.3 案例实战——绘制上市公司风险提示词云图

这一节将讲解如何对上市公司年报里与风险提示相关的内容绘制词云图。

8.3.1 绘制单家上市公司词云图

首先以贵州茅台 2019 年年报的风险提示段为例, 介绍如何绘制单个上市公司的词云图。

```
import jieba  # 这个库需要单独用 pip 安装法安装
from collections import Counter  # 这个库是自带的
from wordcloud import WordCloud, ImageColorGenerator  # 需要单独安装
from PIL import Image  # 没有则通过 pip install pillow 安装
import numpy as np  # 这个库是自带的
from imageio import imread  # 这个库是自带的, 用来读取图像

# ① 读取文本内容, 并利用 jieba.cut() 函数进行自动分词
report = open('风险段/贵州茅台2019.txt', 'r').read()
words = jieba.cut(report)
```

首先还是打开对应文件夹（源代码文件中已经包含, 读者可以直接用）下的文件, 并利用 jieba 库进行分词。

```
# 通过 for 循环来提取 words 列表中大于等于 2 个字的词语
report_words = []
for word in words:
    if len(word) >= 2:
        report_words.append(word)
print(report_words)
```

然后是筛选出特定长度的词语, 由于风险提示段本来就短, 如果在这里词语长度设得太长, 最终结果可能会很少, 所以把除了单个字的词语都纳入考虑范围。

```
#绘制词云图（加上形状和颜色参数）
# 获取词云图形状参数 mask
blackgroud_pic = '词云形状/贵州茅台.jpg'
images = image.open(blackgroud_pic)
maskImages = np.array(images)
```

下面开始绘制词云图。首先是设置好词云图的形状（该文件夹也帮读者下载好了, 都是各公司对应的企业 Logo）, 然后按照前文介绍的 image.open()方法打开该图片, 并转换为数组形式的图片遮罩层。

```
# 绘制词云图
content = ' '.join(report_words)
wc = WordCloud(font_path='simhei.ttf',  # 字体
               background_color='white',  # 背景颜色
               width=1000,  # width 是宽度
               height=600,  # height 是高度
               mask=maskImages  # 设置图片形状
               ).generate(content)
```

接下来将分好的词用空格连接起来，并设置词云图的各项参数。

```
# 修改词云图的底层颜色，这个 blackgroud_pic 就是之前的背景图片
back_color = imread(blackgroud_pic)  # 读取图片
image_colors = ImageColorGenerator(back_color)  # 获取颜色
wc.recolor(color_func=image_colors)  # 为词云图设置颜色
```

接下来为了体现出所选词云图背景的颜色，需要先读取图片（路径已经设置好），然后获取该图片的颜色信息，最后给词云图重新设置颜色。

```
wc.to_file('贵州茅台 2019 风险段提示词云图.png')  # 导出图片到代码所在文件夹
```

最后别忘了保存。得到的结果如图 8-23 所示。

图 8-23

虽然风险段比较短，得出的词不是很多，导致词云图填充效果不是很好，但还是可以依稀看出贵州茅台 Logo 的轮廓。可以从中清晰地看到风险段中重点提到的几个词，即压力、环境、宏观经济等，比文本信息更直观。

8.3.2 批量绘制多家上市公司词云图

下面希望实现的是为多家上市公司的风险段文本批量生成词云图。主要技术难点就是 os 库和 for 循环的恰当运用。在开始遍历之前，先新建一个存放词云图结果的文件夹，然后用 os 库的 listdir()方法获取风险段文件夹下所有文件的名字。

```
os.mkdir('词云图结果')
names = os.listdir('风险段')
for name in names:
    # 读取文本内容
    report = open('风险段/' + name , 'r').read()
```

接下来开始遍历，这里需要重点注意文件名的写法，要小心后缀问题。

```
    blackgroud_pic = '词云形状/'+ name.replace('2019.txt','') + '.jpg'
```

词云形状的文件名也要注意，由于此时文件扩展名为.jpg，所以要先把原 name 变量的

后缀去掉，还要注意文本文件名称与图片名称的区别，除了后缀，还有 2019，也要去掉。

```
wc.to_file('词云图结果/'+ name.replace('2019.txt','')+ '风险提示词云图.png')   # 导出图片到代码所在文件夹
```

最后保存时也要注意文件命名问题。

打开词云图结果文件夹，效果如图 8-24 所示。

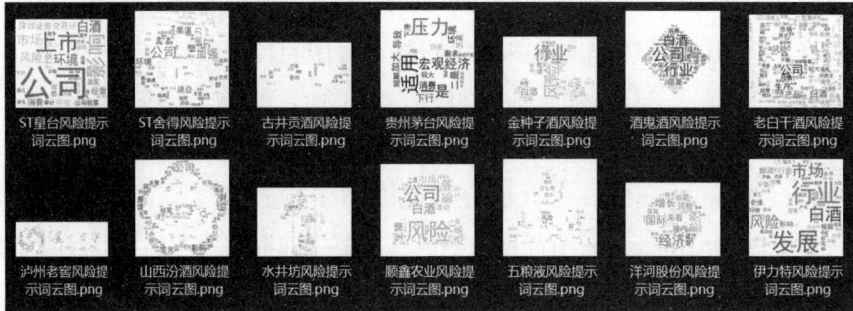

图 8-24

其中山西汾酒的结果较好，如图 8-25 所示。

图 8-25

本章介绍了对于 PDF 文件的解析方法，其中包括提取文字、提取表格、中文大数据分词以及词云图可视化等相关知识点，掌握了这些知识便可以进行财报 PDF 文件的自动解析、大数据分词以及可视化分析了。

课后习题

一、单选题

1. 使用 pdfplumber 库获取 PDF 文件某页的所有文本时，应该使用的语句是（　　　）。

A. page.extract_table()　　　　　　　B. pdf.pages

C. page.extract_text()　　　　　　　　D. pdfplumber.open

2. 使用 WordCloud 库绘制词云图时，不是绘图时可设置的参数是（　　　）。

A. background_color　　　　　　　　B. width

C. hight　　　　　　　　　　　　　　D. Font

3. 使用 pdfplumber 库解析表格时，page.extract_tables()获得的表格形式是（　　　）。

A. 列表　　　　　　　　　　　　　　B. DataFrame

C. Series　　　　　　　　　　　　　　D. 文本

二、多选题

以下关于 PDF 文件解析和词云图绘制的选项，表述正确的是（　　）。

A. 绘制词云图时，必须设置图片形状

B. PDF 文件文本获取时，使用 strip()函数去除多余的空格

C. PDF 文件表格获取时，若本页仅有一张表格，则 extract_tables()获取的是 DataFrame 形式的表格

D. jieba 分词时，语句 words = jieba.cut(xxx)中的 words 是一个列表

三、判断题

绘制词云图时，出现频率越高的词字体越大。（　　）

第 9 章　Python 机器学习在财务分析领域的应用——财务舞弊识别模型

9.1　机器学习简介与决策树模型的基本原理

这一节先介绍机器学习和决策树模型的基本概念以及背后的数学原理，然后介绍如何通过 Python 来实现决策树模型，从而为之后的财务舞弊识别模型的搭建做铺垫。

9.1.1　机器学习简介

机器学习是一种人工智能技术，其基本思想是通过从大量经验数据中学习，从而能够独立地或在新数据上进行预测。

机器学习有很多种类型，包括监督学习、无监督学习和强化学习等。监督学习是其中常见的一种，其训练过程需要提供带有标签的训练数据，以便算法从中学习并能够对新数据进行预测。无监督学习则是通过分析不带标签的数据来找出其中的模式或关联。强化学习则是通过让算法与环境交互并根据行为的结果来改进策略。

机器学习的应用非常广泛，如应用于语音识别、图像识别、自然语言处理、推荐系统等方面。利用机器学习可以自动化完成许多烦琐的任务，同时也可以更好地理解和解释数据。机器学习在各个行业中都有广泛的应用，如金融、医疗、教育、工业等。

9.1.2　决策树模型简介

决策树模型是机器学习各种算法模型中比较好理解的一个模型，它的基本原理便是通过对一系列问题进行 if/else 的推导，最终实现相关决策。

图 9-1 所示为一个典型的决策树模型：员工离职预测模型。该决策树模型首先判断员工满意度是否小于 5，答案为"是"则认为该员工会离职，答案为"否"则接着判断其收入是否小于 10000 元，答案为"是"则认为该员工会离职，答案为"否"则认为该员工不会离职。

这只是一个简单示例，之后要讲的实际的财务舞弊识别模型会根据大数据搭建一个稍微复杂的模型，不过决策树模型的核心原理就是图 9-1 所示的内容了。并且商业实战中不会单纯根据"满意度"和"收入<10000"两个特征就判断员工是否离职，而是根据**多个特征来预测离职概率**，并根据相应的阈值来判断

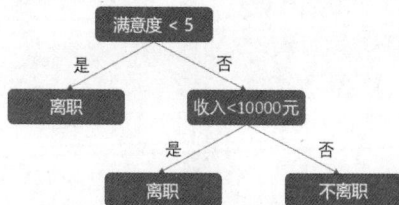

图 9-1

员工是否离职，如离职概率超过 50%即认为该员工会离职。

这里解释几个与决策树模型有关的重要关键词：根节点、父节点、子节点和叶子节点。

父节点和子节点是相对的，子节点由父节点根据某一规则分裂而来，然后子节点作为新的父节点继续分裂，直至不能分裂为止。**根节点**则和**叶子节点**是相对的，根节点是没有父节点的节点，即初始节点，叶子节点则是没有子节点的节点，即最后的节点。决策树模型的关键即如何选择合适的节点进行分裂。

举例来说，在图 9-1 中，最上面的"满意度<5"就是根节点，它也是父节点，分裂成两个子节点"离职"和"收入<10000"，其中子节点"离职"因为不再分裂了，不再有子节点了，所以也称为叶子节点；另外一个子节点"收入<10000"也是其下面两个子节点的父节点，最后的"离职"及"不离职"则为叶子节点。

在实际应用中，企业会通过已有的数据来看离职员工都符合何种特征，如查看他们的满意度、收入、工龄、月工时、项目数等，然后选择相应的特征进行节点分裂，便可以搭建出类似图 9-1 所示的决策树模型。利用该决策树模型就可以预测员工离职情况，根据数据分析结果做好相应的应对措施。

决策树本身并不复杂，主要就是通过连续的逻辑判断来得到最后的结论，其关键在于如何建立出这样的一棵"树"。比如根节点应该选择哪一个特征，选"满意度<5"作为根节点和选"收入<10000"作为根节点会得到不同的效果。其次，收入作为一个连续变量，是选"收入<10000"作为一个节点，还是选"收入<100000"作为一个节点都是有讲究的。下面就来讲解决策树模型的建树依据。

9.1.3 决策树模型的建树依据

决策树模型的建树依据主要用到的概念是基尼系数（gini）。基尼系数用于计算一个系统中的失序现象，即系统的混乱程度。基尼系数越大，系统混乱程度越高，建立决策树模型的目的就是降低系统的混乱程度，从而达到合适的数据分类效果，基尼系数的计算公式如下：

$$\text{gini}(T) = 1 - \sum p_i^2$$

其中 p_i 为类别 i 在样本 T 中出现的频率，即类别为 i 的样本占总样本个数的比率。$\sum$ 为求和符号，表示对所有的 p_i^2 进行求和。

例如，对于一个全部都是离职员工的样本来说，里面只有一个类别，即离职员工，其出现的频率是 100%，所以该系统的基尼系数为 $1-1^2=0$，表示该系统没有混乱，或者说该系统的"纯度"很高。而如果样本里一半是离职员工，另一半是不离职员工，那么类别个数为 2，每个类别出现的频率都为 50%，所以其基尼系数为 $1-(0.5^2+0.5^2)=0.5$，即其混乱程度很高。

当引入某个用于进行分类的变量（比如"满意度<5"），则分割后的基尼系数公式为：

$$\text{gini}(T) = \frac{S_1}{S_1+S_2}\text{gini}(T_1) + \frac{S_2}{S_1+S_2}\text{gini}(T_2)$$

其中 S_1、S_2 为划分成两类的样本量，$\text{gini}(T_1)$ 和 $\text{gini}(T_2)$ 为划分后的两类样本各自的基尼系数。

例如，一个初始样本中有 1000 个员工，其中已知有 400 人离职，600 人不离职。划分前该系统的基尼系数为 $1-(0.4^2+0.6^2)=0.48$，那么下面采用两种不同的划分方式来决定初始节点：①根据"满意度<5"进行分类；②根据"收入<10000"进行分类。

划分方式①：以"满意度<5"为初始节点进行划分，划分后的基尼系数为0.3，如图9-2所示。

划分方式1: 根据"**满意度<5**"进行初始节点划分

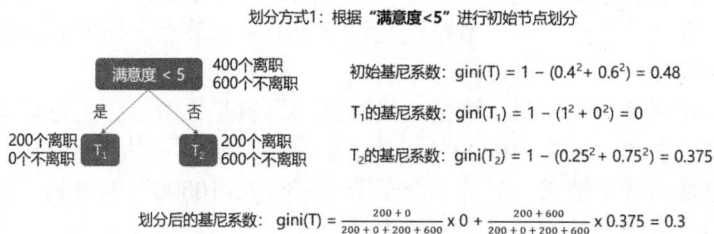

图 9-2

划分方式②：以"收入<10000"为初始节点进行划分，划分后的基尼系数为0.45，如图9-3所示。

划分方式2: 根据"**收入<10000**"进行初始节点划分

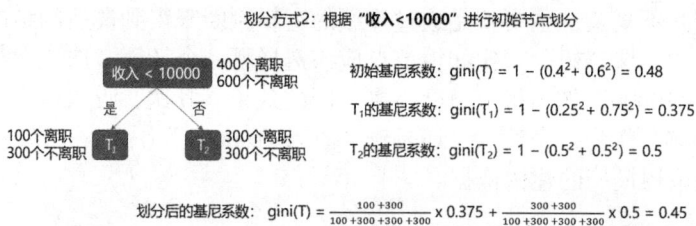

图 9-3

可以看到未划分时的基尼系数为0.48，以"满意度<5"为初始节点进行划分的基尼系数为0.3，而以"收入<10000"为初始节点进行划分的基尼系数为0.45。基尼系数越小表示系统的混乱程度越低，区分度越高，能够比较好地作为一个分类预测模型，因此这里选择"满意度<5"作为初始节点。这里演示了如何选择初始节点，初始节点下面的节点也是用类似的方法来进行选择的。

同理，对于"收入"这一变量，是选择"收入<10000"还是选择"收入<100000"进行划分，也是通过计算在这两种情况下划分后的基尼系数来进行判断的。若还有其他的变量，如"工龄""月工时"等，也是通过类似的手段计算划分后的系统的基尼系数来看如何进行节点的划分，从而搭建一个较为完善的决策树模型。采用基尼系数进行运算的决策树也称为 **CART 决策树**。

补充知识点：信息熵

这里补充另一种衡量系统混乱程度的经典手段——信息熵，供感兴趣的读者参考。

信息熵的作用和基尼系数的是基本一致的，都是用来衡量系统的混乱程度，从而进行合适的节点划分。信息熵 $H(X)$ 的计算公式如下所示：

$$H(X) = -\sum p_i \log_2(p_i)(i=1,2,\cdots,n)$$

其中，X 表示的是随机变量，随机变量的取值为（$X_1, X_2, X_3, \cdots$），在 n 分类问题中，便有 n 个取值，例如在员工离职预测模型中，X 的取值有两种："离职"与"不离职"。p_i 表示随机变量 X 取值为 X_i 发生的概率，且有 $\sum p_i = 1$。此外注意这里的对数函数是以 2 为底，即 $\log_2(p_i)$。

举例来说，对于一个全部都是离职员工的样本来说，里面只有一个类别，即离职员工，其出现的频率是 100%，所以该系统信息熵为 $-1 \times \log_2(1)=0$，表示该系统没有混乱。而如果样本里一半是离职员工，另一半是不离职员工，那么类别个数为 2，每个类别出现的频率都为 50%，所以其信息熵为 $-(0.5 \times \log_2(0.5)+0.5 \times \log_2(0.5))=1$，即其混乱程度很高。

当引入某个用于进行分类的变量（比如"满意度<5"），则根据变量 A 划分后的信息熵被称为条件熵，其公式为：

$$H_A(X)=\frac{S_1}{S_1+S_2}H(X_1)+\frac{S_2}{S_1+S_2}H(X_2)$$

其中 S_1、S_2 为划分成两类的样本量，$H(X_1)$ 和 $H(X_2)$ 为划分后的两类样本各自的信息熵。

与之前计算基尼系数减少值类似，这里同样是计算信息熵的减少值（原系统熵值-划分后的系统熵值），该减少值称为熵增益或信息增益，其值越大越好，越大表明分类后的混乱程度越低，即分类越准确。**信息增益**的计算公式如下所示：

$$\text{Gain}(A)=H(X)-H_A(X)$$

以之前的例子来解释信息熵的概念与使用，初始样本中有 1000 个员工，其中已知有 400 人离职，600 人不离职。划分前该系统的信息熵为 $-(0.4 \times \log_2 0.4+0.6 \times \log_2 0.6) \approx 0.97$，可见混乱程度较高，下面采用两种不同的划分方式来决定初始节点：①根据"满意度<5"进行分类；②根据"收入<10000"进行分类。

方式①：以"满意度<5"为初始节点进行划分，如图 9-4 所示，划分后的信息熵为 0.65，熵增益或者说信息增益为 0.32。

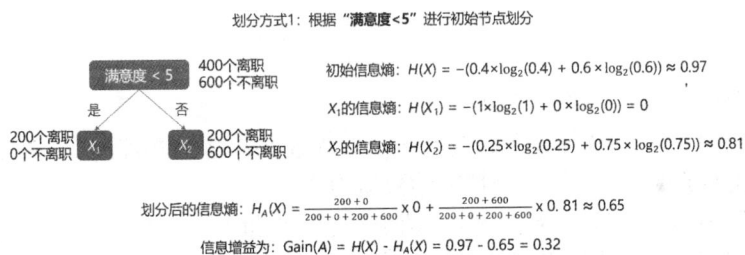

图 9-4

方式②：以"收入<10000"为初始节点进行划分，如图 9-5 所示，划分后的信息熵为 0.924，熵增益或者说信息增益为 0.046。

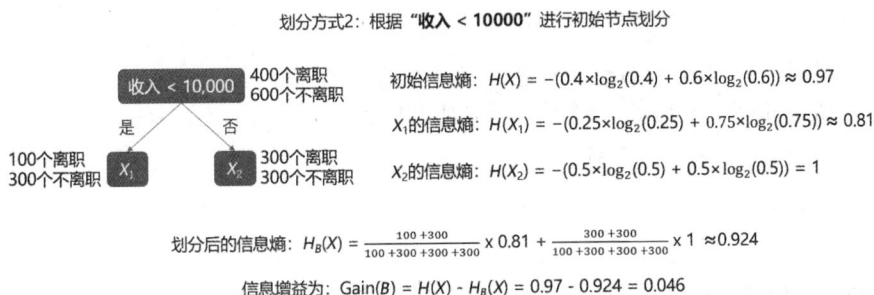

图 9-5

根据方式①划分的信息增益为 0.32，大于根据方式②划分的信息增益 0.046，因此选择根据方式①来进行决策树的划分，这样能更好地降低系统的混乱程度，从而进行更加合理的分类。这和之前用基尼系数来计算的最终结论都是一样的。

在决策树模型的搭建中，因为基尼系数涉及的是平方运算，而信息熵涉及的是复杂的一点的对数函数运算，所以目前决策树模型默认使用基尼系数来进行运算，这样运算速度会较快。

商业实战中的数据量通常很大，计算不同情况下的基尼系数或者信息熵就不是人力所能完成的，这时候就需要利用机器不停地训练来找到最佳的分裂节点，而在 Python 中，有相应的 scikit-learn 库来帮助用户快速建立一个决策树模型，如果安装的是 Anaconda，那么这个库已经自动安装好了，下面来讲解决策树模型的简单代码实现。

9.1.4　决策树模型的代码实现

决策树模型既可以做分类分析（即预测分类变量值），也可以做回归分析（即预测连续变量值），对应的模型为分类决策树模型（DecisionTreeClassifier）及回归决策树模型（DecisionTreeRegressor）。

1．分类决策树模型

分类决策树模型简单代码示例如下。

```
from sklearn.tree import DecisionTreeClassifier
X = [[1, 2], [3, 4], [5, 6], [7, 8], [9, 10]]
y = [1, 0, 0, 1, 1]
model = DecisionTreeClassifier(random_state=0)
model.fit(X, y)
print(model.predict([[5, 5]]))
```

第 1 行代码用于引入分类决策树模型。

第 2 行代码中的 X 是特征变量，共有 5 个训练数据，每个数据有 2 个特征，如数据[1, 2]的第一个特征的数值为 1，第二个特征的数值为 2。

第 3 行代码中的 y 是目标变量，共有两个类别：0 和 1。

第 4 行代码用于引入模型并设置随机状态参数 random_state 为数字 0，这个数字本身没有特殊含义，可以换成别的数字。它是一个种子参数，使得每次代码运行的结果都一致，该参数将在本节的补充知识点中详细讲解。

第 5 行代码通过 fit()函数训练模型。

第 6 行代码通过 predict()函数进行预测，预测结果如下：

```
[0]
```

可以看到对于数据[5, 5]来说，它被分类到 0 这一类别。

如果要同时预测多个数据，则可以写成如下形式。

```
print(model.predict([[5, 5], [7, 7], [9, 9]]))
```

预测结果如下：

```
[0 0 1]
```

为方便读者理解，利用 9.2.3 小节将讲到的决策树可视化技巧将决策树可视化，如图 9-6 所示。

首先讲一些基本概念：图 9-6 中的 X[0]表示数据的第一个特征，X[1]表示数据的第二个特征；gini 表示该节点的基尼系数（以根节点为例，它的基尼系数计算公式为

$1-(0.4^2+0.6^2)=0.48$）；samples 表示该节点的样本数；value 表示的是各个种类所占的数量，例如根节点中[2, 3]表示分类为 0 的样本数为 2，分类为 1 的样本数为 3；class 表示的是该区块划分的类别，它是由 value 中哪个类别的样本数量多来决定的，比如根节点中分类为 1 的样本数（3）大于分类为 0 的样本数（2），所以该节点的分类为 1，其余依次类推。

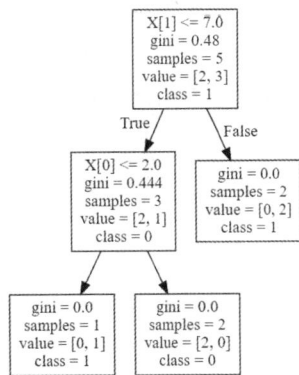

图 9-6

最上面的节点，也就是根节点是以 X[1]是否小于等于 7 作为节点划分依据，如果满足该条件（即 True），则划分到左边的子节点，否则（即 False）划分到右边的子节点。以数据[5, 5]为例，在根节点，它满足 X[1]（也即第二个特征数值）小于等于 7 的条件，所以被划分到左边的子节点。在该子节点又进行一次判断，判断 X[0]是否小于等于 2，因为 X[0]的值为 5，不满足该条件，所以被划分到该子节点的右边节点，而该节点中的类别 class 为 0，所以[5, 5]这个数据在该决策树模型下就被预测为类别 0 了。

补充知识点：random_state 参数的作用解释

在引入决策树模型的时候，设置了随机状态参数 random_state，设置这个参数的原因是，决策树模型会优先选择使整个系统基尼系数下降最大的划分方式来进行节点划分，但是有可能（尤其当数据量较少的时候）根据不同的划分方式划分获得的基尼系数下降是一样的。图 9-7 所示为不设置 random_state 参数时多次运行后获得的不同决策树。

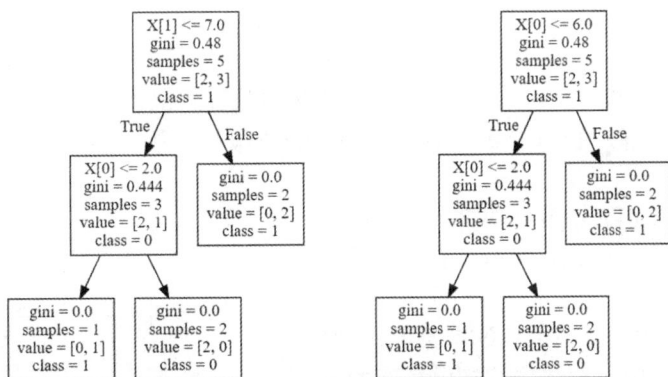

图 9-7

可以看到它们的节点划分方式是不同的，这样会导致同样的数据的预测结果有所不同，例如数据[7, 7]在左边的决策树中会被预测为类别 0，而在右边的决策树中会被预测为类别 1。

此时有的读者就有疑问了，为什么模型训练后会产生两棵不同的树呢？哪棵树是正确的呢？其实两棵树都是正确的，出现这种情况的原因是根据"X[1]<=7"或者"X[0]<=6"进行节点划分，产生的基尼系数下降是一样的（**都是 0.48 − (0.6×0.444 + 0.4×0) = 0.2136**），所以无论以哪种形式进行节点划分都是合理的。产生这一现象的原因很大程度是数据量较少，所以容易产生用不同划分方式产生的基尼系数下降是一样的情况，当数据量较大时出现该现象的概率较小。

总的来说，对于同一个模型，不同的划分方式可能会导致最后的预测结果有所不同，设置 random_state 参数（可以设置成 0，也可以设置成 1 或 123 等任意数字）则能保证每次的划分方式都是一致的，使得每次运行的结果相同。这个概念对于初学者来说还是挺重要的，因为初学者往往会发现怎么每次运行同一个模型出来的结果都不一样，从而一头雾水，如果出现这种情况，那么设置 random_state 参数即可。

2. 回归决策树模型

除了进行分类分析外，决策树还可以进行回归分析，即预测连续变量，此时的决策树便被称为回归决策树，回归决策树模型简单代码示例如下（**以银行客户价值为例**）。

```
from sklearn.tree import DecisionTreeRegressor
X = [[1, 2], [3, 4], [5, 6], [7, 8], [9, 10]]
y = [1, 2, 3, 4, 5]
model = DecisionTreeRegressor(max_depth=2, random_state=0)
model.fit(X, y)
print(model.predict([[9, 9]]))
```

其中，第 2 行代码中的 X 是特征变量，共有 2 个特征；第 3 行代码中的 y 是目标变量，它是一个连续变量；第 4 行代码用于引入模型，并设置决策树最大深度参数 max_depth 为 2 以及随机状态参数 random_state 为 0；第 5 行代码通过 fit()函数训练模型；第 6 行代码通过 predict()函数进行预测，预测结果如下：

```
[4.5]
```

可以看到，对于[9, 9]这一数据，其预测拟合值为 4.5。

回归决策树模型的概念和分类决策树的基本一致，最大的不同就是其切分标准不再是信息熵或是基尼系数，而是均方误差（MSE），均方误差的计算公式如下。

$$\text{MSE} = \frac{1}{n}\sum(y^{(i)} - \hat{y}^{(i)})^2$$

其中，n 为样本数量，$y^{(i)}$ 为实际值，$\hat{y}^{(i)}$ 为拟合值（预测值）。

为方便读者理解，利用 9.2.3 小节将讲到的决策树可视化技巧将决策树可视化，如图 9-8 所示。

图 9-8 中的 X[0]表示数据的第一个特征，X[1]表示数据的第二个特征；mse 表示该节点的均方误差；samples 表示该节点的样本数；注意这里的 value 表示的是该节点的拟合值，在回归决策树里，**节点中所有数据的均值都作为该节点的拟合值**，对于最终的叶子节点而言，其拟合值就是最终的回归模型预测值。

举例来说，对于根节点，它里面一共有 5 个数据，这里是**将节点中所有数据的均值作为该节点的拟合值**，因此对于该节点来说，其拟

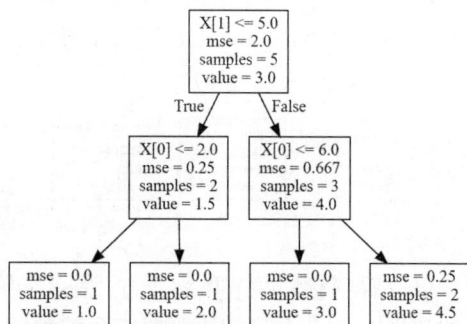

图 9-8

合值 $\hat{y}^{(i)}$ 为(1+2+3+4+5)/5=3，其均方误差为数字 2，如下所示，和程序获得的结果是一致的。

$$\text{MSE} = \frac{1}{5}((1-3)^2 + (2-3)^2 + (3-3)^2 + (4-3)^2 + (5-3)^2) = 2$$

对于回归决策树而言，其目的就是使得系统最终的均方误差最小，其节点划分依据也基于这个理念，如根节点是根据"X[1]<=5"进行划分的，这使得系统的均方误差下降最大（2-(0.4×0.25 + 0.6×0.667) = 1.5）。

这里设置了树的最大深度参数 max_depth 为 2，表示决策树在根节点往下共有两层，如果不设置这一参数，那么右下角的节点还将继续分裂，直至所有节点的均方误差值都为 0 为止。这里设置最大深度参数 max_depth 的原因：一是为了方便演示拟合的效果（拟合结果 4.5 不是一个整数，显示是回归结果，而不是分类结果）；二是为了防止模型出现过拟合的现象（过拟合的知识点可参见后文的补充知识点）。在实战中也通常会设置最大深度参数 max_depth，主要用于防止模型出现过拟合的现象。

至于[9, 9]这一数据的拟合结果为什么是 4.5，相信大家看图 9-8 就一目了然了。

在实际应用，分类决策树模型用得相对较多一些，不过分类决策树和回归决策树模型都很重要，随机森林模型、AdaBoost 模型、GBDT 模型、XGBoost 模型与 LightGBM 模型等都是基于决策树模型进行搭建的。了解了决策树模型的简单使用方法后，9.2 节将结合具体商业案例讲解如何使用 Python 搭建决策树模型。

补充知识点：过拟合与欠拟合

如图 9-9 所示，过度拟合（简称过拟合），是指模型在训练样本中拟合程度过高，虽然它很好地贴合了训练集数据，但是丧失了泛化能力，模型不具有推广性（即如果换了训练集以外的数据就达不到较好的预测效果），导致在测试集中表现不佳。此外，与过拟合相对的是欠拟合，欠拟合是指模型拟合程度不高，数据距离拟合曲线较远，或指模型没有很好地捕捉到数据特征，不能够很好地拟合数据。

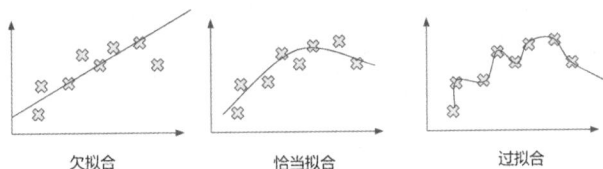

图 9-9

9.2 决策树模型与财务舞弊识别模型的搭建

在资本市场中，财务舞弊往往会给市场中的参与者带来严重的经济后果。本节将通过搭建财务舞弊识别模型来讲解决策树模型在财务领域的应用，并讲解如何评估决策树模型，最后通过可视化的方式呈现决策树模型。

9.2.1 模型搭建

搭建财务舞弊识别模型的目的在于利用已有的公司财务信息（还包括其他的宏观信息）和舞弊行为历史信息来预测之后某公司是否有舞弊的风险。

1．数据读取与预处理

首先介绍本例的数据来源：**财务造假样本数据**通过国泰安数据库获取。国泰安违规处理数据库收集了 1994 年以来在上海证券交易所和深圳证券交易所上市的有违规行为的上市公司公布的企业公告、证监会指定媒体的报道及监管机构所出的公告等相关数据。

至于公司的**财务指标**也通过国泰安数据库获取，主要分为微观数据和宏观数据。其中微观数据包括资产负债表数据（如货币资金、固定资产净额、未分配利润等）、利润表数据（营业总收入、资产减值损失、净利润等）、现金流量表数据（如销售商品提供劳务收入、吸收投资收到的现金、期末现金及现金等价物等）、常用财务指标（如流动比率、营业收入增长率、管理费用率等）、市场数据（市盈率、托宾 Q 值、现金股利保障倍数等）、公司管理层等其他数据（如实际控制人控制权比例，前十大股东是否存在关联，董事、监事及高管年薪等）。另外，从总体经济发展状况、货币政策与企业融资环境、股市行情 3 个方面构建了宏观指标（数据来源为中经网产业数据库）。

以上数据已经整合好放在源代码文件夹下，名称为 DATA.xlsx。

首先读取公司财务信息与舞弊信息，代码如下：

```python
import pandas as pd
fraud_data = pd.read_excel('DATA.xlsx')
fraud_data.head()
```

运行结果如图 9-10 所示，其中共有 29603 组历史数据，其中 148 组为舞弊数据，另外 29455 组为非舞弊数据。"是否舞弊"列中，数字 1 代表舞弊，数字 0 代表未舞弊。本例的目的就是根据这些历史数据搭建决策树模型来预测之后公司舞弊的可能性。

图 9-10

```python
fraud_data.info()
```

还可以通过 info()函数来查看 DataFrame 对象的信息，结果如图 9-11 所示，其中第 2、3 行内容表明一共有 29603 行，行索引从序号 0 到 29602，共有 156 列，列索引名称为"索引"到"是否舞弊"。

```
<class 'pandas.core.frame.DataFrame'>
RangeIndex: 29603 entries, 0 to 29602
Columns: 156 entries, 索引 to 是否舞弊
dtypes: float64(145), int64(10), object(1)
memory usage: 35.2+ MB
```

图 9-11

通过 value_counts()函数可以查看"是否舞弊"列中的元素类别与个数，代码如下：

```python
fraud_data['是否舞弊'].value_counts()
```

结果如下，表明"是否舞弊"列中内容为 0 的有 29455 个，内容为 1 的有 148 个。

```
0    29455
1      148
Name: 是否舞弊, dtype: int64
```

另外，还需要对缺失值进行处理，首先可以通过如下代码查看各个变量的缺失情况。

```python
fraud_data.isnull().sum().to_frame().T
```

结果如图 9-12 所示。

1 rows × 156 columns

图 9-12

然后通过如下代码输出并删除缺失值大于 50%的列，代码如下：

```
for t in fraud_data.columns:
    if fraud_data[t].isnull().sum()/len(fraud_data)>0.5:
        print(t+"   -->   "+str(100*fraud_data[t].isnull().sum()/len(fraud_data)) +
"%")
        fraud_data = fraud_data.drop(columns=t)
```

结果如图 9-13 所示。

```
交易性金融资产    -->    72.61426206803364%
可供出售金融资产    -->    55.048474816741546%
持有至到期投资    -->    95.1660304698848%
工程物资    -->    84.02864574536365%
开发支出    -->    79.41762659189946%
应付债券    -->    79.95473431746782%
长期应付款    -->    67.23980677634023%
预计负债    -->    73.29662534202615%
投资性房地产    -->    52.06229098402189%
应付股利    -->    60.17633347971489%
取得子公司及其他营业单位支付的现金    -->    72.6649326081816%
发行债券收到的现金    -->    89.59227105360944%
净资产收益率B（%）    -->    100.0%
净资产收益率C（%）    -->    100.0%
问询函数量    -->    89.99087930277337%
是否家族企业    -->    62.6997263790832%
社会捐赠总额    -->    77.69145019085903%
融资纠纷    -->    74.9552410228693%
员工参股    -->    74.9552410228693%
员工福利    -->    74.9552410228693%
```

图 9-13

对于这些缺失值，若想用中位数进行填充，怎么实现呢？代码如下：

```
fraud_data = fraud_data.fillna(fraud_data.median())
fraud_data.isnull().sum().to_frame().T
```

第 1 行代码相当于对于 fraud_data 的每一列，都用中位数来代替缺失值（median()就是中位数函数，fillna()函数的作用是填充缺失值，其括号内的参数表示用什么值来填充）；第 2 行代码用于展示现在缺失值的汇总情况，如图 9-14 所示。

索引	年份	货币资金	应收票据	应收账款	预付账款	存货	长期股权投资	固定资产	无形资产	…	折旧率指数	应计指数	净利润是否大于0	毛利率指数是否大于1	资产质量指数是否大于1	营业收入指数是否大于1	销售管理费用指数是否大于1	财务杠杆指数是否大于1	折旧率指数是否大于1	是否舞弊
0	0	0	0	0	0	0	0	0	0	…	0	0	0	0	0	0	0	0	0	0

1 rows × 136 columns

图 9-14

可以看到此时各列已经没有缺失值了。

在让模型学习之前需要解决的数据问题除了缺失值之外，还有无穷值（inf），这是获取原始数据时无法避免的一个问题，解决思路与缺失值的解决思路是相似的。

```
import numpy as np
fraud_data[np.isinf(fraud_data)] = np.nan
fraud_data = fraud_data.fillna(fraud_data.max())
fraud_data.describe()
```

幸运的是，Python 有一个专门用于应对无穷值的函数，即 NumPy 库的 np.isinf()函数，其作用与 np.isnan()函数的相似，用来定位那些值为 inf 的单元格，但注意，这里的 inf 并不是字符串形式的'inf'，而是一个特殊的数字类型值。第 2 行代码把值 inf 转换为空值（nan）。第 3 行代码再用类似的方法将空值转换为这一列的最大值。注意在顺序上这一步和上一步对缺失值的操作顺序不能颠倒，否则原来就是缺失值的单元格也会因此被处理为最大值，但我们并不希望缺失值变为最大值，而是变为中位数。最后一行代码用于输出各列的描述性统计，结果如图 9-15 所示。

	索引	年份	货币资金	应收票据	应收账款	预付账款	存货	长期股权投资	固定资产	无形资产	...
count	2.960300e+04	29603.000000	2.960300e+04	2.960300e+04	2.960300e+04	2.960300e+04	2.960300e+04	2.960300e+04	2.960300e+04	2.960300e+04	...
mean	2.015525e+09	2015.225754	3.101772e+09	3.080134e+08	1.120383e+09	3.422209e+08	2.721068e+09	7.482220e+08	3.800549e+09	7.014062e+08	...
std	2.882546e+06	2.863505	3.777967e+10	1.514881e+09	5.318217e+09	2.015768e+09	1.928899e+10	5.003951e+09	2.230474e+10	4.360416e+09	...
min	2.010000e+09	2010.000000	4.821700e+03	0.000000e+00	0.000000e+00	0.000000e+00	0.000000e+00	-3.886698e+07	1.335400e+03	0.000000e+00	...
25%	2.013002e+09	2013.000000	2.304014e+08	1.623863e+07	1.041156e+08	1.317827e+07	1.325316e+08	3.834963e+07	1.954717e+08	4.108666e+07	...
50%	2.016001e+09	2016.000000	5.227256e+08	4.830769e+07	2.844320e+08	4.323133e+07	3.521421e+08	8.676217e+07	5.209088e+08	1.088556e+08	...
75%	2.018003e+09	2018.000000	1.275461e+09	1.276460e+08	7.223621e+08	1.469135e+08	9.925984e+08	1.993789e+08	1.531094e+09	2.941959e+08	...
max	2.019901e+09	2019.000000	3.317916e+12	5.048057e+10	1.707270e+11	9.779583e+10	8.970190e+11	2.229830e+11	7.325770e+11	2.235008e+11	...

8 rows × 136 columns

图 9-15

补充知识点：特征工程（主要指数据处理与数据衍生）

需要注意的是，只有这些原始的财务数据有时是不够的，它们所包含的信息并不能全面地展示企业的财务信息。举一个简单的例子：如果单看货币资金这一财务指标，假设企业 A 与企业 B 处于同一个行业，企业 A 的货币资金是 100 万元，企业 B 的货币资金是 1 亿元，仅凭这一点无法得出"企业 A 比企业 B 更善于利用资金"的结论，因为这也同公司的体量有关，如果构造一个新指标，如货币资金/流动资产总额，那便能够知道企业的流动资产中有多少比例是货币资金，这比单看货币资金这一指标更具实际意义。

基于这样的理由，在常见的占比数据（存货周转率、应收账款周转率等数据都是占比数据）的基础上，可以衍生出一些新的占比特征，比如对于流动资产，将货币资金、交易性金融资产等作为分子，便可以衍生出一些新的**衍生指标**（在这里便不再一一列举）。这些数据处理（之前讲解的处理缺失值和无穷值等内容）与数据衍生的过程就叫作特征工程。

至于如何构造衍生指标，可以用 Excel 进行处理，也可以通过 pandas 库进行处理，感兴趣的读者可以自行尝试，由于篇幅关系，本书就直接使用原始数据进行数据建模。

2. 划分训练集和测试集

首先需要把数据划分为训练集和测试集。顾名思义，训练集拿来做训练，而测试集拿来检验模型训练的结果。

划分训练集和测试集的代码如下：

```
train_year = [i for i in range(2009,2018)]
test_year = [2019]
train = fraud_data[fraud_data["年份"].isin(train_year)]
test = fraud_data[fraud_data["年份"].isin(test_year)]
```

这里划分的方法并不是一般的处理方法，有一定的特殊性。具体来说，本例是想用 2009 年—2017 年的数据作为训练集（range(a,b)表示数字 a 到 b，但是不包括 b，即 range(2009,2018)表示 2009—2017 年，感兴趣的读者也可以把 range(2009,2018)改成 range(2009,2019)，将 2009—2018 年的数据作为训练集），将 2019 年的数据作为测试集。

所以，前两行代码用于分别把训练集和测试集对应的年份存储到两个列表里。后两行代码则是通过筛选功能将原数据中"年份"列值属于特定列表的数据分别存储到 train 和 test 两个 DataFrame 对象中。这里运用到的方法是 DataFrame[DataFrame['column'].isin(list)]，其中，DataFrame 是筛选对象，column 是筛选依据对应的列，isin()是一种特殊的筛选方法，表示值在 list 列表里则返回，整个筛选过程相当于遍历 DataFrame 的每一行。

另外，还有一种更简单的实现划分的方法，但需要先提取特征变量和目标变量，后文再说。

3．提取特征变量和目标变量

划分好训练集和测试集之后，将特征变量和目标变量单独提取出来，代码如下：

```
X_train = train.drop(columns=['索引', '年份', '是否舞弊'])
y_train = train['是否舞弊']
X_test = test.drop(columns=['索引', '年份', '是否舞弊'])
y_test = test['是否舞弊']
```

其中，前两行代码用于提取训练集的特征变量和目标变量，后两行代码用于提取测试集的特征变量和目标变量。

补充知识点：常规数据中训练集和测试集的数据划分

对于常规数据，如果不需要选取特定的数据作为训练集和测试集，而是进行随机选取，可以使用如下代码。

```
from sklearn.model_selection import train_test_split
X = fraud_data.drop(columns=['索引', '年份', '是否舞弊'])
y = fraud_data['是否舞弊']
X_train, X_test, y_train, y_test = train_test_split(X, y, test_size=0.2,
random_state=123)
```

第 1 行代码用于从 scikit-learn 库中引入 train_test_split() 函数。

第 4 行代码用于通过 train_test_split() 函数划分训练集和测试集，其中 X_train、y_train 为训练集数据，X_test、y_test 为测试集数据。

train_test_split() 函数的前两个参数 X 和 y 便是之前提取的特征变量和目标变量。test_size 是测试集数据所占的比例，这里选择 20% 的数据为测试数据，即 0.2。如果数据的数量很多，也可以将其设置为 0.1，即分配相对较少的数据来测试，分配更多的数据来训练。

因为通过 train_test_split() 函数划分数据是随机的，所以如果想每次划分数据产生的内容都是一致的，可以设置 random_state 参数，这里设置的数字 123 没有特殊含义，它相当于一个种子参数，使得每次划分内容都是一致的，也可以设置成其他值。

但需要注意，这样划分的训练集和测试集的优点是数据抽取完全随机，但有时候我们在划分上存在主观的目的。比如在这里就希望用 2009—2017 年的数据来训练模型，用 2018 年的数据来测试，这样的做法背后有时存在一些经济含义，是随机抽取无法代替的。

4．过采样

本案例中，还需要进行一项数据处理工作：**过采样**。所谓过采样，就是人工增加样本数量较少的样本来解决样本不均衡的问题，而样本不均衡指的是不同类别的样本数量相差过大，这会导致预测结果有偏差。例如本案例中，通过如下代码可以发现训练集中分类为 0 的样本有 21101 个，分类为 1 的样本有 93 个，样本数非常不均衡。

```
# 统计训练集中 y 的类别和个数
from collections import Counter
Counter(y_train)
```

上面代码的运行结果如下。

```
Counter({0: 21101, 1: 93})
```

这样的不均衡数据可能会在机器学习过程中给模型带来很大的麻烦，采用默认的分类阈值（一般是 0.5）可能会导致大部分输出分类为 0，从而产生虚假的高准确度，导致分类失败。解决这个问题，一般有两种方法：欠采样和过采样。其实理解起来也很简单，过采样较简单的思路就是对少数样本进行重复采样，比如复制少数类别的样本，使少数类别的样本数量与多数类别的样本数量相当，但是这样容易产生模型过拟合的问题，即使模型学习到的信息过于特别（specific）而不够泛化（general），所以一种改进后的方法（SMOTE法）是对少数类别的样本进行分析并根据少数类别的样本人工合成新样本并将之添加到数据集中（更多关于 SMOTE 法过采样的相关知识点可参考本小节补充知识点）。而欠采样的思路与过采样的没有本质上的不同，但欠采样通过去掉一些多数类别的样本使两类样本数量相当，其弊端是没有充分利用已有样本，下面是 SMOTE 法的核心代码（注意这里用到了一个叫作 imblearn 的库，需要通过 pip install imblearn 安装这个库）。

```
# 使用 SMOTE 法进行过抽样处理
from imblearn.over_sampling import SMOTE  # 需要通过 pip install imblearn 安装这个库
model_smote = SMOTE()  # 建立 SMOTE 模型对象
X_smote_resampled, y_smote_resampled=model_smote.fit_resample(X_train,y_train)  # 输
入数据并做过采样处理
```

再通过如下代码对训练集数据进行样本数量统计。

```
Counter(y_smote_resampled)
```

结果如下所示，可以看到分类为 0 和分类为 1 的样本数量都是 21101 个了。

```
Counter({0: 21101, 1: 21101})
```

补充知识点：SMOTE 法过采样的基本原理

SMOTE 法过采样，即合成少数类过采样技术，是一种改进随机过采样模型容易过拟合的方案。假设对少数类进行 4 倍过采样，SMOTE 法的原理如图 9-16 所示。

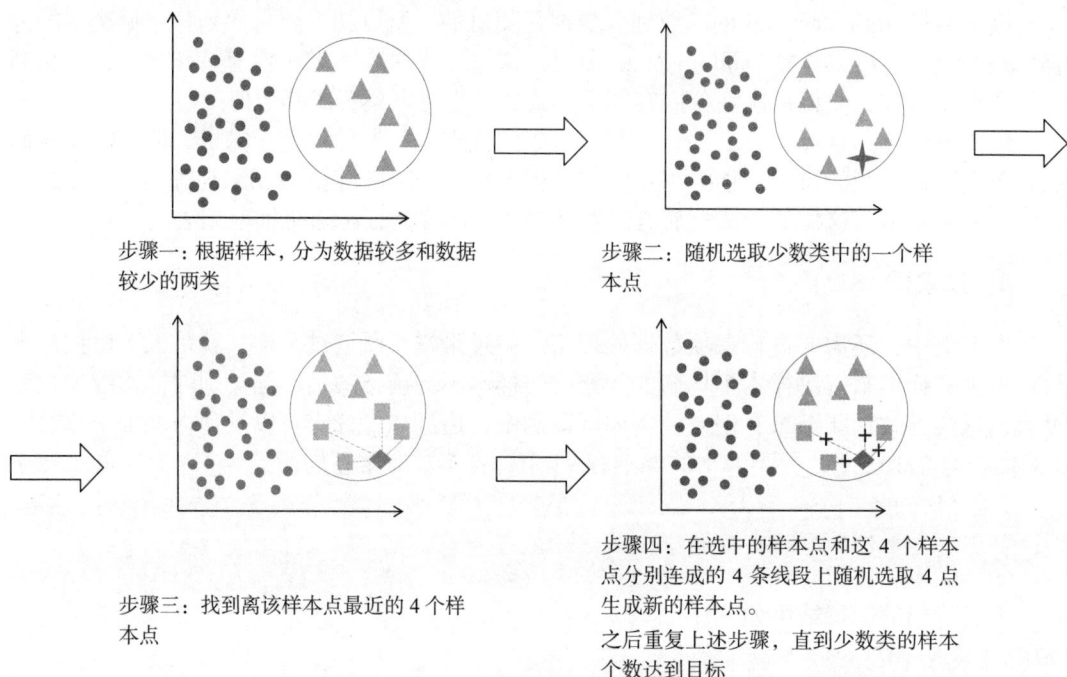

步骤一：根据样本，分为数据较多和数据较少的两类

步骤二：随机选取少数类中的一个样本点

步骤三：找到离该样本点最近的 4 个样本点

步骤四：在选中的样本点和这 4 个样本点分别连成的 4 条线段上随机选取 4 点生成新的样本点。
之后重复上述步骤，直到少数类的样本个数达到目标

图 9-16

5．模型训练及搭建

划分好训练集和测试集之后，就可以从 scikit-learn 库中引入决策树模型进行模型训练了，代码如下：

```
from sklearn.tree import DecisionTreeClassifier
model = DecisionTreeClassifier(max_depth=3, random_state=123)
model.fit(X_smote_resampled, y_smote_resampled)
```

其中，第 1 行代码用于从 scikit-learn 库中引入分类决策树模型。

第 2 行代码用于将决策树模型赋值给变量 model，同时设置模型参数 max_depth 为 3，即树的最大深度为 3，并设置随机状态参数 random_state 为数字 123，这个数字没有特殊意义，只是使每次运行结果一致。

第 3 行代码通过 fit()函数来进行模型的训练，传入的参数就是前文获得的过采样后的训练集数据。

至此，**一个决策树模型便已经搭建完成了**，搭建决策树模型的代码汇总如下：

```
import pandas as pd
import numpy as np
from sklearn.tree import DecisionTreeClassifier
from imblearn.over_sampling import SMOTE  # 需要通过 pip install imblearn 安装这个库

# ① 读取数据与简单预处理
fraud_data = pd.read_excel('DATA.xlsx')  # 读取数据
for t in fraud_data.columns:  # 删除缺失值超过 50%的列
    if fraud_data[t].isnull().sum()/len(fraud_data)>0.5:
        fraud_data = fraud_data.drop(columns=t)
fraud_data = fraud_data.fillna(fraud_data.median())  # 缺失数据用中位数填充
fraud_data[np.isinf(fraud_data)] = np.nan # 无穷大处理，使用中位数填充
fraud_data = fraud_data.fillna(fraud_data.max())

# ② 划分训练集和测试集
train_year = [i for i in range(2009,2018)]
test_year = [2019]

train = fraud_data[fraud_data["年份"].isin(train_year)]
test = fraud_data[fraud_data["年份"].isin(test_year)]

# ③ 提取特征变量和目标变量（训练集+测试集）
X_train = train.drop(columns=['索引', '年份', '是否舞弊'])
y_train = train['是否舞弊']
X_test = test.drop(columns=['索引', '年份', '是否舞弊'])
y_test = test['是否舞弊']

# ④ 过采样
model_smote = SMOTE() # 建立 SMOTE 模型对象
X_smote_resampled, y_smote_resampled = model_smote.fit_resample(X_train,y_train)
# 输入数据并做过采样处理

# ⑤ 模型训练
model = DecisionTreeClassifier(max_depth=3, random_state=123)
model.fit(X_smote_resampled, y_smote_resampled)
```

模型搭建完成后就可以利用模型来进行预测了，此时前文的测试集就可以发挥作用了，

即利用测试集来进行预测并评估模型的预测效果。

9.2.2 模型预测及评估

本小节将介绍如何直接预测是否舞弊，以及预测不舞弊与舞弊的概率，最后介绍如何合理地对一个模型进行评估。

1．直接预测是否舞弊

搭建模型的目的是利用它来预测数据，这里把测试集中的数据导入模型中进行预测，代码如下，其中 model 就是 9.2.1 小节搭建的决策树模型。

```
y_pred = model.predict(X_test)
```

输出 y_pred[0:100]，结果如图 9-17 所示，其中 0 和 1 为预测的结果，0 表示预测不舞弊，1 表示预测舞弊。

```
array([0, 0, 1, 0, 0, 0, 0, 0, 0, 0, 0, 0, 0, 0, 0, 0, 0, 0, 0, 0, 0, 0, 0, 0, 0,
       0, 0, 0, 0, 0, 0, 0, 0, 0, 0, 0, 0, 0, 0, 0, 0, 0, 0, 0, 0, 0, 0, 0, 0, 0,
       0, 0, 0, 0, 0, 0, 0, 0, 0, 0, 0, 0, 0, 0, 0, 0, 1, 0, 0, 0, 0, 0, 0, 0,
       0, 0, 0, 0, 0, 0, 0, 0, 0, 0, 0, 0, 0, 0, 0, 0, 0, 0, 0, 0, 0, 0, 0, 0,
       0, 0, 0, 0, 0, 0, 0, 0, 0, 0, 0], dtype=int64)
```

图 9-17

利用创建 DataFrame 的相关知识点，将预测的 y_pred 和测试集实际的 y_test 汇总到一起，其中，y_pred 是一个一维数组结构，y_test 为一维序列结构，所以需要用 list()函数将其转换为列表，代码如下：

```
a = pd.DataFrame()  # 创建一个空白 DataFrame
a['预测值'] = list(y_pred)
a['实际值'] = list(y_test)
```

通过 a.head()将生成的 DataFrame 的前 5 行输出，结果如表 9-1 所示。

表 9-1

	预测值	实际值
0	0	0
1	0	0
2	1	0
3	0	0
4	0	0

可以看到测试集中前 5 组数据的预测准确度为 80%，如果要查看整体的预测准确度，可以采用如下代码。

```
from sklearn.metrics import accuracy_score
score = accuracy_score(y_pred, y_test)
```

将 score 输出，结果如下。

```
0.9837860602232049
```

发现整个模型在测试集上的预测准确度约为 0.983，即 8502 个测试集数据中，约有 8363 个记录的预测结果和实际结果相符。

此外，也可以通过模型自带的 score()函数来查看模型的预测准确度，代码如下。

```
model.score(X_test, y_test)
```

输出结果同样为 0.9837。

2．预测不舞弊与舞弊的概率

其实分类决策树模型预测的本质并不是准确的 0 或 1，而是预测其属于某一类别的概率，可以通过如下代码查看预测属于各个类别的概率。

```
y_pred_proba = model.predict_proba(X_test)
```

此时获得的 y_pred_proba 就是预测的属于各个类别的概率，它是一个二维数组，可以直接输出 y_pred_proba，其左侧一列数为类别为 0 的概率，右侧一列数为类别为 1 的概率。也可以通过如下代码将其转换为 DataFrame 格式方便查看。

```
b = pd.DataFrame(y_pred_proba, columns=['不舞弊概率', '舞弊概率'])
```

通过 b.head() 查看此时获取的表格的前 5 行，如表 9-2 所示。

表 9-2

	不舞弊概率	舞弊概率
0	0.955151	0.044849
1	0.955151	0.044849
2	0.018872	0.981128
3	0.670354	0.329646
4	0.955151	0.044849

之前直接预测是否舞弊时，其实是看其属于哪个类别的概率最大，如第 1 行数据，其中不舞弊的概率约为 0.955151，大于舞弊的概率 0.044849，所以才预测其不舞弊。

有些细心的读者可能已经发现，表中一些概率是一样的，比如第一个和第二个记录的不舞弊概率都是 0.955151，舞弊概率都是 0.044849，9.2.3 小节将模型可视化呈现后，就能明白这些概率的计算原理了。

如果想查看舞弊概率，即查看 y_pred_proba 的第二列，可以采用如下代码，这是二维数组选取列的方法，其中逗号前的:表示所有行，逗号后面的数字 1 则表示第二列，如果把数字 1 改成数字 0，则表示提取第一列不舞弊概率。

```
y_pred_proba[:,1]
```

3．模型预测效果评估

对于分类模型而言，我们不仅关心其预测的准确度，还关心下面两个指标：**命中率（所有实际舞弊的公司中被预测为舞弊的比率）和假警报率（所有实际不舞弊的公司中被预测为舞弊的比率）**。可通过两者绘制的 ROC（Receiver Operating Characteristic，受试者工作特征）曲线来评判模型（关于 ROC 曲线以及后文要讲的 AUC 值的相关知识点请参考本小节的补充知识点）。

我们希望在相同阈值的情况下，假警报率尽量低，命中率尽可能高，即 ROC 曲线尽可能陡峭，其对应的 AUC（Area Under Curve，曲线下面积）值（ROC 曲线下的面积）尽可能大。

在 Python 实现上，通过如下代码就可以求出在不同阈值下的命中率（TPR）以及假警报率（FPR）的值，从而绘制 ROC 曲线。

```
from sklearn.metrics import roc_curve
fpr, tpr, thres = roc_curve(y_test, y_pred_proba[:,1])
```

其中第 1 行代码用于引入 roc_curve()函数。第 2 行代码用于传入测试集目标变量 y_test 的值，以及预测的舞弊概率，然后通过 roc_curve()函数计算出不同阈值下的命中率和假警报率，并将三者赋值给变量 fpr（假警报率）、tpr（命中率）、thres（阈值），此时获得的 fpr、tpr、thres 为 3 个一维数组。注意 roc_curve()函数返回的是一个含有 3 个元素的元组，其中默认第一个元素为假警报率、第二个元素为命中率、第三个元素为阈值，所以在第 2 行代码中写变量顺序的时候要按 fpr、tpr、thres 的顺序来写。

通过以下代码可以查看不同阈值下的假警报率和命中率。

```
a = pd.DataFrame()  # 创建一个空白 DataFrame
a['阈值'] = list(thres)
a['假警报率'] = list(fpr)
a['命中率'] = list(tpr)
```

运行代码，表格 a 的内容如表 9-3 所示。

表 9-3

	阈值	假警报率	命中率
0	1.981128	0.000000	0.000000
1	0.981128	0.011662	0.333333
2	0.381425	0.059372	0.606061
3	0.329646	0.176845	0.818182
4	0.044849	0.994275	1.000000
5	0.020619	1.000000	1.000000

可以看到阈值越大，假警报率越低，但相应的命中率也会下降。

另外有几个要注意的点，第 1 行表示只有当一个公司被预测舞弊的概率≥198%，才判定其会舞弊，因为概率不会超过 100%，所以此时不会有公司被判定为舞弊，即所有公司都不会被预测为舞弊，那么命中率和假警报率都为 0，之所以会有这么一个看上去没有意义的阈值，是因为 roc_curve()函数默认在最大阈值基础上加一生成一个阈值，实际操作中可以忽略该阈值。**第 3 行表示只有当一个公司被预测为舞弊的概率≥38.14%，才判定其会舞弊，此时的命中率为 60.6%，假警报率为 5.93%**，其余以此类推。

已知了不同阈值下的假警报率和命中率，可通过 Matplotlib 库绘制 ROC 曲线，代码如下：

```
import matplotlib.pyplot as plt
plt.plot(fpr, tpr)
plt.show()
```

绘制的 ROC 曲线如图 9-18 所示，可以看到这个 ROC 曲线还是比较陡峭的。

通过如下代码则可以快速求出模型的 AUC 值。

```
from sklearn.metrics import roc_auc_score
score = roc_auc_score(y_test, y_pred)
print(score)
```

其中第 1 行代码用于引入 roc_auc_score()函数。第 2 行代码用于传入测试集目标变量 y_test 的值，以及预测的舞弊概率。将获得的 AUC 值输出，结果为 0.6608，可以说预测效果还可以。

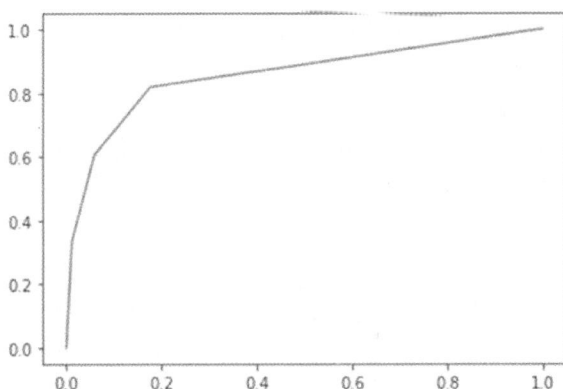

图 9-18

补充知识点：ROC 曲线与 AUC 值

在分类模型商业实战中一般不会以准确度作为模型的评估标准，因为准确度很多时候并不可靠。以银行客户违约预测模型为例，倘若 100 个客户里有 10 个人违约，而如果模型预测所有客户都不会违约，虽然这个模型没有过滤掉一个违约客户，但是模型的预测准确度仍然能达到 90%，显然这个较高的准确度并不能反映模型的优劣。在商业实战中，我们更关心表 9-4 所示的两个指标。

表 9-4

真正率（命中率）	true positive rate（TPR）	TPR=TP/(TP+FN)
假正率（假警报率）	false positive rate（FPR）	FPR=FP/(FP+TN)

其中 TP、FP、TN、FN 的含义如表 9-5 所示，这个表也叫作混淆矩阵。

表 9-5

	1（预测违约）	0（预测不违约）	合计
1（实际违约）	true positive（TP） 正确肯定	false negative（FN） 漏报	TP+FN
0（实际不违约）	false positive（FP） 虚报	true negative(TN) 正确否定	FP+TN

真正率计算的是在所有**实际违约**的人中，**预测为违约**的比例，也称命中率或召回率；而假正率计算的是在所有**实际没有违约**的人当中，**预测为违约**的比例，也称假警报率。

上述例子中，100 个客户中有 10 个人违约，模型预测所有客户都不会违约，如表 9-6 所示，那么模型的假正率为 0，即没有误伤一个"好人"，但是此时模型的真正率也为 0，即没有揪出一个"坏人"，因此即使是高达 90% 的预测准确度也是没有意义的。

表 9-6

	1（预测违约）	0（预测不违约）	合计
1（实际违约）	TP=0 正确肯定	FN=10 漏报	TP+FN=10
0（实际不违约）	FP=0 虚报	TN=90 正确否定	FP+TN=90

一个优秀的客户违约预测模型，希望命中率尽可能高，即能尽量地揪出"坏人"，同

时也希望假警报率尽可能低，即不要误伤"好人"。然而这两者往往呈正相关性，因为一旦调高阈值，比如认为违约率超过 90%的才认定为违约，那么会导致假警报率很低，但是命中率也很低；而降低阈值，比如认为违约率超过 10%就认定为违约，那么命中率就会很高，但是假警报率也会很高。因此为了衡量一个模型的优劣，数据科学家根据不同阈值下的命中率和假警报率绘制了 ROC 曲线，如图 9-19 所示。

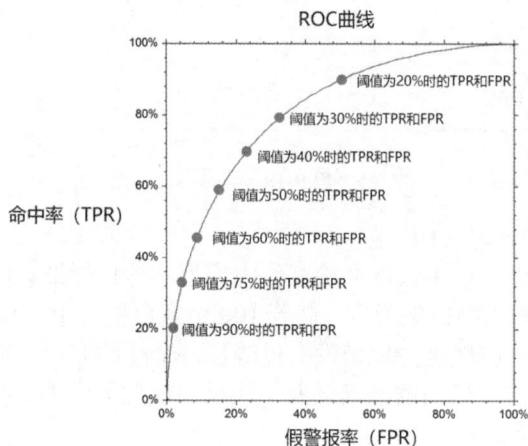

图 9-19

ROC 曲线的横坐标为假警报率，其纵坐标为命中率。在某一个阈值条件下，我们希望所搭建的模型的命中率尽可能高，而假警报率尽可能低。

举例来说，某一检测样本总量为 100，其中违约客户为 20 人，当阈值为 20%的时候，即违约概率超过 20%的时候认为用户会违约，模型 A 和模型 B 预测出来的违约客户都是 40 人。如果模型 A 预测违约的 40 人中有 20 人的确违约，那么命中率达 20÷20=100%，此时假警报率为 20÷80=25%；如果模型 B 预测违约的 40 人中有 15 人的确违约，那么其命中率为 15÷20=75%，假警报率为 25÷80=31.25%。那么此时认为模型 A 是一个较优的模型。因此，对于不同模型，我们希望在相同的阈值条件下命中率越高，假警报率越低。

如果把假警报率理解为代价，那么命中率就是收益，所以也可以说在相同阈值的情况下，希望假警报率（代价）尽量小的同时命中率（收益）尽量高，该思想反映在图形上就是这个曲线尽可能陡峭，曲线越靠近左上角说明在同样的阈值条件下，命中率越高，假警报率越低，模型越完善。换一个角度来理解，一个完美的模型是在不同的阈值下，假警报率都接近 0，而命中率接近 1，该特征反映在图形上，就是曲线非常接近(0,1)这个点，即曲线非常陡峭。数值比较上可以使用 AUC 值来衡量模型的好坏，AUC（area under curver）值指曲线下面的面积，该面积的取值范围通常为 0.5～1，0.5 表示随机判断，1 则代表完美的模型。在商业实战中，因为存在很多扰动因子，AUC 值能达到 0.75 以上就已经可以接受了，如果能达到 0.85 以上，就是非常不错的模型了。

4．特征重要性评估

模型搭建完成后，有时希望能够知道各个特征变量的重要程度，即哪些特征变量在模型中起的作用更大，而在决策树模型中，可通过如下代码查看特征的重要性。

```
model.feature_importances_
```

获得的结果如图 9-20 所示。

```
array([0.        , 0.        , 0.        , 0.        , 0.        ,
       0.        , 0.        , 0.        , 0.        , 0.        ,
       0.        , 0.        , 0.        , 0.        , 0.        ,
       0.        , 0.        , 0.        , 0.        , 0.        ,
       0.        , 0.        , 0.        , 0.        , 0.        ,
       0.        , 0.        , 0.        , 0.        , 0.        ,
       0.        , 0.        , 0.        , 0.        , 0.        ,
       0.        , 0.        , 0.        , 0.        , 0.        ,
       0.        , 0.        , 0.        , 0.        , 0.        ,
       0.        , 0.        , 0.        , 0.        , 0.        ,
       0.        , 0.        , 0.        , 0.        , 0.        ,
       0.03496186, 0.        , 0.        , 0.        , 0.        ,
       0.        , 0.        , 0.        , 0.        , 0.        ,
       0.81190189, 0.        , 0.        , 0.00362064, 0.        ,
       0.0071968 , 0.        , 0.        , 0.        , 0.        ,
       0.        , 0.        , 0.1423188 , 0.        , 0.        ,
       0.        , 0.        , 0.        , 0.        , 0.        ,
       0.        , 0.        , 0.        ])
```

图 9-20

在决策树模型中，特征重要性的大小取决于该变量对模型整体的基尼系数下降的贡献大小，特征变量对模型整体的基尼系数下降的贡献越大，那么其特征重要性越大。举一个例子，模型分裂到最后的叶子节点，整个系统的基尼系数下降数值为 0.3，如果所有根据特征 A 进行分裂的节点产生的基尼系数下降的数值和为 0.15，那么特征 A 的特征重要性为 50%，即 0.5。

对于特征变量不多的模型，通过上文那一行代码即可查看各个特征变量的重要性，如果特征变量变多，可以使用代码将特征重要性和变量名称一一对应，比如此例有 100 多个特征变量，其中很多变量的重要性都很小，通过如下代码查看特征重要性排名前 5 的特征。

```
features = X_train.columns  # 获取特征名称
# 通过二维表格形式显示
importances_df = pd.DataFrame()
importances_df['特征名称'] = features
importances_df['特征重要性'] = model.feature_importances_
importances_df = importances_df.sort_values('特征重要性', ascending=False)
importances_df.head()
```

代码首先获取特征名称及特征重要性，然后将特征名称和特征重要性整合到一个二维表格中，接着通过 sort_values()方法对特征重要性进行排序，其中设置 ascending 参数为 False 表示按逆序排列（即从大到小排序），最后取前 5 个最重要的特征查看。

补充说一句，整理成二维表格也可以通过如下代码实现，注意此时表格是横向显示的，即其行索引为特征名称和特征重要性，所以需要通过.T 方法来将其转置为竖向显示。

```
importances_df = pd.DataFrame([features, importances], index=['特征名称', '特征重要性']).T
```

运行代码，获取的表格内容如表 9-7 所示（第一列为特征序号），这样特征名称和特征重要性就一一对应上了。

表 9-7

	特征名称	特征重要性
105	公司是否被媒体披露重大负面消息	0.811902
117	审计意见	0.142319
90	净资产收益率 A（%）	0.034962
110	是否有慈善捐赠	0.007197
108	监事会持股比例（%）	0.003621

可以看到重要性最高的是第一个特征：公司是否被媒体披露重大负面消息。这也的确符合常理，可见公司在信息披露方面的表现对于舞弊的解释性很强。此外，其他重要的特征是审计意见和净资产收益率。很多其他特征在该模型中的特征重要性为 0，也就是说它们没有发挥作用（表 9-7 中没有展示），这可能是因为限制了决策树的深度为 3 层（max_depth=3），所以其他特征没有发挥作用的机会，如果增大决策树的最大深度，那么其他特征可能会发挥作用，这个在后文也有验证。

9.2.3 决策树模型可视化呈现及决策树要点理解

如果想将决策树模型可视化呈现，可以使用 Python 的 graphviz 插件。因为模型可视化呈现主要是为了演示和教学，在实战中应用较少，所以对于 graphviz 插件的安装与使用，感兴趣的读者可以参考本书配套的源代码文件进行学习。

这里简单提一下使用 graphviz 插件的核心知识点。

第一步是安装 graphviz 插件，可通过其官网下载，如果是 Windows 系统，下载 MSI 文件并安装，安装完成后需要配置环境变量。

第二步是安装 graphviz 库，通过 pip install graphviz 即可安装相关库。

安装完毕后即可使用，通过如下核心代码即可快速对决策树模型进行可视化。如果想生成包含中文的可视化图片则相对麻烦一些。

```
from sklearn.tree import export_graphviz
dot_data = export_graphviz(model, out_file=None)  # 这里的model就是模型名
graph = graphviz.Source(dot_data)  # 对决策树模型可视化
graph.render('决策树可视化')  # 生成决策树可视化 PDF 文件
```

图 9-21 所示便是通过 graphviz 生成的可视化决策树模型。

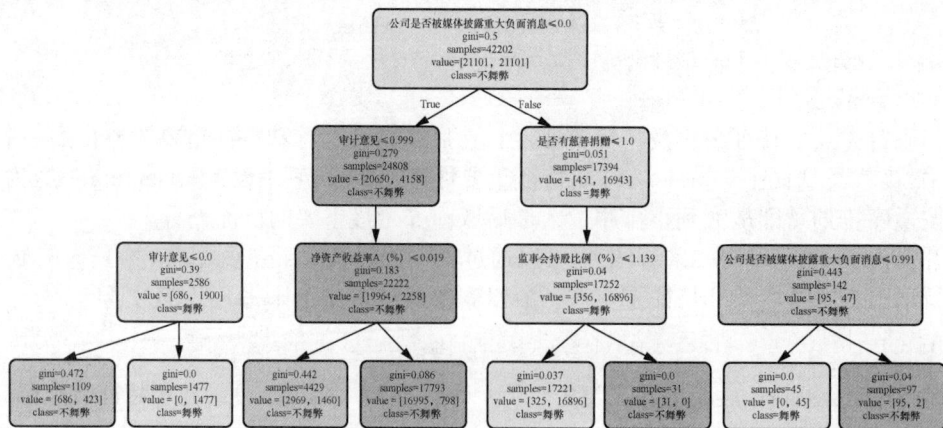

图 9-21

可以看到从初始节点往下的确就只有 3 层树状结构，这就是一开始所设置的模型参数 max_depth，即树的最大深度。

下面根据图 9-21 讲解几个重要的知识点来加深读者对决策树模型的理解。

知识点 1：节点各元素的含义

这里介绍图 9-21 中每个节点里各内容的含义，除了叶子节点外，每个节点都有 5 个元素：分裂依据、当前基尼系数（gini）、当前样本数量（samples）、样本中各类别的数量（value）、分类类别（class）。

以根节点为例，其将"公司是否被媒体披露负面消息≤0.0"作为分裂依据；它当前的基尼系数为 0.5；其含有的样本总数为 42202；其中 value 中的左边数值 21101 表示"是否舞弊"中的 0，即不舞弊公司，右边数值 21101 表示"是否舞弊"中的 1，即舞弊公司；最后一行的 class 表示类别，不过根节点的 class 没有意义，主要看最后的叶子节点的 class。此外，最后的叶子节点因为已经分裂完毕，所以不再有分裂依据这一项。

知识点 2：节点划分与依据验证

根节点分裂完后产生两个子节点，其中左边的子节点中大部分为不舞弊公司（共 24808 家公司，其中 20650 家不舞弊、4158 家舞弊，该节点的基尼系数为 0.279）；而右边的子节点中大部分为舞弊公司（共 17394 家公司，其中 451 家不舞弊、16943 家舞弊，该节点的基尼系数为 0.051），这也符合上市公司被媒体披露过重大负面消息，那么其就有较大的舞弊嫌疑的事实。

根据前文的知识点计算经过根节点分裂后的系统的基尼系数为 24808÷42202×0.279 + 17394÷42202×0.051≈0.185（此时基尼系数下降值为 0.5 − 0.185 = 0.315），这也是机器通过不停的训练和计算获得的最优解，如果通过别的方式进行根节点分裂，系统基尼系数一定会比 0.185 大，基尼系数的下降值一定比 0.315 小。

知识点 3：特征重要性与整棵树的关系

还可以通过 9.2.2 小节计算特征重要性的代码来验证上一知识点的观点。

输出结果如表 9-8 所示，分别对应 5 个特征变量的特征重要性。

表 9-8

	特征名称	特征重要性
105	公司是否被媒体披露重大负面消息	0.811902
117	审计意见	0.142319
90	净资产收益率 A（%）	0.034962
110	是否有慈善捐赠	0.007197
108	监事会持股比例（%）	0.003621

可以看到重要性最大的便是媒体披露。同样此表可以更好地解释为什么有些特征变量的特征重要性很小，甚至为 0，这是因为这些因素在该模型中没有发挥作用，这可以从可视化的图形中看出，每一个分叉的节点都没有依据表 9-8 所示 5 个特征之外的特征变量进行分裂，所以说其他特征变量并没有发挥作用。如果把 max_depth 设置得更大一些，让决策树可以继续往下分裂，那么这些特征变量将可能发挥作用，使得特征重要性不再是 0。

此外，前文提到过，在决策树模型中，特征重要性的大小取决于该变量对模型整体的基尼系数下降的贡献大小，这里可以利用这个可视化后的决策树，通过演示第二个特征变量"审计意见"的特征重要性为什么为 0.1423 来验证该观点。

首先需要计算模型整体的基尼系数下降，根据不同叶子节点的样本数进行权重求和，新系统的基尼系数为 0.11，整体基尼系数下降 0.5 – 0.11=0.39。

其次来看"审计意见"，在前文的决策树中它共在两个节点上发挥了作用，对系统产生的基尼系数下降 0.0552（具体计算：24808÷42202×0.279 – (2586÷42202×0.39 + 22222÷42202×0.183) + 2586÷42202×0.39 –(1109÷42202×0.472+1477÷42202×0)≈0.0552），这就是"审计意见"这一特征变量在整个模型中发挥的作用，将其除以整体的基尼系数下降值便是它的特征重要性：0.0552÷0.39≈0.142。这个值与代码获得的特征重要性一致。

知识点 4：叶子节点停止分裂的依据

叶子节点停止分裂的依据主要有两个：已经分裂结束无法再分裂；达到限定的分裂条件。比如右下角的叶子节点的基尼系数都为 0 了，也就是说这个叶子节点的纯度已经最高了（即里面所有的元素都是同一类别），已经不需要也无法再分裂了。而有些叶子节点的基尼系数还没有到达 0，因为限制了树的最大深度，所以也不会继续向下分裂了。此外，叶子节点因为不需要继续分裂，所以不存在分裂依据这一元素。

知识点 5：不舞弊和舞弊概率与叶子节点的关系

注意，前文在 9.2.2 小节提到的不舞弊与舞弊概率的计算就是基于叶子节点的，如果被分到左下角的第二个叶子节点，那么公司不舞弊概率为 0，舞弊概率为 100%，所以判断公司会舞弊；如果被分到最左边的叶子节点，这个节点里总共有 **1109** 个数据，不舞弊的有 **686** 个公司，舞弊的有 **423** 个公司，那么如果一个新的记录被分到该叶子节点，那么判定该记录舞弊的概率为 **423÷1109≈0.381**，不舞弊的概率则为 **686÷1109≈0.619**，因为不舞弊概率大于舞弊概率，所以判定其不舞弊，其余则依次类推。

知识点 6：ROC 曲线与叶子节点的关系

此外，感兴趣的读者可以将其余叶子节点所反映的舞弊概率计算出来（从左边的叶子节点至右边的叶子节点，各节点舞弊概率分别为 38.1%、100%、32.96%、4.48%、98.11%、0%、100%和 2.06%），再观察 9.2.1 小节绘制 ROC 曲线时用到的阈值，**会发现 9.2.1 小节绘制 ROC 曲线时使用的阈值并不是随意选取的，选取的是这些不同叶子节点反映出来的舞弊概率**。ROC 曲线的绘制就是以这些舞弊概率的值作为阈值来看不同阈值下的命中率和假警报率。

通过图 9-21 便能够较好地理解决策树的运行逻辑，当有一个新的数据的时候，就会从最上面的根节点开始进行判断，如果被媒体披露重大负面消息≤0.0（相当于没有披露，取值为 0），则划分到左边的节点进行之后的一系列判断，如果不满足则划分到右边的节点进行之后的一系列判断，最终这个新的数据会被划分到其中的一个叶子节点中，从而完成对数据的预测。

补充知识点 7：决策树可视化——**graphviz** 插件的安装及使用

这里简单讲解决策树可视化技巧——graphviz 插件的安装及使用，供感兴趣的读者参考。其详细原理可以参考本书附赠的源代码文件夹中的 PDF 文档，这里主要讲解核心要点。

1．安装 graphviz 插件

首先需要安装 graphviz 插件，可在其官网下载，以 Windows 版本为例，在下载网站上选择图 9-22 所示框中的内容：Stable 2.38 Windows install packages。

然后下载跳转界面中的 MSI 文件：graphviz-2.38.msi（本书提供的源代码文件夹里也有该文件），如图 9-23 所示。下载完该 MSI 文件后单击以进行安装，注意，要记住安装的文件路径，之后进行环境变量部署的时候会用到，通常默认路径为 C:\Program Files (x86)\Graphviz2.38，建议不要修改。

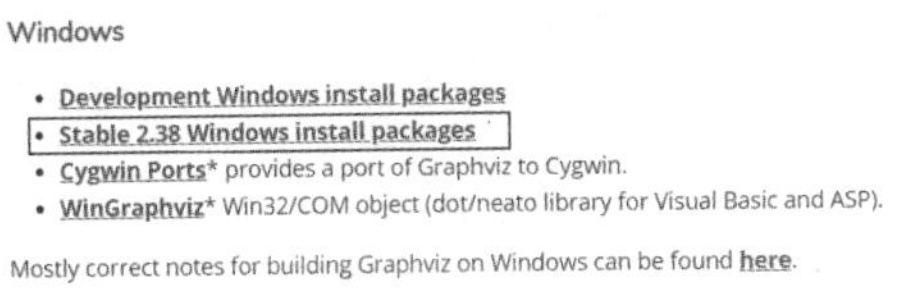

Windows Packages

Note: These Visual Studio packages do not alter the PATH variable or access the registry at all. If you wish to use the command-line interface to Graphviz or are using some other program that calls a Graphviz program, you will need to set the PATH variable yourself.

2.38 Stable Release

- graphviz-2.38.msi
- graphviz-2.38.zip

Windows

- Development Windows install packages
- Stable 2.38 Windows install packages
- Cygwin Ports* provides a port of Graphviz to Cygwin.
- WinGraphviz* Win32/COM object (dot/neato library for Visual Basic and ASP).

Mostly correct notes for building Graphviz on Windows can be found here.

图 9-22    图 9-23

2．安装 graphviz 库

以 Windows 系统为例，按 Win＋R 快捷键调出运行框，输入 cmd 后单击"确定"按钮，在弹出的窗口内输入 pip install graphviz，按 Enter 键等待安装结束即可。如果在 Jupyter Notebook 编辑器中则在代码框中运行代码!pip install graphviz。

3．graphviz 库的使用

运行如下代码就可以生成一个可视化的决策树模型。

```
from sklearn.tree import export_graphviz
import os
os.environ['PATH'] = os.pathsep + r'C:\Program Files (x86)\Graphviz2.38\bin'
dot_data = export_graphviz(model, out_file=None, class_names=['0', '1'])
graph = graphviz.Source(dot_data)
graph.render("result")   # 导出成 PDF 文件
```

前两行代码用于引入使用 graphviz 库的相关库。

第 3 行代码用于设置环境变量，这样才能在 Python 中使用 graphviz 插件，这属于手动设置环境变量的方法（如果想在整个计算机系统而非单个代码文件中设置环境变量，可以参考本章源代码文件夹中附赠的 PDF 文档），这里 graphviz 插件的安装路径为 C:\Program Files (x86)\Graphviz2.38，环境变量部署就是将软件所在文件路径中的 BIN 文件夹部署到运行环境中，如果是其他安装路径，那么自行修改即可。

第 4 行代码通过 export_graphviz()方法将之前搭建的决策树模型 model 转换为字符串格式并赋值给 dot_data，其中注意需要设定 out_file 参数为 None，这样获得的才是字符串格式。

第 5 行代码则是将 dot_data 转换成可视化的格式。

第 6 行代码则是通过 render()方法将图像输出,上述代码默认输出一个名为result的PDF文件。

以下是针对舞弊模型输出决策树可视化文件的完整代码。

```
from sklearn.tree import export_graphviz
import os  # 以下两行用于环境变量配置, 使得在 Python 中可以使用 graphviz 插件
os.environ['PATH'] = os.pathsep + r'C:\Program Files (x86)\Graphviz2.38\bin'
# 生成 dot_data
dot_data = export_graphviz(model, out_file=None, feature_names= X_train.columns,
class_names=['不舞弊', '舞弊'], rounded=True, filled=True)  # rounded 和字体有关, filled 用
于设置颜色填充
# 将生成的 dot_data 内容导入 TXT 文件中
f = open('dot_data.txt', 'w')
f.write(dot_data)
f.close()
```

```
# 修改字体设置，避免中文乱码
import re
f_old = open('dot_data.txt', 'r')
f_new = open('dot_data_new.txt', 'w', encoding='utf-8')
for line in f_old:
    if 'fontname' in line:
        font_re = 'fontname=(.*?)]'
        old_font = re.findall(font_re, line)[0]
        line = line.replace(old_font, 'SimHei')
    f_new.write(line)
f_old.close()
f_new.close()
# 以 PNG 图片形式存储生成的可视化结束
os.system('dot -Tpng dot_data_new.txt -o 决策树模型.png')
print('决策树模型.png 已经保存在代码所在文件夹！')
# 以 PDF 文件形式存储生成的可视化结果
os.system('dot -Tpdf dot_data_new.txt -o 决策树模型.pdf')
print('决策树模型.pdf 已经保存在代码所在文件夹！')
```

9.2.4 过采样效果对比验证

本节一开始就介绍了过采样这一技术，之所以采用过采样是因为本例数据存在严重的数据不平衡问题，这一小节就来简单介绍过拟合问题所带来的危害，以及如果不进行平衡化处理会带来什么样的问题。

模型建立和拟合仍然参照前文步骤，不同的是去掉用 SMOTE 法进行过采样的过程，代码如下：

```
import pandas as pd
import numpy as np
from sklearn.tree import DecisionTreeClassifier

# ① 读取数据与简单预处理
fraud_data = pd.read_excel('DATA.xlsx')  # 读取数据
for t in fraud_data.columns:  # 删除缺失值超过 50%的列
    if fraud_data[t].isnull().sum()/len(fraud_data)>0.5:
        fraud_data = fraud_data.drop(columns=t)
fraud_data = fraud_data.fillna(fraud_data.median())  # 缺失数据用中位数填充
fraud_data[np.isinf(fraud_data)] = np.nan  # 无穷大处理，使用中位数填充
fraud_data = fraud_data.fillna(fraud_data.max())

# ② 划分训练集和测试集
train_year = [i for i in range(2009,2018)]
test_year = [2019]

train = fraud_data[fraud_data["年份"].isin(train_year)]
test = fraud_data[fraud_data["年份"].isin(test_year)]

# ③ 提取特征变量和目标变量（训练集+测试集）
X_train = train.drop(columns=['索引', '年份', '是否舞弊'])
y_train = train['是否舞弊']
X_test = test.drop(columns=['索引', '年份', '是否舞弊'])
y_test = test['是否舞弊']

# ④ 模型训练
```

```
model = DecisionTreeClassifier(max_depth=3, random_state=123)
model.fit(X_train, y_train)
```

由此便用不平衡的数据拟合出了一个模型，可以先看原数据有多不平衡，通过如下代码查看此时训练集中的样本类别和个数。

```
# 统计训练集中 y 的类别和个数
from collections import Counter
Counter(y_train)
```

结果如下。

```
Counter({0: 21101, 1: 93})
```

可以看到训练集里有 21101 个样本不舞弊，93 个样本舞弊，如此不均衡的数据可能带来一个问题，就是模型无法全面地学习到数据集中的特征信息。因为只有很少的样本是舞弊的，所以模型无法学习到舞弊样本的特征。换句话说，在这种情况下，即便判断所有样本都不舞弊，也拥有很高的准确率（此时模型的准确率达到了 0.9928），但是这一准确率明显是虚高的，为什么呢？因为这个模型实质上并没有起到分类的作用。通过如下代码可以统计测试集中的样本类别和个数。

```
Counter(y_test)
```

结果如下。

```
Counter({0: 4716, 1: 33})
```

可以看到测试集中有 33 个舞弊数据，然后通过如下代码查看预测的结果。

```
Counter(y_pred)
```

结果如下。

```
Counter({0: 4748, 1: 1})
```

可以看到 33 个舞弊样本只有 1 个被成功预测，虽然该模型的准确度非常高（大部分都预测为非舞弊），但是财务舞弊识别模型的初衷是捕捉到可能舞弊的公司，因此该模型 1/33 的命中率是不合格的。

也可以通过如下代码查看该模型的 AUC 值。

```
y_pred_proba = model.predict_proba(X_test)
from sklearn.metrics import roc_auc_score
score = roc_auc_score(y_test, y_pred)
print(score)
```

结果如下，可以看到这个 AUC 值是很低的（通常 AUC 值会大于 0.5，小于 0.5 说明模型的预测能力很差）。

```
0.4998939779474131
```

在真正的实战中，造成模型有问题的原因还有很多，这里就不再一一列举了，有兴趣的读者可以进一步学习。

9.3 模型的参数调优

机器学习的各个模型其实都有内置的参数，比如前文提到的决策树模型的很重要的一个参数：max_depth（树的最大深度）。这种参数也被称为超参数，除了 max_depth 外，决策树模型还有许多常用参数，如 criterion（特征选择标准）、min_samples_leaf（叶子节点的最少样本数）等，更多参数可以参考本章最后的补充知识点 2：分类决策树模型的超参数。

在大多数情况下，使用模型的默认参数也能获得较好的结果及预测准确度，然而如果想要精益求精，那么就需要对模型的超参数进行调优，例如 max_depth 取 3，还是取默认值 None（不设置最大深度，即分裂到所有叶子节点的基尼系数都为 0）都是有考究的，如果 max_depth 取得过小可能会导致模型欠拟合，而如果取得过大，则容易导致模型过拟合（欠拟合和过拟合的知识点可参见 9.1.4 小节），因此需要一个手段来调节这些参数。

这一节便介绍调整模型参数的常用方法：网格搜索（GridSearch）以及搭配使用的 K 折交叉验证。在学习网格搜索之前，先来了解 K 折交叉验证的基本原理。

9.3.1　K 折交叉验证

在机器学习中，因为训练集和测试集划分数据是随机的，所以有时会重复地使用数据来更好地评估模型的有效性，并选出最好的模型，该做法称为交叉验证。具体而言就是对原始样本数据进行切分，然后组合成为多组不同的训练集和测试集，用训练集训练模型，用测试集评估模型。某次的训练集可能是下次的测试集，故而称作交叉验证。

交叉验证有 3 种方法，分为简单交叉验证、K 折交叉验证和留一交叉验证。其中 K 折交叉验证的应用较为广泛，K 折交叉验证是指将数据集随机等分为 K 份，每次选取 $K-1$ 份为训练集训练模型，然后用剩下的 1 份作为测试集，得到 K 个模型后将这 K 个模型的平均测试效果作为最终的模型效果。

举例来说，图 9-24 所示便是 3 折交叉验证，即将数据随机等分为 3 份，然后每次随机选取 2 份数据作为训练集，剩下的 1 份作为测试集，重复 3 次，得到 3 个不同的测试效果，综合来看这 3 个不同的测试结果能更加准确地对模型进行评估。

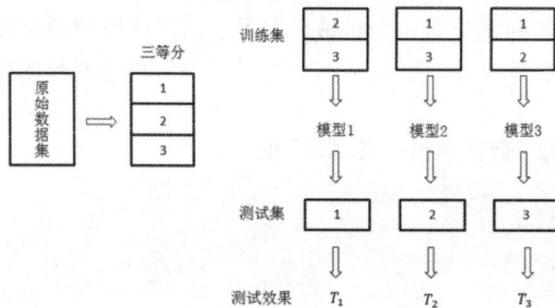

图 9-24

通常来说，如果训练集相对较小，则增大 K 值，这样在每次迭代过程中将会有更多的数据用于模型训练，同时算法时间延长；如果训练集相对较大，则减小 K 值，这样可降低模型在不同的数据块上进行重复拟合的性能评估的计算成本，在平均性能的基础上获得模型的准确评估。

除了更加精确地对模型进行评估，交叉验证另外一个重要的作用就是利用更加精确的评估结果对模型进行参数调优，它经常配合 9.3.2 小节要讲到的网格搜索一起使用。

补充知识点：K 折验证的代码实现

通过如下代码可以实现 K 折交叉验证，并获得每次验证的得分情况。

```
from sklearn.model_selection import cross_val_score
acc = cross_val_score(model, x_smote_resampled, y_smote_resampled, cv=5)
```

其中，第 1 行代码用于引入交叉验证的函数 cross_val_score()；第 2 行代码使用 cross_val_score()函数进行交叉验证，分别传入模型名称（model）、特征变量数据（x_smote_resampled）、目标变量数据（y_smote_resampled）、交叉验证的次数（cv）。**这里 cv=5 表示交叉验证 5 次，每次随机取 4/5 的数据用来训练，取 1/5 的数据用来测试（如果不填该参数，则 cv 值默认为 3）**。此外，这里没有设置 scoring 参数，即认为选择默认值 accuracy（准确度）进行打分。

输出 acc 可以看到 5 次交叉验证得到的打分如下（注意，由于 K 折交叉验证具有随机性，每次获取的结果可能略有不同）。

```
array([0.73251512, 0.79956683, 0.81633574, 0.76570397, 0.38808664])
```

通过运行如下代码获得这 5 个得分的平均分。

```
acc.mean()
```

结果如下：

```
0.6741336546258525
```

上面交叉验证默认以准确度作为评价标准，如果想以 ROC 曲线的 AUC 值作为评价标准，则可以设置 scoring 参数为 roc_auc，代码如下：

```
acc=cross_val_score(model,x_smote_resampled,y_smote_resample, scoring='roc_auc',
cv=5)
```

在后文要讲的网格搜索中，其实不再需要使用 cross_val_score()函数，届时将使用 GridSearchCV()函数同时进行交叉验证和参数调优，所以关于 cross_val_score()函数简单了解即可。

9.3.2 网格搜索（参数调优）

网格搜索是一种穷举搜索的调参手段：遍历所有的候选参数，循环建立模型并对模型的有效性和准确性进行评估，选取表现最好的参数作为最终结果。以决策树模型最大深度 max_depth 为例，可以在[1, 3, 5, 7, 9]这些不同的值中遍历，以准确度或者 ROC 曲线的 AUC 值作为评判标准来搜索最合适的 max_depth 值。如果要同时调节多个模型参数，例如模型有两个参数，第一个参数有 4 种可能，第二个参数有 5 种可能，所有的可能性列出来可以表示成 4×5 的网格，遍历的过程像是在网格（**grid**）里搜索（**search**），因此该方法也称为网格搜索。

1．单参数的参数调优

这里先以 1 个参数为例进行网格搜索演示，帮助读者快速了解机器学习如何进行参数调优。使用 scikit-learn 库中的 GridSearchCV()函数对前文的决策树模型进行参数调优。

```
from sklearn.model_selection import GridSearchCV
parameters = {'max_depth': [1, 3, 5, 7, 9]}
model = DecisionTreeClassifier()
grid_search = GridSearchCV(model, parameters, scoring='roc_auc', cv=5)
```

第 1 行代码用于从 scikit-learn 库中引入 GridSearchCV()函数。
第 2 行代码用于指定决策树模型中待调优参数 max_depth 的参数范围。

第 3 行代码用于构建决策树模型并将其赋值给变量 model。

第 4 行代码用于将分类模型和待调参的参数范围传入 GridSearchCV()中，并设置 cv=5 表示取 5 折交叉验证，即交叉验证 5 次，这里设置 scoring='roc_auc'表示以 ROC 曲线的 AUC 值作为模型评价准则，如果不设置则默认以准确度评分'accuracy'为评价准则。

下面将数据传入网格搜索模型并输出参数最优值。

```
grid_search.fit(X_smote_resampled, y_smote_resampled)  # 传入测试集数据并开始进行参数调优
grid_search.best_params_   # 输出参数的最优值
```

因为为 max_depth 参数设置了 5 个候选项，又设置了 5 折交叉验证（cv=5），这样每个候选项模型都会运行 5 遍（因此模型共运行 5×5=25 遍），每个候选项都通过 5 折交叉验证获得一个平均分，根据平均分进行排序，参数最优值如下：

```
{'max_depth': 9}
```

即针对本案例，决策树的深度设置为 9 时最优，因为其 5 折交叉验证得到的平均分最高。

补充知识点：批量生成调参所需数据

此外，如果不想一个数字一个数字地设置参数值，可以使用 np.arange()函数，例如通过如下代码，便可以构造 1 到 9，间隔为 2 的数据集（np.arange(1, 10, 2)中第一个元素 1 表示起始位置；第二个元素 10 表示终止位置，因为左闭右开的属性，所以取不到 10，这里也可以换成数字 11；第三个元素 2 表示步长，即间隔为 2，如果想数据密集些，可以将其设置为 1）。

```
import numpy as np
np.arange(1, 10, 2)  # 非 Jupyter Notebook 编辑器需要用 print()函数将其输出
```

这样之前参数调优中的第 2 行代码就可以简写为：

```
parameters = {'max_depth': np.arange(1, 10, 2)}
```

2．参数调优的效果检验

下面根据新的参数建模，并通过查看新模型的预测准确度以及 ROC 曲线的 AUC 值来验证参数调整后是否提高了模型的有效性。

首先重新搭建决策树模型，并将训练集数据传入其中。

```
model = DecisionTreeClassifier(max_depth=9, random_state=123)  # 根据 max_depth=9 重
新搭建模型
model.fit(X_smote_resampled, y_smote_resampled)
```

把测试集中的数据导入模型进行预测并通过 scikit-learn 库中的 accuracy_score()函数查看模型整体预测准确度。

```
y_pred = model.predict(X_test)
from sklearn.metrics import accuracy_score
score = accuracy_score(y_pred, y_test)
```

通过将 score 输出，发现整个模型在测试集上的预测准确度为 0.9736。原模型在测试集上的预测准确度为 0.9837，有所下降，这是因为参数调优时是按 ROC 曲线的 AUC 值来进行评分的（scoring='roc_auc'）。

查看完预测准确度后，查看 ROC 曲线的 AUC 值，首先通过如下代码查看预测属于各个类别的概率。

```
y_pred_proba = model.predict_proba(x_test)
```

如果想单纯地查看舞弊概率，可以查看 y_pred_proba 的第二列，即采用如下代码。

```
y_pred_proba[:,1]
```

通过如下代码则可以快速求出模型的 AUC 值。

```
from sklearn.metrics import roc_auc_score
score = roc_auc_score(y_test.values, y_pred_proba[:, 1])
```

将获得的 AUC 值输出，结果为 0.6707，原来获得的 AUC 值为 0.6608，相比之下可以证明调参后模型的有效性的确有所提高。

补充知识点：决策树深度增加时，特征重要性的改变

调参之后决策树模型的深度从 3 增加到 9，树的子节点和叶子节点都有所增加，特征的重要性也可能发生变化。使用如下代码查看各个特征的重要性。

```
features = X_train.columns  # 获取特征名称
# 通过二维表格形式显示
importances_df = pd.DataFrame()
importances_df['特征名称'] = features
importances_df['特征重要性'] = model.feature_importances_
importances_df = importances_df.sort_values('特征重要性', ascending=False)
importances_df.head()
```

输出结果如表 9-9 所示，分别对应前 5 个特征变量的特征重要性。

表 9-9

	特征名称	特征重要性
105	公司是否被媒体披露重大负面消息	0.655354
117	审计意见	0.116598
130	销售管理费用指数是否大于 1	0.040073
90	净资产收益率 A（％）	0.027153
129	营业收入指数是否大于 1	0.016967

对比原模型特征变量的特征重要性，可发现"公司是否被媒体披露重大负面消息"的重要性从 0.811902 下降到 0.655354，这是因为决策树的深度加深之后，模型对其他特征信息的吸收程度加强了，这也符合常识，只有当模型更充分地吸取数据背后的信息，模型的准确性才会更高。但是决策树的深度也不是越深越好，因为如果深度太深，有可能会造成过拟合。

9.3.3　多参数调优

除了可以进行单参数调优外，网格搜索还可以进行多参数调优，下面选择 DecisionTree Classifier() 模型的 max_depth（最大深度），criterion（特征选择标准）和 min_samples_split（子节点往下分裂所需的最小样本数）等 3 个参数，使用 GridSearchCV() 函数进行多参数调优，各参数的含义可参考本章补充知识点 2：分类决策树模型的超参数。

```
from sklearn.model_selection import GridSearchCV

# 指定决策树分类模型中各个参数的范围
parameters = {'max_depth': [1,3,5, 7, 9], 'criterion':['gini', 'entropy'],
'min_samples_split':[7, 9, 11, 13, 15]}
# 构建决策树分类模型
```

```
model = DecisionTreeClassifier()

# 网格搜索
grid_search = GridSearchCV(model, parameters, scoring='roc_auc', cv=5)
grid_search.fit(X_smote_resampled, y_smote_resampled)
grid_search.best_params_
```

得到的参数最优值如下：

```
{'criterion': 'entropy', 'max_depth': 9, 'min_samples_split': 11}
```

因此，criterion（特征选择标准）设置为 entropy（信息熵）；max_depth（最大深度）设置为 9；min_samples_split（子节点往下分裂所需的最小样本数）设置为 11 时模型最优。引入模型的时候应采用如下写法。

```
model = DecisionTreeClassifier(criterion='entropy', max_depth=9, min_samples_split=11)
```

此时的预测准确度为 0.985；ROC 曲线的 AUC 值为 0.631，其中 AUC 值较之前有所下降，简单来说是 K 折交叉验证的随机性导致的，详细讲解见本章补充知识点 3。

注意点 1：多参数调优和单参数分别调优的区别

多参数调优和单参数分别调优是有区别的，比如有的读者为了省事，单独对前文的 3 个参数进行 3 次单参数调优，然后将结果汇总，这样的做法其实是不严谨的。因为在进行单参数调优的时候，是默认其他参数取默认值的，那么该参数和其他参数都不取默认值的情况就没有考虑，即忽略了多个参数对模型的组合影响。以前文的代码示例来说，使用多参数调优时，它有 5×2×6=60 种组合可能，而如果进行 3 次单参数调优，则只有 5+2+6=13 种组合可能。

因此，如果只需要调节一个参数，那么可以使用单参数调优，如果需要调节多个参数，则推荐使用多参数调优。

注意点 2：参数取值是给定范围的边界

另外一点需要注意的是，如果使用 GridSearchCV()函数得到的参数取值是给定范围的边界，那么有可能存在范围以外的取值会使得模型效果更好，因此需要额外增加范围，继续调参。举例来说，倘若代码中获得的最佳 max_depth 值为设定的最大值 13，那么实际真正合适的 max_depth 可能更大，此时便需要对网格搜索重新调整，如将 max_depth 的搜索范围变成[9, 11, 13, 15, 17]，再重新进行参数调优。

补充知识点 1：决策树的前剪枝和后剪枝

这里补充讲解决策树模型中常被提到的一个知识点：决策树剪枝。决策树剪枝的目的是防止构建的决策树出现过拟合。决策树剪枝分为前剪枝和后剪枝，两者的定义如下。

前剪枝：从上往下进行剪枝，通常利用超参数进行剪枝，例如限制树的最大深度（max_depth）便可以减去该最大深度下面的节点了。

后剪枝：从下往上剪枝，大多是根据业务需求剪枝，比如在财务舞弊识别模型中，认为舞弊概率分别为 45%和 50%的两个叶子节点都是高危样本，那么就把这两个叶子节点合并成一个节点。

在实际应用中，往往前剪枝的应用更加广泛，参数调优其实也起到了一定前剪枝的作用。

补充知识点 2：分类决策树模型的超参数

下面是分类决策树模型 DecisionTreeClassifier()常用的一些超参数及对它们的解释。

① criterion：特征选择标准，取值为 entropy（信息熵）和 gini（基尼系数），默认取 gini。

② splitter：取值为 best 和 random，best 在特征的所有划分点中找出最优的划分点，适

合样本量不大的情况，random 随机地在部分划分点中找局部最优的划分点，适合样本量非常大的情况，默认取 best。

③ max_depth：决策树最大深度，取值为 int 型数据或 None，一般数据或特征比较少的时候可以不设置，如果数据或特征比较多，可以设置最大深度进行限制，默认取 None。

④ min_samples_split：子节点往下划分所需的最小样本数，默认取 2，如果子节点中的样本数小于该值则停止分裂。

⑤ min_samples_leaf：叶子节点的最少样本数，默认取 1，如果小于该数值，该叶子节点会和兄弟节点一起被剪枝（即剔除该叶子节点及其兄弟节点，并停止分裂）。

⑥ min_weight_fraction_leaf：叶子节点最小的样本权重和，默认取 0，即不考虑权重问题，如果小于该值，该叶子节点会和兄弟节点一起被剪枝（即剔除该叶子节点及其兄弟节点，并停止分裂）。如果较多样本有缺失值或者样本的分布类别偏差很大，则需考虑样本权重问题。

⑦ max_features：在划分节点时所考虑的特征值数量的最大值，默认取 None，可以传入 int 型或 float 型数据。如果是 float 型数据，表示百分数。

⑧ max_leaf_nodes：最大叶子节点数，默认取 None，可以传入 int 型数据。

⑨ class_weight：指定类别权重，默认取 None，还可以取 balanced，代表样本量少的类别所对应的样本权重更高，也可以传入字典型数据指定权重。该参数主要是为防止训练集中某些类别的样本过多，导致训练的决策树过于偏向这些类别。除了指定 class_weight，还可以使用过采样和欠采样的方法处理样本类别不平衡的问题。

⑩ random_state：当数据量较大，或特征变量较多时，可能在某个节点划分时碰上两个特征变量的信息熵增益或者基尼系数减少量是一样的情况，那么此时决策树模型默认随机从中选一个特征变量进行划分，这样可能会导致每次运行程序后生成的决策树不太一致。如果设定了 random_state 参数（如设置为 123），可以保证每次运行代码时各个节点的分裂结果都是一致的，这在特征变量较多、树的深度较深的时候较为重要。

补充知识点 3：调参完的 AUC 值反而不如调参前的原因

有些时候会出现调参之后 AUC 值反而不如未调参的情况，有的读者可能会奇怪为什么调参后的结果还不如未调参时的结果，通常来说参数调优出现这种情况的概率较小，本章出现了便解释一下出现这种情况的原因。

出现这种情况的原因是交叉验证，下面简单回顾 K 折交叉验证的思路。它将原来的**测试数据分为 K 份**（cv=5，即 5 份），然后在这 K 份数据中，**选 $K-1$ 份作为训练数据，剩下的 1 份作为测试数据**，训练 K 次，获得 K 个 ROC 曲线下的 AUC 值，然后将 K 个 AUC 值取平均，取 AUC 值的均值为最大情况下的参数为模型的最优参数。注意这里 AUC 值的获取是基于训练集数据，只不过将训练集数据中的 $1/K$ 作为测试集数据，这里的测试集数据并不是真正的测试集数据 y_test，这也是参数调优后结果反而不如不调优的结果的原因。实际应用中，通常不太可能出现调参结果不如不调参的结果，出现这种情况某种程度也是因为数据量较小。

总的来说，决策树模型作为机器学习的经典算法模型，有其独特的优势，比如其对异常值不敏感、可解释性强等，不过其也存在一些缺点，如结果不稳定、容易造成过拟合等问题。更重要的是决策树模型是很多重要集成模型的基础，如随机森林模型、AdaBoost 模型、GBDT 模型、XGBoost 模型与 LightGBM 模型等都是建立在决策树模型基础之上的，因此一定要好好掌握决策树模型。

课后习题

单选题

1. 决策树模型主要用来做（　　　　）。

A. 回归
B. 分类
C. 分类和回归
D. 分类、回归、聚类分群

2. 下面是决策树模型节点分裂依据的是（　　　　）。

A. 基尼系数
B. 信息熵
C. 基尼系数、信息熵
D. 基尼系数、信息熵、ROC 曲线

3. 下面参数中可以限制决策树的深度的是（　　　　）。

A. max_depth
B. n_estimators
C. max_length
D. roc

4. 下面属性中可以用于查看模型中的特征重要性的是（　　　　）。

A. feature_importances_
B. feature_importances
C. featureimportances
D. featureimportances_

5. 网格搜索主要用于（　　　　）。

A. 交叉验证
B. 参数调优
C. 模型评估
D. 模型选择